Bibliothek
Arabischer Erzähler

»Bis zu den Grenzen der Erde« ist eine farbige, schillernde und faszinierende Kulturgeschichte der Länder und Völker des 10. Jahrhunderts. Der Verfasser Al-Masʿûdî (gest. 956 n. Chr.) ist der »Herodot der Araber« und »der größte Geograph und Enzyklopädist« genannt worden.

Ob er von Negern, Galiciern oder Slawen, von Elefanten oder Giraffen, von Indien oder China, von Karl dem Großen und dem fränkischen Herrscherhaus, von Geographie, Ethnologie oder Medizin berichtet, stets durchzieht dieses Resümee mittelalterlichen Wissens und Selbstverständnisses ein tiefes Staunen über die Wunder der Schöpfung und die faszinierende Vielfalt der Welt.

*Herausgeber und Übersetzer*

Prof. Gernot Rotter, geboren 1941, studierte in Würzburg, Bonn und Köln Islamkunde, Afrikanistik und vergleichende Religionswissenschaft.

1968/69 arbeitete er als wissenschaftlicher Referent am Orient-Institut der Deutschen Morgenländischen Gesellschaft in Beirut und unternahm zahlreiche Reisen im Vorderen Orient, in Nord- und Ostafrika. Er habilitierte sich 1977, war mehrere Jahre Direktor des Orient-Instituts in Beirut und lehrt heute in Hamburg.

Die »Bibliothek Arabischer Erzähler« besteht aus zehn Bänden.
Außer dem vorliegenden Band sind
als Goldmann-Taschenbücher lieferbar:

Ibn Ishâg, Das Leben des Propheten (8773)
Abu l-Faradsch, Und der Kalif beschenkte ihn reichlich (8774)
Usâma ibn Munquidh,
Ein Leben im Kampf gegen Kreuzritterheere (8776)
Al-Hamadhânî, Vernunft ist nichts als Narretei (8777)
Löwe und Schakal – Altarabische Fabeln (8778)
Ibn Challikân, Die Söhne der Zeit (8779)
Ibn Dschubair, Taschenbuch eines Mekkapilgers (8780)
Al-Qazwînî, Die Wunder des Himmels und der Erde (8781)
Ibn Iyâs, Alltagsnotizen eines ägyptischen Bürgers (8782)

Al-Mas‘ûdî

# BIS ZU DEN GRENZEN DER ERDE

Auszüge aus dem
»Buch der Goldwäschen«

Aus dem Arabischen übertragen
und bearbeitet von
Gernot Rotter

Goldmann Verlag

Bibliothek Arabischer Erzähler
herausgegeben von Gernot Rotter

Umschlagbild: Ansicht der Hagia Sophia in Konstantinopel.
Kolorierter Stahlstich von Friedrich Geissler
nach D. Ralterts, um 1850

Der Goldmann Verlag
ist ein Unternehmen der Verlagsgruppe Bertelsmann

Made in Germany · 10/88 · 1. Auflage
Genehmigte Taschenbuchausgabe

Umschlaggestaltung: Design Team München
Umschlagfoto: Archiv für Kunst und Geschichte, Berlin
Druck: Elsnerdruck, Berlin
Verlagsnummer: 8775
Au · Herstellung: Heidrun Nawrot
ISBN 3-442-08775-9

# INHALT

# VORWORT

## *Al-Mas'ûdî*

Al-Mas'ûdî ist eine der faszinierendsten Gestalten der arabischen Literaturgeschichte. Und doch wissen wir über sein Leben nur sehr wenig. Sein vollständiger Name lautet Abu l-Hasan Alî ibn al-Husain ibn Alî. Seinen Beinamen al-Mas'ûdî verdankt er seinem Ahnherrn Abdallâh ibn Mas'ûd, der einer der berühmtesten Gefährten des Propheten gewesen war und sich einst in Mekka als einer der ersten zum Islam bekannt hatte. Al-Mas'ûdî wurde um 890 christlicher Zeitrechnung im Irak, wahrscheinlich in Bagdad, geboren und verlebte dort wohl auch seine Jugendjahre, in deren Verlauf er eine umfassende Erziehung in allen Wissensbereichen erhalten haben muß. Schon früh trieb ihn jedoch sein unstillbarer Wissensdurst in die Ferne. In den Jahren 915 und 916 reiste er über Persien und Sind (Pakistan) nach Indien, wo er sich in der Umgebung des heutigen Bombay mehrere Monate lang aufhielt, bevor er zu einer Seereise über den Indischen Ozean nach Ostafrika aufbrach. Als südlichsten Punkt erreichte er dort die Insel Qanbalû, die bis heute nicht eindeutig identifiziert werden konnte, wahrscheinlich aber mit einer der Komoreninseln oder Zanzibar gleichzusetzen ist. Entlang der ostafrikanischen Küste fuhr er nach Oman zurück. Beiläufig bemerkte er, daß er die Reise von Qanbalû zur arabischen Halbinsel zuvor schon einmal gemacht hatte. Nie hielt es ihn lange an einem Ort. In den folgenden Jahren durchquerte er alle Provinzen Persiens bis zum Oxus (Amudarja) im Nordosten, befuhr das Kaspische Meer und besuchte den Kaukasus. Spätestens von 941 an scheint er sich vorwiegend in Ägypten aufgehalten zu haben, ohne jedoch auf weitere Reisen zu verzichten. Mehrmals war er in Syrien, wo er bei weitgereisten Seeleuten Erkundigungen über Konstantinopel und die Länder des Westens einholte, im Jemen faszinierten ihn vor allem die Affen, und an der Grenze zu Nubien befragte er die Einheimischen nach dem Oberlauf des Nils und nach den Ländern der Neger. Er starb in Ägypten im Jahr 956.

Aber nicht nur durch seine Reisen und im persönlichen Gespräch mit Gelehrten aller Richtungen und Religionen, sondern auch durch intensive Lektüre der ihm zugänglichen Schriften aus den Bereichen der Naturwissenschaften, Geographie, Geschichte und Philosophie versuchte er sein enzyklopädisches Wissen zu erweitern. Unter den alten Griechen schätzte er vor allem Aristoteles und Ptolemäus, doch zitiert er auch Platon und andere, deren Werke inzwischen zumindest teilweise ins Arabische übersetzt worden waren. In der Einleitung zu dem vorliegenden Buch führt er fast hundert ältere und zeitgenössische arabische Autoren an, deren Schriften er kannte, darunter z. B. auch die Prophetenbiographie des Ibn Ishâq (= Bibliothek Arabischer Klassiker Bd. 1) und das »Buch der Lieder« des Ibn Ibrâhîm al-Mausilî, eines Vorläufers des Abu l-Faradsch (= Bibliothek Arabischer Klassiker Bd. 2). Sein besonderes Interesse galt stets auch den verschiedenen Religionen, und die wichtigsten Glaubensvorstellungen und historischen Fakten des Christentums waren ihm ebenso geläufig wie die des Zoroastrismus und des Judentums. Seine Offenheit gegenüber allen Fragen und seine Art der Argumentation weisen ihn als Anhänger der Mu'tazila aus, jener theologischen Richtung, die die spekulative Dogmatik in den Islam einführte und die den Zweifel als den ersten Schritt auf dem Wege zur wahren Erkenntnis betrachtete.

Al-Mas'ûdî lebte in einer politisch sehr unruhigen Zeit, die vom beginnenden Zerfall des islamischen Reiches gekennzeichnet war. Das Kalifat von Bagdad hatte bereits viel von seinem einstigen Glanz verloren, und die anarchischen Zustände im Irak dürften al-Mas'ûdî auch bewogen haben, im Alter nicht in seine geliebte Heimat zurückzukehren, sondern sich in Ägypten niederzulassen, das damals unter der Dynastie der Ichschiden eine Phase relativer Ruhe erlebte. Wenn auch das arabische Geistesleben im zehnten Jahrhundert seinen Höhepunkt erreichte, so mußte der politische Niedergang einen Gelehrten wie al-Mas'ûdî, der vielfach in seinen Werken den Untergang der großen alten Reiche beschrieben hat, schmerzlich berühren. So klagt er an einer Stelle: »... (jetzt), da der Islam geschwächt ist und seine Macht schwindet, die Byzantiner die Oberhand über die Muslime gewinnen, die Pilgerfahrt unsicher wird, der Heilige Krieg nicht mehr stattfindet, Wege und Straßen unsicher sind und jeder militärische Führer sich in seinem Gebiet selbständig macht.« Und wenn er anschließend auch betont: »Bis heute, d. h. bis zum Jahre 332 der Hidschra (= 943 n. Chr.), blieb der Islam letztlich immer siegreich«, so fügt er doch gleich hinzu: »auch wenn nun unter dem Kalifat des Beherrschers der Gläubigen, al-Muttaqî, die Säulen des Glaubens umzustürzen drohen und sein Fundament zu schwinden beginnt. Nur Gott können wir in unserer Lage um Hilfe bitten!«

Trotz seines reichen literarischen Schaffens scheint al-Mas'ûdî bei seinen Zeitgenossen recht unbekannt geblieben zu sein. Er hat offenbar nie eine Lehrtätigkeit oder ein politisches Amt ausgeübt. Auch von einem Mäzen erfahren wir in seinen Werken nichts, was darauf schließen läßt, daß er begütert gewesen sein muß, denn Bücher und Papier waren teuer, und seine ausgedehnten Reisen haben gewiß ein kleines Vermögen verschlungen. Es mag sein, daß er im Irak etwas Landbesitz geerbt hatte, doch kann dieser nicht sehr umfangreich gewesen sein, da er sich sonst wohl mehr in seiner Heimat aufgehalten hätte. Wie aus zahlreichen Angaben in diesem Buch deutlich wird, wußte er sehr gut über die aus den einzelnen Ländern und Städten exportierten Produkte Bescheid, und dies ist möglicherweise ein Hinweis darauf, daß er als Kaufmann oder als eine Art »Großhandelsvertreter« tätig war.

## *Das »Buch der Goldwäschen«*

Al-Mas'ûdî erwähnt die Titel von 35 Werken, die er selbst geschrieben hat und von denen die meisten historischen und geographischen Inhalts waren. Nur zwei dieser Werke haben sich bis in unsere Zeit vollständig erhalten, nämlich das »Buch der Anmerkung und Überarbeitung«*, das er kurz vor seinem Tode in Fustât (Alt-Kairo) schrieb und das lediglich einen mit knappen Nachträgen versehenen analytischen Index zu seinen früheren Werken darstellt, sowie das hier auszugsweise übersetzte »Buch der Goldwäschen** und Edelsteinfundstätten«. Al-Mas'ûdîs Hauptwerk war »Die Nachrichten der Zeit«, das dreißig Bände umfaßte und das er selbst für zu umfangreich erachtete, als daß er einem Leser die Lektüre des gesamten Werkes zumuten wollte. Er schuf deshalb mit seinem »Mittleren

* Ins Französische übersetzt von Carra de Vaux unter dem Titel Le livre de l'avertissement et de la révision, Paris 1897.

** Ob »Goldwäschen« oder »Goldwiesen« zu übersetzen ist, ist umstritten.

Buch« einen überschaubareren Auszug daraus, den er dann schließlich in den Jahren 943–947 noch einmal zum »Buch der Goldwäschen« verkürzte. Welche Informationsfülle uns mit den »Nachrichten der Zeit«, von denen uns nur ein unbedeutendes Bändchen erhalten blieb, verlorengegangen ist, kann man aus den häufigen Verweisen schließen, die al-Mas'ûdî in den »Goldwäschen« auf sein Hauptwerk macht. Dabei würde eine vollständige Übersetzung der »Goldwäschen« in dem hier gewählten Druckverfahren immer noch etwa zweitausend Seiten umfassen.

Das »Buch der Goldwäschen« zerfällt in zwei Teile. Der erste Teil bietet im Anschluß an die islamisierte biblische Schöpfungsgeschichte einen Überblick über die Länder und Meere der damals bekannten Welt sowie über die Geschichte der vorislamischen Staaten und jener Völker, die zu Mas'ûdîs Zeit außerhalb des islamischen Einflusses lebten. Der zweite Teil enthält dann die Geschichte des Islam vom Auftreten Mohammeds Ende des sechsten Jahrhunderts bis zum Jahre 947. Der besondere Reiz des Werkes liegt darin, daß al-Mas'ûdî eine Synthese von Geographie, Ethnographie und Geschichte gelungen ist, die erst viel später von dem größten Geschichtsphilosophen des arabischen Mittelalters, Ibn Chaldûn (gest. 1406), übertroffen werden sollte. Während Ibn Chaldûn jedoch einen streng wissenschaftlichen Stil pflegte, lockerte al-Mas'ûdî seine geographischen und historischen Ausführungen immer wieder durch eigene Erlebnisse und Erfahrungen, durch Exkurse und Anekdoten auf. Der englische Orientalist Hamilton Gibb schrieb 1968 über die »Goldwäschen«: »Es gibt kein anziehenderes Werk in arabischer Sprache. Der unkonsequente Stil des Verfassers, der über Naturgeschichte, Geschichte, Geographie, Ethnologie, Religion, Medizin usw. schreibt, seine Blickweite und seine zahllosen Anekdoten halten das Interesse des Lesers wach und ergötzen ihn. Obwohl er den Neugierigen für Einzelheiten fast immer auf seine umfangreicheren Werke verweist, bewahrt doch auch diese Zusammenfassung recht viel wertvollen historischen Stoff.« Wie al-Mas'ûdî selbst sein Werk verstanden haben will, schreibt er selbstbewußt in der Einleitung: »Wegen seines kostbaren Inhalts und weil es die bedeutendsten und wichtigsten Elemente meiner früheren Werke zu diesem Themenkreis enthält, habe ich diesem meinem Buch den Titel gegeben ›Buch der Goldwäschen und der Edelsteinfundstätten‹

(Kitâb murûdsch adh-dhahab wa-ma'âdin al-dschauhar). Ich widme es den Edlen und den Gebildeten, da ich in ihm alles Wesentliche zusammengefaßt habe, was man über die vergangenen Zeiten wissen muß und um dessen Kenntnis sich die Seele bemüht. Dieses Buch soll gleichsam ein Hinweis auf die Absichten sein, die ich mit meinen früheren Werken verbunden habe, und eine Zusammenfassung aller Wissensgebiete darstellen, deren Kenntnis sich für einen gebildeten und klugen Mann ziemt und deren Unkenntnis für ihn unentschuldbar ist. Es gibt kein Wissensgebiet, keine historische Disziplin und keine Art der Überlieferung, die ich in diesem Buch nicht im einzelnen oder zusammenfassend dargestellt oder auf die ich nicht zumindest andeutungsweise hingewiesen hätte.«

## *Zur Auswahl und Übersetzung*

Wie bereits im Vorwort zum ersten Band der Bibliothek Arabischer Klassiker dargelegt, ist es das Ziel dieser Reihe, dem interessierten Laien im deutschsprachigen Raum die Möglichkeit zu geben, sich einen Eindruck von der Vielfalt der arabischen Literatur des Mittelalters zu verschaffen. Nun sind jedoch gerade die herausragenden Werke jener Zeit im Original meist so umfangreich, daß vollständige Übersetzungen weit über das hier gesteckte Ziel hinausgehen würden. Wie für die ersten beide Bände der Reihe, so ergab sich deshalb auch wieder für die »Goldwäschen« das Problem, welche Teile ich für die Übersetzung auswählen sollte, um dem Leser einen repräsentativen Querschnitt des Gesamtwerkes zu bieten. Da die islamisch-arabische Geschichte noch in einigen folgenden Bänden der Reihe exemplarisch zu Wort kommen wird, lag es nahe, nur den ersten Teil der »Goldwäschen« für die Übersetzung heranzuziehen, jenen Teil also, in dem uns die Welt vor und außerhalb des Islam aus der Sicht eines Muslims des zehnten Jahrhunderts dargestellt wird. Um auch diesen Text nochmals um gut die Hälfte zu reduzieren, habe ich vor allem auf die Wiedergabe der Geschichte der vorislamischen Araber verzichtet und auch solche Teile weggelassen, in denen sich al-Mas'ûdî bis zu einem gewissen Grade wiederholt. Ebenso habe ich die häufigen Verweise auf seine früheren Werke sowie die zahlreichen Querverweise innerhalb der »Goldwäschen« oft nicht übersetzt. Zur Übersetzungsproblematik im allgemeinen und den in

dieser Reihe beachteten Grundsätzen verweise ich den Leser auf das Vorwort zu den bereits vorliegenden Bänden 1 und 2.
Die Umschrift der arabischen Namen wurde wesentlich vereinfacht und der deutschen Schreibweise weitgehend angeglichen. Die Längen bei häufig auftretenden Worten wurden nicht angegeben (z. B. abu statt abû), und auf eine Kennzeichnung der emphatischen Laute wurde generell verzichtet. Zu den übrigen Konsonanten ist lediglich folgendes zu beachten: th = engl. th in thing (stimmlos); dh = engl. th in there (stimmhaft); ch immer wie in deutsch Bach, niemals wie in ich; mit h habe ich zwei im Arabischen verschiedene h-Laute zusammengefaßt, von denen der eine unser h (aber nie als Dehnungszeichen!) und der andere ein schärferes, mehr in der Kehle gesprochenes h (z. B. in Mohammed) darstellt; gh = etwa einem Gaumen-r; z stimmhaftes s wie in franz. zéro oder in deutsch sehr, q ein am Gaumensegel artikuliertes, nicht aspiriertes k; das Apostroph ' kennzeichnet einen Explosions- oder »Knack«laut (glottal stop), den wir im Deutschen unbewußt bei jedem mit einem Vokal anlautenden Wort sprechen, z. B. 'Urlaub, aber auch zum Beispiel be'urlaubt; das Zeichen ' stellt einen für das Arabische besonders typischen, in der Kehle gebildeten stimmhaften Reibelaut dar, dessen Nachahmung dem Ungeübten oft schwerfällt, weshalb im Zweifelsfalle eine Aussprache wie für das ' empfohlen wird; zu Beginn eines Wortes wurden ' und ' nicht gekennzeichnet.
Die sachlichen Anmerkungen wurden auf ein Minimum beschränkt und finden sich im Anschluß an die Übersetzung. Einige Ortsnamen sowie die Namen derjenigen Personen, Sippen und Stämme, die historisch oder kulturgeschichtlich eine bedeutende Rolle spielten, deren Kenntnis aber nicht vorausgesetzt werden kann, sind im Text jeweils bei ihrem ersten Erscheinen innerhalb eines Kapitels kursiv gedruckt. Im Anhang findet sich ein alphabetisches Verzeichnis dieser Namen mit kurzen Erläuterungen. Ebenfalls in den Anhang aufgenommen wurde eine bibliographische Liste, anhand derer sich der interessierte Leser über weiterführende Literatur und Übersetzungen in andere europäische Sprachen informieren kann.

Tübingen, im Frühjahr 1978 GERNOT ROTTER

Al-Mas'ûdî

# BIS ZU DEN GRENZEN DER ERDE

# *Die Schöpfung*

Alle Muslime sind sich darüber einig, daß Gott, der Allmächtige, alle Dinge ohne Vorbild aus dem Nichts erschaffen hat. Von *Ibn Abbâs* und anderen wurde die folgende Darstellung überliefert: Das erste, was Gott schuf, war das Wasser. Auf diesem befand sich Sein Thron. Als Er mit der Schöpfung beginnen wollte, ließ Er Rauch aus dem Wasser steigen. Dieser erhob sich über das Wasser und wurde Himmel genannt. Danach ließ Er das Wasser austrocknen und machte es zu einer einzigen Landfläche. Diese zerriß Er in sieben Länder. Alles dies geschah am Sonntag und Montag. Das Land schuf Er auf einem Fisch, auf jenem Fisch, den Gott im Koran in jener Sure erwähnt hat, die mit den Worten beginnt: BEIM SCHREIBROHR UND DEM, WAS MAN NIEDERSCHREIBT[1]! Und der Fisch war im Wasser und das Wasser über den Steinen und die Steine auf dem Rücken eines Engels und der Engel auf einem Felsen und der Felsen über dem Wind. Dies ist der Felsen, den Gott im Koran erwähnt hat, nämlich in den Worten, die Luqmân an seinen Sohn richtete (31, 16): MEIN SOHN! (BEIM JÜNGSTEN GERICHT WIRD ALLES AN DEN TAG KOMMEN.) WENN ES AUCH NUR DAS GEWICHT EINES SENFKORNS IST UND ES SICH AUF EINEM FELSEN BEFINDET, ODER IM HIMMEL, ODER AUF DER ERDE, BRINGT GOTT ES BEI. ER FINDET MITTEL UND WEGE UND IST WOHLUNTERRICHTET. Und der Fisch erzitterte, worauf die Erde erbebte. Da verankerte Gott die Berge auf ihr, wodurch sich die Erde festigte, wie Er im Koran sagte (16, 15): UND ER HAT AUF DER ERDE FESTSTEHENDE BERGE ANGEBRACHT, DAMIT SIE MIT EUCH NICHT INS SCHWANKEN KOMME. Die Berge auf der Erde, die Nahrung für die Bewohner auf ihr, die Bäume und alles, was für die Erde notwendig war, schuf Er an zwei Tagen, nämlich am Dienstag und Mittwoch, so wie Gott im Koran gesagt hat (41, 9–11): SPRICH:

Wollt ihr wirklich nicht an den glauben, der die Erde in zwei Tagen geschaffen hat, und behaupten, dass Er seinesgleichen neben sich habe? Dies ist der Herr der Menschen in aller Welt. Und Er hat auf ihr feststehende Berge gemacht, die hoch über ihr aufragen. Und Er hat die Erde gesegnet und die Nahrung auf Erden bestimmt. Dies alles schuf Er in vier Tagen – eine klare Rechnung für alle, die danach fragen. Hierauf richtete Er sich zum Himmel auf, der aus Rauch bestand, und sagte zu ihm und zur Erde: ›Kommt her, freiwillig oder widerwillig!‹ Sie sagten: ›Wir kommen freiwillig.‹ Jener Rauch rührte vom Atmen des Wassers. Gott machte ihn zu einem einzigen Himmel, den er dann am Donnerstag und am Freitag in sieben Himmel auseinanderriß. Der Freitag heißt deswegen »Tag der Vereinigung« (jaum al-dschum'a), weil Gott an ihm die Schöpfung des Himmels und der Erde vereinte.

Sodann sprach Er (41, 12): Und in jedem Himmel gab Er die Weisung über das, was geschehen sollte, in jedem Himmel schuf Er die zu ihm gehörenden Engel, die Meere und die Berge aus Eis. Aus einem grünen Smaragd besteht der Himmel über der diesseitigen Welt, aus weißem Silber der zweite Himmel, aus einem roten Rubin der dritte, aus einer weißen Perle der vierte, aus rotem Gold der fünfte, aus einem gelben Topas der sechste und aus Licht der siebte, den Gott mit Engeln bedeckte, die auf einem Bein stehen, Ihm zu Ehren, weil sie Ihm so nahe sind. Ihre Beine dringen hinab bis durch die siebte Erde und ihre Füße stehen auf in einer Tiefe von fünfhundert Jahren unterhalb der siebten Erde, während sich ihre Häupter unterhalb des Thrones befinden, ohne ihn aber zu berühren. Dabei sprechen sie: »Es gibt keinen Gott außer Gott, dem Herrn des Thrones, dem Gepriesenen!« So verharren sie vom Tag ihrer Schöpfung bis zur Stunde der Auferstehung. Unter dem Thron liegt ein Meer, das die Nahrung für die Lebewesen herniederläßt, wie Gott es ihm vorschreibt. Von Himmel zu Himmel läßt es so viel Regen fließen, wie Gott will, bis dieser Regen zu einem Ort namens Abram gelangt. Dann beauftragt Gott den Wind, den Regen zu den Wolken zu bringen, die ihn darauf wie durch ein Sieb hindurchrinnen lassen. Unter dem Himmel der diesseitigen Welt liegt ein Meer aus Wasser, in dem es wie in den Meeren der Erde von Tieren wimmelt, die durch Gottes Allmacht zurückgehalten werden.

Nachdem Gott die Erde erschaffen hatte und noch bevor Er Adam erschuf, ließ Er auf ihrer Oberfläche die Dschinnen, die Geister, wohnen. Er schuf sie aus HELL LODERNDEM FEUER (55, 15), unter ihnen Iblîs, den Teufel. Gott untersagte ihnen, das Blut der Tiere zu vergießen und untereinander Aufruhr zu stiften. Doch diese vergossen Blut und erhoben sich gegeneinander. Als Iblîs sah, daß sie davon nicht abließen, bat er Gott, Er möge ihn zum Himmel erheben, damit er Ihn dort zusammen mit den Engeln aufs höchste verehre. Gegen die Dschinnen, die Gefolgschaft des Iblîs, entsandte Gott eine Engelschar, die sie zu den Inseln der Meere vertrieb und so viele von ihnen tötete, wie Gott wollte. Den Iblîs aber machte Gott zum Wärter des Himmels über dem Diesseits, doch Hochmut befiel sein Herz.

Als Gott den Adam erschaffen wollte, sprach er zu den Engeln: ICH WERDE AUF DER ERDE EINEN NACHFOLGER EINSETZEN (2, 30). Und als sie ihn fragten: »Unser Herr, wer soll der Nachfolger sein?«, antwortete Er ihnen: »Er wird Nachkommen haben, die auf der Erde Unheil anrichten, sich gegenseitig mit Neid verfolgen und einander töten.« Da sprachen die Engel (2, 30): WILLST DU JEMANDEN EINSETZEN, DER AUF DER ERDE UNHEIL ANRICHTET UND BLUT VERGIESST, WO WIR DIR LOBSINGEN UND DEINE HEILIGKEIT PREISEN? ER ABER SAGTE: ICH WEISS, WAS IHR NICHT WISST.

Darauf sandte Gott den Engel Gabriel zur Erde, damit er Ihm Lehm von dort bringe. Die Erde aber sprach zu Gabriel: »Gott möge mich davor bewahren, daß du mir Schaden zufügst!« So kehrte Gabriel zurück, ohne etwas von der Erde mitgenommen zu haben. Danach schickte Gott den Engel Michael, doch die Erde richtete die gleichen Worte an ihn, worauf auch er mit leeren Händen zurückkehrte. Als Gott dann den Todesengel zur Erde entsandte und diese wiederum Gottes Schutz erflehte, sprach der Engel: »Gott möge m i c h davor bewahren, daß ich zurückkehre, ohne Seinen Auftrag ausgeführt zu haben!« Und er nahm jeweils etwas von der schwarzen, von der roten und von der weißen Erde, weshalb sich die Nachkommen Adams dann in ihren Hautfarben unterschieden. Adam erhielt seinen Namen, weil er von der Oberfläche (adîm) der Erde genommen wurde, doch gibt es auch andere Deutungen. Den Todesengel beauftragte Gott mit dem Tod.

Gott knetete den Erdklumpen und ließ ihn dann in vierzig Jahren zu einer fest zusammenklebenden und in weiteren vierzig Jahren zu einer übelriechenden, verdorbenen Tonmasse werden. Darauf bezieht sich der Koranvers (15, 26), wo es heißt: ... AUS FEUCHTEM TON ... Darauf gab er dem Ton Gestalt, ließ ihn aber noch 120 oder nur 40 Jahre ohne Seele, irden wie Töpferware. So heißt es im Koran (76, 1): HAT ES FÜR DEN MENSCHEN NICHT EINMAL EINEN ZEITABSCHNITT GEGEBEN, IN DEM ER NOCH NICHTS NENNENSWERTES WAR? Die Engel, die an ihm vorübergingen, wurden von Schrecken ergriffen, am meisten Iblîs. Immer wenn er an ihm vorbeikam, trat er ihn mit dem Fuß, worauf ein klirrender Laut erklang wie von einem Tonkrug. Iblîs pflegte auch durch den Mund in ihn hineinzugehen und ihn durch das Hinterteil wieder zu verlassen, wobei er sprach: »Für irgend etwas bist du doch geschaffen worden?!«

Als Gott Adam die Seele einhauchen wollte, befahl er (2, 32) DEN ENGELN: ›WERFT EUCH VOR ADAM NIEDER!‹ DA WARFEN SIE SICH NIEDER AUSSER IBLÎS. DER WEIGERTE SICH UND WAR HOCHMÜTIG. Er sagte: »O Herr, ICH BIN BESSER ALS ER. MICH HAST DU AUS FEUER ERSCHAFFEN, IHN NUR AUS LEHM. Das Feuer ist edler als der Lehm. Mich hast Du zum Stellvertreter auf der Erde gemacht! Ich habe Flügel, bin mit Licht bekleidet und trage als Krone den Adel. Ich habe Dich in Deinem Himmel und auf Deiner Erde verehrt.« Da sprach Gott (38, 77–78): DANN GEH AUS IHM HINAUS! DU BIST VERFLUCHT. MEIN FLUCH WIRD AUF DIR LIEGEN BIS ZUM TAG DES GERICHTS. Iblîs bat Gott um Aufschub BIS ZU DEM TAG, DA SIE VOM TOD ERWECKT WERDEN (38, 79). Und Gott gewährte ihm Aufschub BIS ZUM TAG DER BESTIMMTEN ZEIT (38, 81). So erhielt Iblîs seine Bedeutung, und eben deswegen wurde ihm befohlen, sich vor Adam niederzuwerfen.

Dann beseelte Gott Adam mit Seinem Odem. Und immer, wenn der Odem in einen Teil Adams gedrungen war, ging er weg, um sich zu setzen. Da sprach Gott (17, 11): DER MENSCH HAT ES ALLZU EILIG. Als der Odem ihn dann nach und nach ganz erfüllte, nieste er, worauf Gott zu ihm sagte: »Sprich die Worte: ›Preis sei Gott!‹, damit Gott sich deiner erbarme, Adam!«

In der Thora heißt es, Gott habe die Schöpfung am Montag begonnen und am Samstag beendet. Deshalb haben die Juden den Samstag zum Feiertag gemacht. Die Anhänger des Evangeliums behaupten, der Messias sei an einem Sonntag aus seinem Grabe auferstanden, weshalb sie diesen Tag zum Feiertag erklärten. Die meisten der muslimischen Rechtsgelehrten und Überlieferer sind der Ansicht, die Schöpfung sei am Sonntag begonnen und am Freitag abgeschlossen worden und an diesem Tag, dem 6. April, sei der Lebenshauch in Adam eingedrungen.

Aus Adam wurde dann Eva erschaffen. In der dritten Stunde jenes Tages erhielten sie das Paradies zur Wohnstatt. Dort blieben sie weitere drei Stunden, d. h. einen viertel Tag oder 250 Erdenjahre. Dann ließ Gott Adam nach Ceylon hinabsteigen, Eva nach *Dschidda,* Iblîs nach *Baisân* und die Schlange nach Isfahan. Adam kam herab nach Indien, zur Insel Ceylon auf den Berg ar-Ruhûn. Er trug ein Kleid aus paradiesischen Blättern, die er zusammengenäht hatte und die nun, als sie vertrockneten, von den Winden über Indien zerstreut wurden. Man sagt – Gott allein weiß, ob es wahr ist! –, daß die Ursache für das Vorhandensein der verschiedenen Parfums in Indien in diesen Blättern liegt. Deshalb finden sich gerade in Indien Aloe, Nelken, Spezereien, Moschus und anderes mehr. Auf besagtem Berg leuchten Rubine und Diamanten. Auf den Inseln des ihn umgebenden Meeres gibt es Korund und in seinen Tiefen fischt man nach Perlen. Als Adam aus dem Paradies hinabgeworfen wurde, nahm er einen Beutel Getreide mit sowie dreißig Zweige von Bäumen des Paradieses mit ihren verschiedenen Früchten. Zehn von ihnen hatten eine Schale: die Walnuß, die Mandel, die Lambertsnuß – d. h. die Haselnuß –, die Pistaziennuß, der Mohn, die Kastanie, der Granatapfel, die Kokosnuß, die Banane und die Eichel; zehn andere hatten einen Kern: der Pfirsich, die Aprikose, die Pflaume, die Dattel, die Vogelbeere, die Lotosfrucht, die Mispelbeere, die Brustbeere, die Frucht der Zwergpalme und die Kirsche; weitere zehn hatten außen weder Schale noch Hülle und innen keinen Kern: der Apfel, die Quitte, die Weintraube, die Birne, die Feige, die Maulbeere, der Zedrat, der Kürbis, die Gurke und die Melone.

Es wird berichtet, daß Adam und Eva aus dem Paradies getrennt auf die Erde hinabgeworfen wurden und sich dann an jenem Ort »erkannten« (ta'ârafâ), der danach Arafat heißt; es finden sich aber auch andere Erklärungen.

Adam empfand Verlangen nach Eva und wohnte ihr bei, worauf sie mit einem Knaben und einem Mädchen schwanger wurde. Nach der Geburt erhielt der Knabe den Namen Kain und das Mädchen den

Namen Lebuda. Dann wohnte er Eva nochmals bei, und sie gebar wiederum einen Knaben und ein Mädchen. Der Knabe wurde Abel genannt und das Mädchen Klimia.

Die Anhänger der Schriftreligionen sagen, daß Adam dem Kain die Schwester Abels und dem Abel die Schwester Kains in die Ehe gab. Auf diese Weise trennte er in den ehelichen Verbindungen die Zwillingspaare aus den beiden Schwangerschaften Evas. Er tat dies, um so gut wie möglich die Eheschließung zwischen zu eng Verwandten zu verhindern, da es einerseits notwendig war, für Nachkommenschaft zu sorgen, andererseits aber keine Möglichkeit bestand, diese durch Heiraten zwischen unverwandten Fremden zu sichern.

Die Anhänger des Mazdaglaubens vertreten dagegen die Meinung, daß Adam die Zwillingspaare in ihren ehelichen Verbindungen nicht getrennt habe und dies auch gar nicht anstrebte. Sie haben in dieser Hinsicht einen geheimnisvollen Glauben, demzufolge sie behaupten, es sei vorteilhaft, wenn ein Bruder seine eigene Schwester und eine Mutter ihren eigenen Sohn heirate.

Abel und Kain brachten einmal Gott ein Opfer dar. Während Abel dafür seine besten Schafe und seine vorzüglichsten Speisen auswählte, opferte Kain die schlechtesten Tiere seiner Herde. Darauf geschah mit ihnen, was Gott in Seinem erhabenen Buch (Koran 5, 27) über die Ermordung Abels durch Kain erzählt hat. Man sagt, der Mord sei in der Wüste Qâ‘ geschehen; andere meinen, er habe sich im Gebiet von Damaskus im Lande Syrien zugetragen, und Kain habe Abel mit einem Stein erschlagen. Es wird erzählt, daß die wilden Tiere von diesem Zeitpunkt an den Menschen fürchteten, da er mit Unheil und Mord begonnen hatte. Kain versuchte dann den Leichnam Abels zu verbergen. Er hob ihn auf und streifte mit ihm auf der Erde umher. Da schickte Gott einen Raben gegen einen anderen Raben, und als der eine den anderen tötete und ihn anschließend begrub, wurde Kain sehr traurig und sprach jene Worte, die von ihm im Koran aufgeführt sind (5, 31): WEHE! WAR ICH NICHT IMSTANDE, SO ZU SEIN WIE DIESER RABE UND DIE LEICHE MEINES BRUDERS ZU VERBERGEN? Darauf begrub er ihn. Als Adam von dem Mord erfuhr, erfaßten ihn Trauer, Angst und Verzweiflung.

In einem Buch habe ich gelesen, daß Adam ohne jemanden zu sehen eine Stimme hörte, die ihm den folgenden Vers zurief:

Vater Abels! Bestimmt ist nun das Sterben beiden,
denn der Mörder wird des Opfers Los erleiden.

Nachdem Adam dies gehört hatte, wurde er noch trauriger und besorgter über das Schicksal seiner beiden Söhne, des toten wie des lebenden, denn er wußte nun, daß auch der Mörder getötet werden würde. Da offenbarte Gott ihm die Worte: »Ich will von dir mein Licht ausgehen lassen, das ich zum Weg durch die Kanäle der Reinheit und die Quellen des Adels gestalten, mit dem ich alle anderen Lichter blenden und das ich zum Siegel der Propheten[2] machen werde. Aus seiner Familie werde ich die besten ihm nachfolgenden Führer der Muslime entstehen lassen und werde die Zeit beenden, wenn ihre Zeit beendet ist. Mit ihrem Ruf werde ich die Erde erfüllen und mit ihrem Glanz erleuchten. So rüste dich, reinige dich, halte mich heilig und preise mich. Dann wohne deiner Frau bei, wenn sie im Zustand der Reinheit ist, denn von euch beiden wird mein anvertrautes Gut auf eure Kinder übergehen.« Da verband sich Adam mit Eva, und diese wurde sogleich schwanger. Ihre Stirn erstrahlte, und das Licht funkelte auf ihren Gesichtszügen und leuchtete aus ihren Augen. Am Ende der Schwangerschaft gebar sie ein Wesen: den freundlichsten, vornehmsten, schönsten, vollkommensten und ebenmäßigsten Knaben, umhüllt von Licht und Würde und bekleidet mit Erhabenheit und Pracht. Das Licht wanderte von Eva zu ihm, worauf es in seinem Gesicht leuchtete und seine Schönheit noch erhöhte. Adam nannte ihn Seth. Man sagt, der Name bedeute »Gottesgabe«. Als Seth herangewachsen war und das Jünglingsalter erreicht, die Reife erlangt und die Klugheit erworben hatte, übertrug ihm Adam sein Vermächtnis und erklärte ihm den Rang des ihm anvertrauten Gutes. Er machte ihm deutlich, daß er nach ihm der Beweis und der Stellvertreter Gottes auf Erden sein werde, der die göttliche Wahrheit an seine Nachfolger weitergibt, und daß er der zweite Übermittler des reinen Samens und des blühenden Keimes sei. Seth bewahrte das Vermächtnis Adams und hielt es geheim.
Der Tod Adams und sein Verscheiden ins Jenseits nahten heran. Er starb am Freitag, dem 6. April, zur nämlichen Stunde, in der er erschaffen worden war, im Alter von 930 Jahren, nachdem er seinem Sohn Seth die Führerschaft über alle seine Nachkommen übertragen hatte. Man sagt, Adam habe 40 000 Kinder und Kindeskinder hin-

terlassen. Über die Stelle seines Grabes besteht Uneinigkeit unter den Menschen. Die einen behaupten, es liege in *Minâ* in der al-Chaif-Moschee. Andere sind der Meinung, es befinde sich in einer Höhle auf dem Berg *Abu Qubais.* Doch gibt es noch andere Ansichten. Und Gott allein kennt die Wahrheit!

Seth herrschte unter den Menschen und machte die Blätter seines Vaters sowie die Bücher und Vorschriften, die auf ihn selbst von Gott herabgesandt wurden, zum Gesetz. Er wohnte seiner Frau bei, worauf sie mit Enosch schwanger wurde und das Licht auf sie und nach der Geburt auf ihren Sohn überging. Als dieser alt genug war, um das Vermächtnis zu übernehmen, erklärte ihm Seth die Bedeutung des anvertrauten Gutes und machte ihm deutlich, daß es die Ehre ihrer Familie darstelle. Er forderte ihn auf, seinen Kindern die Wahrheit und den Rang dieser Ehre weiterzuverkünden und dafür Sorge zu tragen, daß diese es weiter so tun, damit es zu einem ständig weiterüberlieferten Vermächtnis werde, solange es Nachkommen gebe. Auf diese Weise wurde das Vermächtnis von Geschlecht zu Geschlecht übertragen, bis Gott das Licht zu *Abdalmuttalib* und zu seinem Sohn Abdallâh, dem Vater des Gesandten Gottes, gelangen ließ.

Über diesen Punkt gehen allerdings die Meinungen der verschiedenen Glaubensrichtungen innerhalb der muslimischen Gemeinde auseinander. Auf der einen Seite stehen diejenigen, die von der göttlichen Bestimmung ausgehen und auf der anderen Seite diejenigen, die das Prinzip der Wahl durch die Gläubigen vertreten. Erstere sind die *»Imâmiten«* innerhalb der Anhängerschaft *Alîs* und seiner reinen Nachkommen; sie behaupten, daß Gott keine einzige Epoche ohne jemanden läßt, der die göttliche Wahrheit vertritt, sei es nun ein Prophet oder ein Beauftragter, der namentlich und ausdrücklich von Gott und Seinem Gesandten bestimmt wurde. Die Vertreter des Wahlprinzips dagegen sind die Rechtsgelehrten der großen Städte, die *Mu'taziliten, châridschitische* und *murdschiitische* Gruppen, viele Traditionsgelehrte, die Leute allgemein und auch Gruppen der Zaiditen; diese behaupten, daß Gott und Sein Gesandter es der Gemeinde überlassen haben, sich selbst aus ihrer Mitte einen Mann zum Führer (Imâm) zu wählen, und daß einige Epochen ohne »Beweis Gottes« sein können, d. h. ohne unfehlbaren Imâm nach der Vorstellung der *Schiiten*[3].

Enosch machte die Erde fruchtbar. Man sagt, alle weiteren Nachkommen Adams stammten allein von ihm, doch gibt es auch andere Ansichten. Seth starb im Alter von 912 Jahren. Zur Zeit des Enosch wurde Adams Sohn Kain, der Mörder seines Bruders Abel, getötet. Enosch starb am 3. Oktober im Alter von 960 Jahren, nachdem ihm Kenan geboren worden war. Auf seiner Stirn erstrahlte das Licht, und er wurde zum Nachfolger bestimmt. Er bestellte das Land, bis er im Alter von 920 Jahren – angeblich im Juli – starb, nachdem er Mahalalel gezeugt hatte. Mahalalel wurde 800 Jahre alt und war der Vater des Jared. So wurde das Licht weitervererbt und der Bund übernommen, und die Wahrheit blieb bestehen. Man sagt, daß ein Nachkomme des Brudermörders Kain in jener Zeit viele Musikinstrumente erfunden habe. Zwischen den Nachkommen Seths und einigen Nachkommen Kains kam es dann zum Krieg. Eine Rasse der Inder, die Adam anerkennt, führt ihre Abstammung auf diesen Zweig der Nachkommen Kains zurück. Der größte Teil dieser Rasse lebt in Indien im Lande *Qimâr*, nach dem das Qimârî-Aloeholz benannt ist. Jared lebte 962 Jahre und starb im Monat März.
Auf ihn folgte sein Sohn Henoch. Dies ist niemand anders als der Prophet Idrîs. Die Sabäer setzen ihn mit Hermes gleich, ein Name, der soviel bedeutet wie Merkur. Idrîs ist es, von dem Gott in Seinem Buch berichtet (Koran 19, 57), Er habe IHN AN EINEN HOHEN ORT ERHOBEN. Er lebte 300 Jahre oder noch länger auf der Erde und war der erste, der Kleider mit Nähten zusammenfügte und die Nähnadel benutzte. Von Gott wurden ihm dreißig Blätter herabgesandt, nachdem vorher Adam einundzwanzig und Seth neunundzwanzig Blätter mit Lob- und Preisgebeten erhalten hatten.
Auf Henoch folgte sein Sohn Metuschelach. Er machte das Land fruchtbar, trug das Licht auf der Stirn und hatte Kinder. Über ihre Zahl hat man viel gesprochen und auch davon, daß die Bulgaren, Russen und Slawen zu seinen Nachkommen gehörten. Er lebte 960 Jahre und starb im Monat September.
Auf ihn folgte Lamech. Zu seiner Zeit herrschte Verwirrung unter den Menschen. Als er starb, war er 777 Jahre alt.
Auf ihn folgte Lamechs Sohn Noe. Auf der Erde verbreitete sich der Frevel, und die Finsternis des Unrechts verstärkte sich. Noe rief die Menschen zum Glauben an Gott auf, doch diese verharrten in Aufruhr und Unglauben. Da betete Noe zu Gott, Er möge sie strafen,

worauf Er ihm offenbarte (11, 37): FERTIGE DAS SCHIFF! Nachdem Noe den Bau der Arche beendet hatte, brachte ihm Gabriel den Sarg mit Adams Gebeinen. Am Freitag, dem 19. März, bestiegen sie die Arche. Fünf Monate trieben Noe und die Seinen mit dem Schiff auf dem Wasser, während die ganze Erde überschwemmt war. Dann befahl Gott der Erde, das Wasser zu verschlingen, und dem Himmel, nicht weiter zu regnen. Die Arche strandete auf dem Dschûdî, einem Berg im Gebiet von Bâsûrâ und Dschazîrat Ibn Omar im Lande Mosul, acht Parasangen vom Tigris entfernt. Bis heute sieht man auf dem Gipfel dieses Berges die Stelle, wo die Arche strandete.

Es wird berichtet, daß einige Teile der Erde sich nicht beeilten, das Wasser zu verschlingen, während andere Teile Gottes Auftrag rasch erfüllten. Deshalb ist das Wasser, das man findet, wenn man in den gehorsamen Teilen gräbt, süß; die säumigen Teile dagegen strafte Gott mit Salz, Salzquellen und Sand. Das übrige Wasser, das die Erde nicht hatte verschlingen wollen, sank in den Untergrund der Erde hinab. Daraus, d. h. aus dem Rest des Wassers der rebellischen Teile der Erde, in denen Gott die Völker hat untergehen lassen, entstanden die Meere. Wir werden später in diesem Buch noch von den Meeren sprechen und sie beschreiben.

Noe verließ die Arche mit seinen drei Söhnen Sem, Cham und Japhet, seinen drei Schwiegertöchtern sowie vierzig weiteren Männern und Frauen. Sie begaben sich zum Fuß des Berges hinab und errichteten dort eine Stadt, die sie Thamânûn, »Achtzig«, nannten. Dieser Name hat sich bis heute, d. h. bis zum Jahr 332 d. H. (= 943 n. Chr.) erhalten. Die Nachkommen dieser Achtzig starben jedoch aus, und Gott ließ die Menschheit allein durch die Nachkommen der drei Söhne Noes weiterbestehen. Davon hat uns Gott mit den Worten berichtet (37, 75): WIR LIESSEN SEINE NACHKOMMENSCHAFT ALS EINZIGE MENSCHEN ZURÜCKBLEIBEN. Aber Gott allein kennt die richtige Deutung dieser Worte.

Dann teilte Noe die Erde unter seinen Söhnen auf und wies jedem sein Gebiet zu. Seinen Sohn Cham verfluchte er wegen des allgemein bekannten Zwischenfalls zwischen den beiden[4] und sprach: »Verflucht sei Cham! Er soll der Sklave seiner Brüder sein!« Und er fuhr fort: »Gesegnet sei Sem! Und dem Japhet möge Gott eine große Nachkommenschaft schenken und ihn im Gebiet des Sem wohnen lassen!« In der Thora habe ich gelesen, daß Noe nach der Sintflut noch 350 Jahre lebte. Insgesamt wurde er 950 Jahre alt, doch gibt es auch andere Angaben.

Cham aber zog weg. Seine Kinder folgten ihm und ließen sich in jenen Teilen der Erde und des Meeres nieder, die wir später noch in diesem Buch behandeln werden.

# *Die Erde*

Die Gelehrten teilen die Erde einerseits in die Himmelsrichtungen Osten, Westen, Norden und Süden und andererseits in einen bewohnten und einen unbewohnten Teil. Sie sagen: Die Erde ist rund, ihr Zentrum liegt in der Mitte der Himmelssphäre, Luft umgibt sie von allen Seiten, und im Vergleich zur Sphäre der Tierkreiszeichen ist sie so klein wie ein Punkt. Als bewohnten Teil der Erde betrachten sie ein Gebiet, das von den sechs Inseln der Glückseligen im westlichen Ozean bis zu den entferntesten bewohnten Teilen Chinas reicht. Sie haben herausgefunden, daß diese Strecke den zwölf Stunden des Tages entspricht, und haben erkannt, daß die Sonne, wenn sie im entferntesten Teil von China untergeht, auf den erwähnten Inseln im westlichen Ozean gerade aufgeht und umgekehrt. Diese Strecke entspricht dem halben Erdumfang und ist nach dem, was sie festgestellt haben, identisch mit der Länge der bewohnten Erde. In jenen Meilen gerechnet, in denen man üblicherweise die Flächen der Erde mißt [1], ergibt sich eine Strecke von 13 500 Meilen. Bei ihrer Untersuchung der Breite der Erde fanden sie heraus, daß sich der bewohnte Teil vom Äquator nach Norden bis zur Insel Thule in Britannien erstreckt, wo der längste Tag zwanzig Stunden dauert. Der Äquator, so sagen sie, verläuft von Osten nach Westen über eine Insel südlich zwischen Indien und Abessinien, wo er von der Nord-Süd-Linie geschnitten wird, die den bewohnten Teil der Erde zwischen den Inseln der Glückseligen und den entferntesten Regionen Chinas in zwei Hälften teilt. Dieser Punkt ist »die Kuppel« der Erde. Die Breite vom Äquator bis zur Insel Thule beträgt etwa sechzig Grad und entspricht somit einem Sechstel des Erdumfangs. Multipliziert man dieses Sechstel, also die Breite, mit der Hälfte, d. h. der Länge der bewohnten Erde, so erhält man als Fläche für den Norden der bewohnten Erde ein Zwölftel der gesamten Erde.

Die sieben Klimata setzen sich wie folgt zusammen: Das erste Klima besteht aus dem alten Babylonien einschließlich *Churâsân, Fârs, Chûzistân*, Mosul und *Dschibâl*; es hat als Tierkreiszeichen den Widder und den Schützen, als Planeten den Jupiter. Das zweite Klima umfaßt Sind, Indien und die Negerländer und führt als Tierkreiszeichen den Steinbock und als Planeten den Saturn. Das dritte Klima beinhaltet Mekka, Medina, den Jemen, Tâ'if und den Hedschas mit den dazwischenliegenden Gebieten; es wird dem Skorpion als Tierkreiszeichen und der Venus als Planeten zugeordnet. Das vierte Klima umschließt Ägypten, *Ifrîqijâ*, das Land der Berber und Spanien sowie die dazwischenliegenden Gebiete; es hat als Tierkreiszeichen die Zwillinge und als Planeten den Merkur. Das fünfte Klima besteht aus Syrien, Byzanz und Mesopotamien und führt als Tierkreiszeichen den Wassermann und als Planeten den Mond. Das sechste Klima enthält die Länder der Türken, Chazaren, *Dailam* und Slawen, die den Krebs als Tierkreiszeichen und den Mars als Planeten haben. Das siebte Klima schließlich besteht aus *Daibul* und China; sein Tierkreiszeichen ist die Waage und sein Planet die Sonne.

Gestützt auf die Angaben des Châlid ibn Abdallâh aus Marw und anderer Gelehrter, die im Auftrag des Kalifen *al-Ma'mûn* in der Region von *Sindschâr* in den Wohngebieten der Rabî'a-Stämme astronomische Beobachtungen der Sonne durchgeführt hatten, schreibt der Astronom *Husain*, der Verfasser der »Astronomischen Tabellen«, daß sie ein Grad der Erdoberfläche auf 56 Meilen berechneten. Dann multiplizierten sie dies mit 360, woraus sich ergab, daß der Umfang der Erde – sowohl Land als auch Meer – 20 160 Meilen beträgt. Multipliziert man diesen Umfang mit sieben und teilt das Ergebnis, d. h. 141 120 Meilen, durch 22, erhält man für den Durchmesser der Erde einen Betrag von ungefähr 6414 und 11/20 Meilen, und entsprechend für den Radius 3207 Meilen, 16 Minuten und 30 Sekunden, d. h. 3207 und 11/40 Meilen. Die Meile entspricht dabei 4000 sogenannten »schwarzen« Ellen[2], jenes Maß, das der Kalif *al-Ma'mûn* für Stoffe, Bauwerke und Steine festgelegt hat. Eine solche Elle entspricht 24 Fingerbreiten.

Ptolemäus beschrieb in seinem als »Geographie« bekannten Buch die Erde, die Städte, die Berge, die Meere, die Inseln, die Flüsse und die Quellen. Die Zahl der zu seiner Zeit bewohnten Städte bezifferte

er auf 530 und führte sie alle von Klima zu Klima namentlich auf. In dem nämlichen Buch erwähnte er auch die Berge entsprechend ihren Farben wie Rot, Gelb, Grün u. a. m. Er bezifferte sie auf über zweihundert, beschrieb ihre Höhe und nannte auch die Minen und Edelsteine, die sie jeweils in sich bergen. Der gleiche Philosoph gibt die Zahl der die Erde umgebenden Meere mit fünf an und behandelt dann die darin liegenden bekannten bewohnten und unbewohnten Inseln. So enthält allein das Abessinische Meer unter anderem eine Gruppe von 1000 eng benachbarten Inseln namens *Dîbadschât,* die alle bewohnt und nur zwei, drei oder mehr Meilen voneinander entfernt sind. Weiter führt er in seiner »Geographie« aus, daß das Mittelmeer am Meer der Kupfersäulen[3] beginnt. Allein die großen Quellen beziffert er auf 230 und die großen in den sieben Klimata ständig wasserführenden Flüsse auf 290. Jedes Klima hat eine Ausdehnung von neunhundert Parasangen[4] im Quadrat. Unter den Meeren gibt es solche, in denen sich Lebewesen befinden und solche, die tot sind, wie z. B. das die gesamte Erde umschließende Meer, der Okeanos. Wir werden in unserem Buch diese Meere noch im einzelnen beschreiben. In dem genannten Werk des Ptolemäus sind alle Meere entsprechend ihren Farben, Größen und Formen bildlich dargestellt. Danach hat eines die Form eines Kopftuchs, andere die eines Harnischs, eines Schlauchs, eines Kreises oder eines Dreiecks. Ihre Namen sind in jenem Buch allerdings in griechischer Sprache aufgeführt und deshalb schwierig zu verstehen. Der Durchmesser der Erde beträgt danach 2100 Parasangen, was einen Umfang von 6600 Parasangen ergibt, wobei eine Parasange 16 000 Ellen beträgt. Der Umfang des untersten Sternkreises, d. h. der Sphäre des Mondes, mißt 125 660 Parasangen und der Durchmesser der Sphäre vom Kopf des Widders bis zum Kopf der Waage 40 000 Parasangen.
Es gibt neun Sphären. Die erste, zugleich die kleinste und der Erde am nächsten, ist die Sphäre des Mondes, die zweite ist die des Merkur, die dritte die der Venus, die vierte die der Sonne, die fünfte die des Mars, die sechste die des Jupiter, die siebte die des Saturn, die achte die der Fixsterne und die neunte die der Tierkreiszeichen. Die Sphären gleichen ineinandersteckenden Kugeln. Die Sphäre der Tierkreiszeichen wird auch »Universalsphäre« genannt. Von ihr sind Tag und Nacht abhängig, da sie jeweils in einem Tag und in einer Nacht die Sonne, den Mond und die übrigen Sterne einmal von

Osten nach Westen um zwei feststehende Pole dreht, nämlich den »Pol des Bären« im Norden und den »Pol des Canopus« im Süden. Die Tierkreiszeichen sind nichts anderes als die Universalsphäre, und ihre Namen wurden ihr nur gegeben, um mit ihrer Hilfe die Lage der Sterne in der Universalsphäre zu unterscheiden. Notwendigerweise verengt sich die Sphäre der Tierkreiszeichen zu den Polen hin und dehnt sich zum Zentrum der Kugel hin aus. Die Linie, die die Kugel von Osten nach Westen in zwei Hälften teilt, wird die »Linie der Tagundnachtgleiche« genannt, weil Tag und Nacht in allen Ländern gleich lang sind, wenn die Sonne diese Linie passiert. Der Teil der Sphäre, der von Norden nach Süden verläuft, heißt »Breite«, und der Teil, der von Westen nach Osten verläuft, heißt »Länge«. Die Sphären sind rund und umgeben die Welt. Sie drehen sich um das Zentrum der Erde, die sich in der Mitte befindet wie der Punkt in der Mitte eines Kreises.

Ptolemäus, der Verfasser des Almagest, behauptete, der Umfang der Erde betrage mit allen Bergen und Meeren 24 000 Meilen, und ihr Durchmesser, d. h. ihre Breite und Tiefe, 7636 Meilen. Man errechnete dies in der Weise, daß man in zwei verschiedenen Städten, die auf dem gleichen Meridian liegen, wie z. B. Palmyra und *Raqqa,* die Höhe des nördlichen Poles maß und feststellte, daß diese in Raqqa 35 1/3 und in Palmyra 34 Grad betrug. Darauf ermittelte man die Entfernung zwischen Raqqa und Palmyra, wobei sich 67 Meilen ergaben, d. h. der gemessene Grad der Sphäre entsprach 67 Meilen auf der Erde. Die ganze Sphäre teilt sich aus Gründen, die von den Gelehrten genannt, hier von uns aber nicht näher dargelegt werden können, in 360 Grad. Diese Aufteilung gilt ihnen als sicher, da sie herausfanden, daß die Sphäre von den Tierkreiszeichen in zwölf Teile geteilt wird und die Sonne in jedem Monat ein Tierkreiszeichen und damit in 360 Tagen alle Tierkreiszeichen durchquert.

Die Sphäre ist rund und dreht sich um zwei Achsen oder Pole, die man vergleichen kann mit den beiden Drehzapfen des Tischlers oder Drechslers, der Kugeln, Gefäße und anderes Gerät aus Holz herstellt. Für denjenigen, der in der Mitte der Erde am Äquator wohnt, sind Tag und Nacht immer gleich lang, und er sieht immer beide Achsen, d. h. sowohl den nördlichen als auch den südlichen Himmelspol. Dagegen sehen diejenigen, die in den nordwärts gerichteten Ländern leben, nur den nördlichen Pol und das Sternbild des Bären, aber nicht den südlichen Pol und die diesem nahestehenden Sterne. So sieht man etwa in *Churâsân* den Canopus nicht. Für einige Tage im Jahr ist dieser Stern aber im Irak sichtbar, wo jedes Kamel, dessen Auge zufällig auf ihn trifft, sogleich stirbt. In den südlichen Ländern ist der Stern das ganze Jahr über zu sehen.

Die Fachgelehrten und Astronomen sind sich nicht darin einig, ob sich die beiden Achsen, um die sich die Sphäre dreht, selbst auch bewegen oder nicht. Die meisten glauben, daß sie sich nicht bewegen. In früheren Werken haben wir bereits die Vorstellungen erörtert, die die verschiedenen Astronomenschulen hinsichtlich der Frage vertreten, ob diese beiden Pole von der gleichen Art sind wie die Sphären oder nicht.

Auch über die Gestalt der Meere ist man verschiedener Meinung. Die meisten alten indischen Philosophen und griechischen Weisen vertraten im Gegensatz zu jenen, die ihnen widersprechen und sich an die göttliche Offenbarung halten, die Ansicht, daß das Meer um die Erde herum gewölbt ist. Für die Richtigkeit dieser These führten sie viele Beweise ins Feld wie zum Beispiel folgenden: Wenn du auf das Meer hinausfährst, entschwinden deinen Blicken zunächst das Land und dann Stück für Stück die Berge, bis du auch nicht mehr ihre höchsten Gipfel siehst. Wenn du dagegen auf die Küste zu fährst, erscheinen zuerst allmählich die Berge, und erst in unmittelbarer Nähe der Küste erblickst du die Bäume und das Land.

So sieht man zum Beispiel den Berg *Demâwand* zwischen Rajj und Tabaristan bereits aus einer Entfernung von hundert Parasangen, weil er so hoch in den Himmel reicht. Seinem Gipfel entsteigt Rauch, und ewiger Schnee bedeckt ihn. An seinem Fuß entspringt ein mächtiger Fluß, dessen schwefelhaltiges Wasser von goldgelber Farbe ist. Um den Berg zu besteigen, benötigt man drei Tage und drei Nächte. Wer den Gipfel erreicht hat, findet sich auf einer ebenen Fläche von etwa tausend Ellen im Quadrat; von unten betrachtet wirkt sie dagegen kegelförmig. Auf dieser Fläche am Gipfel liegt roter Sand, in den man mit den Beinen einsinkt. Wegen der heftigen Winde, der großen Höhe und der grimmigen Kälte begeben sich weder Tiere noch Vögel dort hinauf. Auf dem Gipfel befinden sich etwa dreißig Löcher, aus denen mächtiger Schwefeldampf aufsteigt, begleitet von einem lauten, dem stärksten Donner vergleichbaren Dröhnen, das von dem lodernden Feuer herrührt. Wer sein Leben aufs Spiel setzt und bis zu den Mündern dieser Löcher hinaufsteigt, kann von dort Schwefel mitbringen, der gelb ist wie Gold und in der Alchemie und anderen Gewerben Verwendung findet. Der Demâwand ist so hoch, daß sich die höchsten Berge in seiner Umgebung, vom Gipfel aus betrachtet, nur wie kleine Hügel ausnehmen. Von diesem Berg bis zum Kaspischen Meer sind es ungefähr zwanzig Parasangen. Fährt man zu Schiff auf dieses Meer hinaus, entschwindet der Demâwand allmählich den Blicken, bis er überhaupt nicht mehr zu sehen ist. Nähert man sich dagegen dem Gebirge von Tabaristan von See her, erblickt man aus einer Entfernung von hundert Parasangen zunächst nur den höchsten Gipfel des Demâwand. Je weiter man dann an die Küste herankommt, desto mehr wird von dem Berg sichtbar. Dies ist ein Beweis für die von den Gelehrten angenommene kugelförmig runde Gestalt des Meeres.

Ebenso sehen diejenigen, die im Mittelmeer segeln, den Berg Aqra', dessen Höhe man nicht kennt und der die Gebiete von Antakia, Latakia und Tripoli sowie die Insel Zypern und andere Teile des Byzantinischen Reiches beherrscht, allmählich verschwinden, weil sie sich auf ihrer Fahrt ins offene Meer hinaus immer weiter nach unten bewegen.

Über die Ausmaße der Erde ist viel diskutiert worden. Die meisten vertreten die Ansicht, daß es vom Zentrum der Erde bis dorthin, wohin Luft und Feuer gelangen, 168 000 Meilen sind. Die Erde ist um etwas mehr als 37mal größer als der Mond, 23mal größer als der Merkur und 24mal größer als die Venus; die Sonne dagegen ist $166\frac{3}{8}$mal größer als die Erde und 2640mal größer als der Mond; die Erde entspricht somit $\frac{1}{160}$ der Sonne. Der Durchmesser der Sonne beträgt 42 000 Meilen. Der Mars ist um ein Drittel größer als die Erde, und sein Durchmesser beträgt $8700\frac{1}{2}$ Meilen. Der Jupiter ist $81\frac{3}{4}$mal größer als die Erde, und sein Durchmesser beträgt 33 216 Meilen. Der Saturn ist $77\frac{1}{2}$mal größer als die Erde, und sein Durchmesser beträgt 32 786 Meilen. Was die fünfzehn Fixsterne erster Größe anbelangt, so ist jeder von ihnen $94\frac{1}{2}$mal größer als die Erde.

Die Sterne sind von der Erde folgendermaßen weit entfernt: Der Mond bei seiner größten Annäherung an die Erde 118 000 Meilen, bei seiner größten Entfernung von ihr 124 000 Meilen; der weiteste Abstand des Merkur von der Erde beträgt 900 730 Meilen, der Venus

4 019 600 Meilen, der Sonne 4 820 000½ Meilen, des Mars etwas mehr als 33 600 000 Meilen, des Jupiter etwas weniger als 54 166 000 Meilen und die des Saturn etwas weniger als 77 000 000 Meilen. Die gleiche Entfernung haben etwa auch die Fixsterne vom Zentrum der Erde.

Anhand der Teilungsprinzipien, der Grade und Maße, die wir erwähnten, haben die Gelehrten die Zeiten und Sonnenfinsternisse berechnet. Verschiedene astronomische Geräte und Astrolabien wurden dafür entwickelt und zahlreiche Bücher darüber geschrieben. Selbst wenn wir hier nur einen Teil dieses Wissensgebietes ausführlich behandeln wollten, würde dies über den Rahmen unseres Buches hinausgehen. Das Erwähnte möge deshalb als Einführung in alle die anderen Bereiche dieser Wissenschaften, die wir bereits in unseren früheren Werken abgehandelt haben, genügen. In diesem Buch wollen wir ja nur eine Zusammenfassung all dessen geben, was wir in jenen Büchern schon ausführlich beschrieben haben.

Die Sabäer von Harran, jene kläglichen Nachfolger der Griechen und der Alten Philosophen, hatten in ihren Tempeln eine den neun Sphären nachgebildete Priesterhierarchie geschaffen. Ihr höchster Priester hieß Ra's Kumrâ. Dann kamen die Christen und ordneten ihre eigene Priesterhierarchie entsprechend dem Vorbild der Sabäer. Sie nannten die hierarchischen Stufen alta'ât. Die erste Stufe bildet der Salat, die zweite der Aghsat, die dritte der Judhâqun, die vierte der Schammâs, die fünfte der Qissîs, die sechste der Bardût, die siebte der Hûrâsfitos – er ist der Stellvertreter des Bischofs –, die achte der Bischof und die neunte der Metropolit, was soviel heißt wie »Oberhaupt der Stadt«. Über allen diesen steht in der Rangordnung der Patriarch, eine Bezeichnung, die »Vater der Väter« bedeutet[5]. Die erwähnte Hierarchie und auch die Einstufung weiterer niederer Ränge werden von den gebildeten Christen vertreten. Das gemeine Volk ist dagegen hinsichtlich dieser hierarchischen Ordnung anderer Meinung; es spricht von einem Engel, der ihm erschienen sei und gewisse Befehle geoffenbart habe, die wir aber hier nicht näher beschreiben brauchen.

Die erwähnte hierarchische Ordnung herrscht bei den Melkiten, die gleichsam die Säule und der Angelpunkt der Christen sind. Die östlichen Christen, nämlich die auch als Nestorianer und Jakobiten bezeichneten Christen, haben sich von ihnen abgespalten.

# *Die Flüsse*

Aristoteles, der Verfasser der »Logik«, schreibt, daß die Meere ihre Lage im Verlauf der Jahre und Jahrhunderte von Ort zu Ort verändern und daß alle Meere in ständiger Bewegung sind, auch wenn diese Bewegung, verglichen mit der Wassermasse, der weiten Oberfläche und der Tiefe des Grundes, nur unmerklich ist. Die feuchten Gebiete der Erde bleiben nicht immer feucht und die trockenen nicht immer trocken, sondern sie verändern sich je nachdem, ob sich Flüsse in sie ergießen oder sich aus ihnen zurückziehen. Aus diesem Grunde ändern Meer und Festland ständig ihre Lage. Wo Festland ist, bleibt nicht immer Festland, und wo Meer ist, bleibt nicht immer Meer. Heute kann an einer Stelle Festland sein, wo früher Meer war, und umgekehrt. Der Grund dafür liegt im Lauf der Flüsse. Wie Tiere und Pflanzen, so erfahren auch die Flüsse Jugend und Alter, Leben und Tod, Wachstum und Verbreitung. Während aber Tiere und Pflanzen von der Jugend und vom Alter nicht jeweils nur teilweise erfaßt werden, sondern alle ihre Teile gemeinsam jung oder alt sind und gleichzeitig schwach werden und sterben, altert die Erde aufgrund der Umdrehung der Sonne nur Teil um Teil.

Über den Ursprung der Flüsse und Quellen gibt es verschiedene Ansichten. Die einen sind der Meinung, daß sie alle aus dem großen Meer kommen, das Süßwasser enthält und nicht mit dem Ozean identisch ist. Andere glauben, daß sie sich in der Erde befinden wie die Adern im Körper. Wieder andere meinen, daß sich das Wasser, das aufgrund eines Naturgesetzes immer bestrebt ist, eine ebene Fläche zu bilden, in die Tiefen der Erde zurückzog, als sich auf dieser Höhen und Senken bildeten; aufgrund des Drucks, den die Erde auf das in ihren Tiefen eingeschlossene Wasser ausübt, sucht dieses nun einen Ausweg und bricht aus der Erde in Form von Quellen und

Flüssen hervor. Zuweilen bildet sich Wasser im Inneren der Erde auch aus der dort befindlichen Luft und ist dann kein Element, sondern aus den Fäulnissen und Dämpfen der Erde entstanden.
Es ist viel gesprochen worden über die Quellen, die Mündungen und die Länge der großen Flüsse wie des Nil, des Euphrat, des Tigris, des Flusses von Balch, d. h. des *Dschaihûn,* des *Mihrân* von Sind, des Ganges, eines mächtigen Flusses in Indien, des Sabbato – ebenfalls ein gewaltiger Fluß –, des Don, der sich in das Schwarze Meer ergießt, und anderer mehr.
In der »Geographie« des Ptolemäus habe ich eine bildliche Darstellung des Nil gesehen. Danach entspringt er am Fuß des Mondberges [1] in zwölf Quellen, deren Wasser sich dann in zwei Seen ergießen, ähnlich wie der Euphrat in das Sumpfgebiet von Basra. Aus den beiden Seen tritt das Wasser gesammelt aus und fließt weiter durch sandiges und gebirgiges Gelände. Der Fluß durchquert dann das Land der Neger, das an das Land der *Zandsch* grenzt. Dort zweigt sich ein Flußarm ab, der in das Meer der Zandsch mündet. Es ist dies das Meer, in dem die Insel *Qanbalû* liegt. Auf ihr leben auch Muslime, die aber die Sprache der Zandsch sprechen. Sie haben sich dieser Insel bemächtigt und die dort lebenden Zandsch gefangengenommen, ähnlich wie die Muslime gegen Ende der *Omaijaden*zeit und zu Beginn der *Abbasiden*herrschaft die Insel Kreta im Mittelmeer eroberten. Von Qanbalû bis nach Oman beträgt die Entfernung fünfhundert Parasangen. Dies ist allerdings nur eine Schätzung der Seeleute, keine genaue Berechnung. Einige Kapitäne von *Sîrâf* und Oman berichten, daß sie zur Zeit der Nilüberschwemmung in Ägypten oder kurz zuvor in diesem Meer einer Wasserströmung begegnen, die wegen ihres reißenden Laufs schwierig zu durchfahren ist, von den Bergen der Zandsch kommt, über eine Meile breit ist und Süßwasser führt, das sich zur Zeit der Nilüberschwemmung in Ägypten und in Oberägypten trübt.
*Al-Dschâhiz* behauptet, daß der Mihrân-Fluß in Sind vom ägyptischen Nil herkäme. Als Beweis dafür nennt er die Existenz von Krokodilen in beiden Flüssen. Ich weiß nicht, wie er auf diese Argumentation gekommen ist. Er bringt sie in seinem Buch, das den Titel »Die Hauptstädte und die Wunder der Länder« trägt und im übrigen ein hervorragendes Werk ist. Da der Autor selbst aber die Meere nicht befahren, keine zahlreichen Reisen unternommen und die Rei-

che und großen Städte nicht durchquert hat, ist ihm nicht zu Ohren gekommen, daß der Mihrân in wohlbekannten Quellen im Hochland von Sind, im Gebiet von Qannûdsch, im Königreich Birûza sowie im Gebiet von Qaschmir, Qandahâr und Thakka entspringt und dann nach Mûltân fließt, wo er als »Gold-Mihrân« bezeichnet wird, so wie Mûltân auch »Goldspalte« heißt. Über das Reich von Mûltân herrscht ein Mann aus dem Stamm *Quraisch* und aus der Nachkommenschaft des Sâma ibn Lu'ajj. Bei ihm sammeln sich die Karawanen für den Weg nach Churâsân. Auch der Herrscher über das Reich von Mansûra ist ein Quraischit, und zwar von den Nachkommen des Habbâr ibn al-Aswad, in deren Händen die Regentschaft liegt. Die Herrschaft über Mûltân ist dort seit den Anfängen des Islam erblich. Nachdem dann der Mihrân-Fluß das Land Mansûra durchquert hat, mündet er in der Gegend von *Daibul* in das Indische Meer. Die Krokodile sind sehr zahlreich in den Buchten dieses Meeres, wie zum Beispiel in der Bucht von *Sindâbûrâ* im indischen Königreich Bâghira, oder in der Bucht von Dschâvaga im Meer des Reiches des Maharadscha oder in den Buchten an der Küste der Insel *Sarandîb*. Die Mehrzahl der Krokodile lebt im Süßwasser, und die erwähnten Buchten Indiens enthalten meistens Süßwasser, da sich Regenwasser in sie ergießt.

Kehren wir nun zum ägyptischen Nil zurück! Die Philosophen geben an, daß der Nil neunhundert oder tausend Parasangen über das Antlitz der Erde durch fruchtbares und bewohntes, durch unfruchtbares und wüstes Land fließt, bevor er Assuan in Oberägypten erreicht. Bis zu dieser Stadt fahren die Schiffe von *Fustât* den Fluß hinauf. Einige Meilen von Assuan entfernt durchquert der Nil Berge und Felsen, weshalb es für die Schiffe keinen Weg weiter hinauf gibt. Diese Stelle, die als die »Katarakte« bekannt ist, bildet die Grenze zwischen dem Oberlauf des Nils, den die Schiffe der Abessinier befahren, und dem Unterlauf, auf dem die Schiffe der Muslime verkehren. Der Nil erreicht Fustât, nachdem er Oberägypten durchquert und den Berg Tailamûn sowie die Felsen von Lâhûn in der Landschaft Fajjûm passiert hat. Diese Gegend ist als die »Insel« bekannt, die sich Joseph einst zur Heimstatt nahm. Der Fluß teilt sich hinter Fustât in mehrere Arme, die nach Tinnîs, Damietta, Rosetta und Alexandria fließen, wo er sich in das Mittelmeer ergießt und wo sich aus seinen Wassern mehrere Seen gebildet haben. Vor der Überschwemmung dieses Jahres, d. h. des Jahres 332 d. H. (= 943 n. Chr.), kam der Nil allerdings nicht mehr bis in das Gebiet von Alexandria. Da ich mich, als ich erfuhr, daß der Nil in diesem Jahr einen Höchststand von achtzehn Ellen erreicht hat, gerade in der Gegend von Antakia und in den syrischen Grenzlanden aufhielt, weiß ich jedoch nicht, ob das Wasser in dieser Zeit wieder in den Nilarm von Alexandria eindrang.

Es war Alexander, der Sohn Philipps von Macedonien, der Alexandria an diesem Arm des Nils erbaute, durch den damals der größte Teil des Wassers floß, und der das Gebiet von Alexandria und Marjût bewässerte. Marjût stand damals in höchster Blüte, und seine Gärten reichten ohne Unterbrechung bis nach *Barqa* im Westen. Die Schiffe fuhren auf dem Nil direkt bis zu den Märkten von Alexandria. Die Ufer des Flusses waren in der Stadt mit Steinen und Marmor gepflastert. Später stürzten die Böschungen an mehreren Stellen ein, wodurch der Flußarm verstopft wurde und das Wasser nicht mehr in ihn hineinfließen konnte. Andere Ursachen, so sagt man, verhinderten, daß die Hindernisse wieder beseitigt wurden und das Wasser seinen alten Lauf nahm. Seitdem trinken die Bewohner der Stadt Brunnenwasser. Der Nil aber liegt eine Tagesreise von ihnen entfernt.

Jener Arm des Nil, dessen Wasser sich, wie erwähnt, in das Meer der Zandsch ergießt, zweigt sich im Hochland der Zandsch ab und bildet die Grenze zwischen ihrem Gebiet und den entferntesten Teilen jener Länder, in denen die verschiedenen abessinischen Rassen leben. Gäbe es zwischen ihnen nicht diesen Fluß und die Sandwüsten, könnten sich die Abessinier gegen die zahlreichen angriffslustigen Stämme der Zandsch in ihren Wohngebieten nicht behaupten.

Der Fluß von Balch, der auch *Dschaihûn* genannt wird, hat zahlreiche Quellen und erreicht Chwârizm, nachdem er vorher durch die Regionen von Tirmidh, Isfarâ'în und durch andere Teile der Provinz Churâsân geflossen ist. In Chwârizm verzweigt er sich nach verschiedenen Orten. Der Rest seines Wassers mündet schließlich in einen See, an dem – unterhalb von Chwârizm – ein Dorf namens *Dschurdschanîja* liegt. In dieser Region gibt es keinen größeren See als diesen, und es wird behauptet, er sei überhaupt der größte See der bewohnten Erde, da er etwa eine Monatsreise lang und ebenso breit sei. Er wird von Schiffen befahren, und in ihn mündet auch der Fluß von *Farghâna* und Schâsch, der das Land Fârâb und die Stadt Wasîdsch durchquert und auf dem Schiffe bis zur Mündung verkehren. An dem genannten See liegt auch eine Stadt der Türken, die »Neustadt« genannt wird, und wo Muslime leben.

Die meisten der in dieser Gegend nomadisierenden oder seßhaften Türken gehören dem Stamm der *Ghuzz* an. Dieses türkische Volk zerfällt in drei Gruppen, nämlich die »Unteren«, die »Oberen« und die »Mittleren«. Sie sind von allen Türken die tapfersten, kleinsten und kleinäugigsten. Allerdings behauptet Aristoteles, der Autor der »Logik«, in seiner Abhandlung über die Tiere im vierzehnten und im achtzehnten Kapitel, wo er die Kraniche behandelt, daß es noch kleinere Türken als diese gebe.

Die Stadt Balch hat in einer Entfernung von etwa zwanzig Tagesreisen am äußersten Ende ihres Einflußbereiches einen Vorposten namens Badachschân. Diesem gegenüber leben verschiedene ungläubige Völker, die man als Wachchân und Tibetaner bezeichnet. Rechter Hand von diesen gibt es eine Rasse namens Afghân. Dort entspringt ein Fluß, der nach ihnen »Afghân-Fluß« heißt. Einige kundige Männer behaupten, daß der Dschaihûn von diesem Fluß seinen Ausgang nehme. Der Dschaihûn ist einhundertundfünfzig Parasangen lang oder vierhundert Parasangen, wenn man seinen Anfang mit dem des Afghân-Flusses gleichsetzt. Diejenigen Autoren, die behaupten, der Dschaihûn münde in den Mihrân-Fluß von Sind, befinden sich im Irrtum.

Ich behandle hier nicht näher den Schwarzen und den Weißen Irischt. An letzterem Fluß liegt das Reich der Kîmâk-Uiguren, ein türkisches Volk, das jenseits des Dschaihûn lebt. An beiden Flüssen leben auch Ghôr-Türken. Es gibt zwar einige Nachrichten über diese Flüsse, doch kann ich ihre Länge nicht angeben, da ich darüber nichts erfahren habe.

Der Ganges, der Fluß Indiens, entspringt in Gebirgen in den entferntesten Teilen des Landes, dort, wo es in Richtung des Wohngebietes der *Tughuzghuz*-Türken an China grenzt. Er durchfließt vierhundert Parasangen, bevor er an der Küste Indiens in das Abessinische Meer mündet.

Der Euphrat entspringt im Gebiet der armenischen Grenzstadt *Qâlîqalâ* in einem Gebirge namens Afradohos, etwa eine Tagesreise von

der Stadt entfernt. Sein Lauf erstreckt sich auf byzantinischem Gebiet über hundert Parasangen bis nach Malatia. Einer unserer muslimischen Brüder, der als Gefangener im Land der Christen war, berichtete mir, daß der Euphrat auf seinem Weg durch byzantinisches Gebiet zahlreiche Nebenflüsse aufnimmt, darunter einen, der vom *Mârzabûn*-See herkommt. Dies ist der größte See im Land der Byzantiner. Er ist etwa eine Monatsreise lang und breit und wird von Schiffen befahren. Der Euphrat erreicht dann Dschisr Manbidsch, nachdem er zuvor unterhalb der Festung von Samosate, der sogenannten »Lehmburg«, vorbeigeflossen ist. Über Bâlis, *Siffîn* – der berühmten Kampfstätte zwischen Irakern und Syrern –, *Raqqa*, Rahba und Hît erreicht er Anbâr. Von dort zweigen mehrere Kanäle ab wie zum Beispiel der Nahr Îsa und andere, die nach Bagdad fließen und in den Tigris münden. Der Euphrat nimmt seinen Lauf weiter über Sûrâ, Qasr Ibn Hubaira, Kufa, Dschâmi'ain, Ahmadabad, Nars und Tufûf und ergießt sich schließlich in das Sumpfgebiet zwischen Wâsit und Basra. Seine Länge beträgt insgesamt etwa fünfhundert Parasangen oder sogar noch mehr. Der größte Teil des Euphratwassers floß früher nach *Hîra*, wo das alte als al-'Atîq bekannte Flußbett bis heute sichtbar ist und wo die Schlacht von *Qâdisîja* zwischen den Muslimen und Rostam ausgetragen wurde. Bei Hîra mündete früher der Euphrat in das Abessinische Meer. Dieses reichte damals bis zu dem Ort, der heute als Nedschef bekannt ist, und dort legten die Schiffe aus China und Indien an, die zu den Königen von Hîra kamen.
Zahlreiche frühere Kenner der Geschichte und der Schlachten der Araber, darunter *Hischâm* al-Kalbî, *Abu Michnaf* und Ibn al-Qutâmî, berichteten folgendes:
Als *Châlid* ibn al-Walîd vom Stamme Machzûm unter dem Kalifat des *Abu Bakr*, nachdem er die Landschaft *Jamâma* erobert und den Lügenpropheten des Stammes *Hanîfa* getötet hatte, gegen Hîra zog und bemerkte, daß sich die Bewohner der Stadt in drei Festungen – heute Ruinen, drei Meilen von Kufa entfernt – verschanzt hatten, ließ er sein Heer in Richtung Nedschef lagern. Er selbst ritt in Begleitung des Dirâr vom Stamme Asad, eines berühmten arabischen Ritters, in Richtung Hîra. Als sie vor der Festung des Stammes Tha'laba anhielten und die Christen sie mit Feuerbränden bewarfen, scheute sein Pferd, und Dirâr sprach zu ihm:

»Gott erhalte dich! Eine größere Kriegslist als diese, die du siehst, haben sie nicht.«

Châlid begab sich in sein Lager zurück und sandte von dort an die Belagerten die Aufforderung, sie sollten einen ihrer klügsten und ältesten Männer zu ihm schicken, damit er sich bei ihm über sie erkundigen könne. Sie sandten ihm den Abdalmasîh vom Stamme Ghassân, der damals 350 Jahre alt war. Als Châlid ihn fragte, was er in seiner Jugend gesehen habe, antwortete dieser:

»Ich habe gesehen, wie Schiffe mit Waren aus Sind und Indien bis hierher fuhren und Wogen des Meeres die Stelle überfluteten, auf der du stehst. Sieh, welche Entfernung uns heute vom Meer trennt! Damals konnte eine Frau aus Hîra ihren Korb nehmen und sich auf den Kopf setzen, und sie brauchte als Wegzehrung nur einen einzigen Brotfladen, um bis nach Syrien zu gehen, da sie ständig durch blühende Dörfer, bebaute Felder und reiche Obstgärten kam, vorbei an breiten wasserreichen Tümpeln und Teichen. Du siehst, was heute daraus geworden ist: eine trockene Wüste. So verfährt Gott mit Ländern und Menschen.«

Ich habe diese Geschichte hier nur aufgeführt, um meine obigen Ausführungen über die im Verlauf der Zeiten ablaufende Wanderung der Meere und Veränderung der Flußläufe zu stützen: Als sich das Wasser aus diesem Gebiet zurückzog, wurde Festland aus ihm, so daß heute zwischen Hîra und dem Meer viele Tagesreisen liegen. Wer sich die Gegend von Nedschef genau betrachtet, dem wird das Gesagte heute noch deutlich.

# *Das Abessinische Meer*

Die Ausmaße des Indischen Ozeans bzw. des Abessinischen Meeres hat man folgendermaßen abgeschätzt: Seine Länge von Westen nach Osten, von den entferntesten Gebieten Abessiniens bis zu den äußersten Teilen Indiens und Chinas beträgt 8000 Meilen, während seine Breite zwischen 2700 und 1700 Meilen schwankt. Sowohl für die Breite als auch für die Länge finden sich noch andere Angaben, doch verzichte ich hier auf ihre Wiedergabe, da für ihre Richtigkeit nach Ansicht der Fachleute die Beweise fehlen.
Im gesamten Teil der bewohnten Erde gibt es kein größeres Meer. Entlang der abessinischen Küste bildet es einen Golf, der sich bis in die Gegend von *Berberâ* im Land der *Zandsch* und Abessinier erstreckt. Er ist als »berberischer Golf« bekannt. Seine Länge beträgt 500 Meilen und seine Breite von einer Seite zur anderen hundert Meilen. Der genannte Ort Berberâ ist nicht zu verwechseln mit dem Land der Berber im Westen von Nordafrika. Die Namensähnlichkeit ist nur zufällig. Die Kapitäne aus Oman durchqueren dieses Meer, um zur Insel *Qanbalû* zu gelangen, die im Meer der Zandsch liegt, und auf der neben ungläubigen Zandsch auch Muslime leben. Die erwähnten Schiffskapitäne aus Oman behaupten, daß der Golf von Berberâ, den sie auch als »Meer von Berberâ und *Hafûnâ*« kennen, die erwähnten Ausmaße noch überschreitet und daß die Wellen in ihm hochragenden Bergen gleichen. Sie bezeichnen diese Wellen als »blind« und wollen damit ausdrücken, daß sie sich weder brechen noch Schaumkronen tragen, wenn sie sich zu hohen Bergen auftürmen und in die tiefsten Täler hinabgleiten. Sie behaupten, daß die Wellen von Dämonen besessen sind. Die erwähnten Seeleute aus Oman, die dieses Meer befahren, sind Araber vom Stamme der Azd. Wenn sie inmitten des Meeres von den Wogen bald hochgeschleu-

dert, bald in die Tiefe gezerrt werden, begleiten sie ihre Manöver im Takt mit den Versen:

Bei Berberâ und Hafûnâ im Meer
tosen die Geisterwogen einher.
Im Meer von Hafûnâ und Berberâ
sind gar schrecklich hohe Wellen da.

Über das Meer der Zandsch gelangt man zu der erwähnten Insel Qanbalû sowie zu den Ländern *Sofâla* und *Wâqwâq*, den entferntesten Gebieten der Zandsch und den untersten Teilen dieses Meeres. Auch die Seeleute von *Sîrâf* befahren dieses Meer. Ich selbst bin mit einigen ihrer Kapitäne, darunter Mohammed ibn Zaidabûd und Ibn Sîrah, von Suhâr, der Hauptstadt Omans, zu einer Reise über dieses Meer aufgebrochen. Ibn Sirâh ist danach mit seiner gesamten Schiffsbesatzung untergegangen. Das letzte Mal fuhr ich im Jahre 304 d. H. (= 916 n. Chr.) von Qanbalû nach Oman auf dem Schiff von Ahmad und Abdallâh, der beiden Brüder des Abdarrahmân ibn Dscha'far aus Mîkân, einem Stadtteil von Sîrâf; auch diese beiden sind später mitsamt ihren Schiffen und Mannschaften untergegangen. Meine letzte Reise erfolgte zur Zeit, als Ahmad ibn Hilâl über Oman regierte. Ich habe zwar schon viele Meere befahren, wie z. B. das Chinesische Meer, das Mittelmeer, das Kaspische Meer, das Rote Meer und das Meer von Jemen, und habe auf ihnen unzählige schreckliche Dinge erlebt, aber keines war schrecklicher als das erwähnte Meer der Zandsch.

In diesem Meer lebt der als »Wal« bekannte Fisch, der eine Länge von vier- bis fünfhundert Ellen – gerechnet in den dort üblichen »omanischen« Ellen – erreichen kann. Meistens ist er hundert Ellen lang. Bei ruhiger See läßt er zuweilen die Spitzen seiner Flossen, dem Hauptsegel eines Schiffes gleich, aus dem Wasser ragen. Manchmal zeigt er auch seinen Kopf und bläst Wasser höher als einen Pfeilschuß in die Luft empor. Die Schiffsbesatzungen haben Tag und Nacht Angst vor ihm und schlagen deshalb ständig Hölzer oder Trommeln, um ihn fernzuhalten. Mit seinem Schwanz und seinen Flossen treibt er sich die Fische ins aufgesperrte Maul, in dessen Schlund sie wie ein Strom verschwinden. Wird der Wal unmäßig, schickt Gott einen anderen Fisch gegen ihn, der nur etwa eine Elle lang ist und den man »Laschk« nennt. Dieser hängt sich an die Ohrwurzel des Wals, der sich nicht von ihm befreien kann, zum Grund des Meeres hinabschwimmt und sich selbst gegen den Boden wirft, bis er stirbt. Sein Kadaver treibt dann an die Oberfläche, wo man ihn wie einen mächtigen Berg treiben sieht. Manchmal hängt sich dieser Laschk-Fisch auch an die Schiffe, worauf der Wal es trotz seiner Größe nicht mehr wagt, sich ihnen zu nähern. Sobald er nämlich diesen kleinen Fisch sieht, flieht er, da dieser sonst sein Untergang wäre.

In gleicher Weise besitzt auch das Krokodil als tödlichen Gegner ein kleines Tier, das an den Ufern und auf den Inseln des Nil lebt. Damit verhält es sich folgendermaßen: Das Krokodil besitzt keinen Darmausgang, und aus allem, was es frißt, entstehen in seinem Leib Würmer. Sobald diese Würmer ihm lästig werden, begibt es sich an Land und legt sich dort mit aufgesperrtem Rachen auf den Rücken. Gott sendet dann Wasservögel zu ihm, wie z. B. den Regenpfeifer, den Strandreiter, den *Schâmurk* und andere mehr, denen dies zur Gewohnheit geworden ist, und sie fressen alle großen Würmer, die sich im Inneren des Krokodils gebildet haben. Jenes kleine Tier aber, das sich im Sand verborgen hält und das Krokodil beobachtet, kriecht nun zu dessen Schlund und dringt in das Innere seines Körpers ein. Das Krokodil wirft sich darauf gegen den Boden und strebt schließlich zum Grund des Nil, wo das kleine Tier sich seiner Eingeweide bemächtigt und dann ein Loch durch seinen Körper bohrt, durch das es das Krokodil wieder verläßt. Zuweilen tötet sich das Krokodil auch vorher selbst, und jenes Tier verläßt erst nachher seinen Körper. Es ist etwa eine Elle lang, ähnelt im Aussehen dem Wiesel und besitzt verschiedenartige Füße und Krallen.

Kehren wir nun zu den einzelnen Teilen, Golfen und Landzungen des Abessinischen Meeres zurück! Ein anderer Golf, der von diesem Meer seinen Ausgang nimmt, reicht bis zur Stadt *Qulzum* in Ägypten, drei Tagesreisen von *Fustât* entfernt. An diesem Golf liegen Ailat, der Hedschas, *Dschidda* und der Jemen. Seine Länge beträgt 1400 Meilen, seine Breite an der engsten Stelle 200 Meilen und an der weitesten, nämlich in der Mitte, 700 Meilen. An der dem Hedschas und Ailat im Westen gegenüberliegenden Küste befinden sich die Regionen von Allâqî und Aidhâb in Oberägypten bzw. im Gebiet der *Bedscha.* Daran anschließend folgen die Länder der Abessinier und der Neger bis zum entferntesten Gebiet der Zandsch, dem Land Sofâla.

Ein anderer Teil dieses Meeres wird vom Persischen Golf gebildet. Er reicht bis nach Ubulla, bis zu den Wassersperren und bis nach Abbadan im Gebiet von Basra. Seine Länge beträgt 1400 Meilen und seine Breite zu Beginn 500 Meilen; an manchen Stellen nähern sich die beiden gegenüberliegenden Küsten aber bis auf 150 Meilen. Er hat die Form eines Dreiecks, dessen eine Spitze von Ubulla gebildet wird. In Richtung Osten, an der Küste von *Fârs,* liegen die Regionen von Dauraq al-Furs, die Stadt Mâhrubân, Sînîz (danach sind die »sinizischen« Stickereien und andere Stoffe benannt, die dort hergestellt werden), die Stadt Dschannâbâ (danach sind die »dschannabischen« Stoffe benannt), die Stadt Nadschîram im Gebiet von Sîrâf und schließlich das Land des Ibn Umâra. Darauf folgt die Küste von Kirman mit der Stadt Hormuz gegenüber von Suhâr in Oman. Unmittelbar daran schließt die Provinz Makrân an, ein palmenreiches Gebiet, in dem *Châridschiten* leben. Hinter Tîz-Makrân folgt die Küste von Sind, wo der *Mihrân* mündet und die Stadt *Daibul* liegt. Dort verbindet sich die Küste von Indien mit dem Land Barwas, aus dem die sogenannten Barwasî-Lanzen kommen. Entlang teils bewohnter, teils unbewohnter Gebiete setzt sich die Küste dann direkt bis nach China fort.

Gegenüber dieser Küste von Fârs, Makrân und Sind liegen das Land Bahrain, die Inseln von Qatar, die Küste des Stammes Dschadhîma, das Land Oman, das Gebiet von Mahra und schließlich das Kap Dschundschuma in den Regionen von Schihr und *Ahqâf.*

In diesem Golf liegen auch zahlreiche Inseln wie z. B. die Insel *Chârak,* die zu Dschannâbâ auf dem Festland gehört, von welcher Stadt sie nur einige Parasangen entfernt ist. Man taucht dort nach einer Art von Perlen, die nach der Insel Chârakî-Perlen genannt werden. Weiter liegt in diesem Golf die Insel Uwâl, die von den Ma'n, den Mismâr und anderen arabischen Stämmen bewohnt ist. Ihre Entfernung zur Küste von Bahrain beträgt nur eine Tagesreise oder sogar noch weniger. An dieser Küste, die auch »Küste von Hadschar« genannt wird, liegen die Städte Zâra und Qatîf. Auf Uwâl folgen zahlreiche weitere Inseln, darunter die Insel Lâft – auch als »Insel der Banu Kâwân« bekannt –, die einst von *Amr ibn al-Âs* erobert wurde, dessen Moschee noch heute dort besteht. Die Insel ist dicht besiedelt und trägt zahlreiche Dörfer und Pflanzungen. In ihrer Nähe liegt die Insel Handschâm, wo sich die Schiffskapitäne mit

Süßwasser versorgen. Darauf folgen die Felsenriffe, die durch die Redensart bekannt sind: »Kusair und Uwair und ein dritter, welcher nicht weniger bitter«, und schließlich der Masandam-Strudel, dem die Seeleute den Beinamen Abu Humair gegeben haben. Diese Klippen sind schwarze, in die Luft ragende Felsen, auf denen weder Pflanzen noch Tiere existieren. Sie sind von äußerst tiefem Wasser umgeben, dessen aneinanderklatschende Wogen die Seeleute, die sich ihnen nähern, mit Schrecken erfüllen. Für die Schiffe gibt es keinen anderen Weg als mitten durch diese Riffe hindurch. Manche machen einen Fehler und gehen unter, andere treffen den richtigen Weg und kommen durch.

Dies ist das Meer von China, Indien, Persien, Oman, Basra, Bahrain, Jemen, Abessinien, Hedschas, dem Land der Zandsch und Sind. Alle die zahlreichen Völker, die an den Küsten und auf den Inseln dieses Meeres leben, kennt nur der, der sie geschaffen hat. Und nur Er könnte sie beschreiben und ihre Zahl nennen. Die einzelnen Teile des Meeres haben alle ihre eigenen Namen, doch bilden sie alle eine zusammenhängende Wassermasse. In diesem Meer taucht man nach Perlen, und an seinen Küsten findet man Edelsteine, und zwar den Karneol, den Almandin – eine Art Granat – und verschiedene Sorten von Rubinen, Diamanten und Korund. In den Gegenden von Kalah und Sribuza gibt es Gold- und Silberminen, in der Gegend von Kirman Eisenvorkommen und in Oman Kupfer. Aus den Küstenländern kommen auch verschiedene Arten von Parfums und Gewürzen, Ambra, Arzneien und Drogen, Teakholz und eine weitere als Dârzandschî bekannte Holzart, Indisches Rohr und Bambus.

Das hier beschriebene Meer heißt in seiner Gesamtheit »Abessinisches Meer«. Die einzelnen Teile, die jeweils auch die Bezeichnung »Meer« tragen, nämlich die Meere von Fârs und von Jemen, das Rote Meer, das Abessinische Meer im engeren Sinne, das Meer der Zandsch und die Meere von Sind, Indien, Kalah, *Dschâvaga* und China, sind verschiedenen Winden unterworfen. Jener Wind, der vom Grund des Meeres aufsteigt, läßt es gleichsam kochen und mächtige Wellen schlagen, wie das Wasser im Kochkessel aufgrund der unter ihm befindlichen wärmeerzeugenden Substanzen aufwallt. Anderenorts steigt dieser unheilvolle Wind vom Meeresgrund empor und vermischt sich mit dem äußeren Wind. An wieder anderen

Stellen des Meeres weht nur der äußere Wind allein. Der vom Meeresgrund aufsteigende Wind besteht aus in der Erde eingeschlossenen Gasen, die zunächst zum Meeresgrund und von dort an die Oberfläche des Meeres dringen. Gott allein weiß, wie dies vor sich geht.

Die Seeleute, die dieses Meer befahren, nutzen verschiedene Winde, deren Zeiten sie genau kennen. Dieses Wissen, das Ergebnis alter Gewohnheiten und langer Erfahrung, vermitteln sie in Wort und Tat von einer Generation zur anderen. Sie kennen bestimmte Merkmale und Zeichen, nach denen sie ihre Manöver bei hoher See oder bei Windstille richten. Dies gilt nicht nur für die Seeleute im Abessinischen Meer, sondern auch für die Byzantiner und Muslime, die das Mittelmeer befahren, und auch für die Chazaren, die über das Kaspische Meer nach *Dschurdschân,* nach Tabaristân und zu den *Dailam* reisen. Ich werde später noch auf die Wunder, die Eigenschaften und die Nachrichten, die man von diesen Meeren kennt, eingehen – so Gott will. Es gibt keine Macht außer bei Gott.

# *Ebbe und Flut*

Die Flut ist die Vorwärtsbewegung des Wassers entsprechend seiner Natur und der Gesetzmäßigkeit seines Laufes. Die Ebbe ist die rückläufige Bewegung des Wassers entgegen der Gesetzmäßigkeit seiner Vorwärtsbewegung und in entgegengesetzter Richtung. Diese Gezeiten treten im Abessinischen Meer auf, das auch das Chinesische, Indische, Basrische und Persische Meer genannt wird und das wir im vorangegangenen Kapitel behandelt haben. Die Meere lassen sich in dieser Hinsicht in drei Arten einteilen, nämlich in solche, die das Phänomen Ebbe und Flut deutlich zeigen, in solche, bei denen die Gezeiten nur schwach ausgeprägt und kaum wahrnehmbar sind, und schließlich in solche, die diese Erscheinung überhaupt nicht aufweisen.

Bei jenen Meeren, in denen es Ebbe und Flut nicht gibt, hat diese Tatsache drei Ursachen, wodurch sich diese Meere nochmals in drei Arten untergliedern lassen. Die erste Art wird von jenen Meeren gebildet, in denen das Wasser lange Zeit stillsteht, worauf es sich verdickt, sein Salzgehalt zunimmt und die Winde sich verdichten; es kommt zuweilen vor, daß dieses Wasser, das aus mancherlei Gründen an bestimmten Stellen Seen bildet, im Sommer ab- und im Winter zunimmt, entsprechend dem Zufluß von Wasser aus Flüssen und Quellen. Die zweite Art dieser Meere besteht aus jenen, die sehr weit von der Umlaufbahn des Mondes entfernt sind, weshalb Ebbe und Flut nicht auftreten. Die dritte Art schließlich sind jene Meere, deren Grund stark durchlässig ist, so daß ihr Wasser in andere Meere abfließt und sich verdünnt, während die in der Erde eingeschlossenen Winde allmählich nach außen dringen und schließlich die Oberhand über die Meere gewinnen; diese Erscheinung findet sich vor allem an den Rändern der Meere und bei Inseln.

Über die Ursache von Ebbe und Flut gehen die Meinungen auseinander. Die einen machen dafür den Mond verantwortlich und begründen ihre Ansicht damit, daß der Mond mit dem Wasser artverwandt sei und es erwärme, wodurch es sich ausdehne. Sie vergleichen seine Wirkung mit der des Feuers, das den Inhalt eines Kessels erwärmt und zum Kochen bringt. Das Wasser, das anfangs nur die Hälfte oder zwei Drittel des Kessels füllte, dehnt sich, sobald es kocht, aus und steigt hoch, bis es überfließt. Dabei verdoppelt sich sein Volumen, während sein Gewicht sich verringert, denn es ist eine Eigenschaft der Wärme, daß sie die Körper ausdehnt, während Kälte sie zusammenzieht. Der Boden des Meeres ist warm, so daß sich das Süßwasser, das dort entspringt, verändert und ebenfalls erwärmt, wie dies gelegentlich auch in Gräben und Brunnen zu beobachten ist. Sobald dieses Wasser nun warm ist, dehnt es sich aus, und sein Volumen nimmt zu, wobei seine Moleküle sich gegenseitig wegstoßen. Es hebt sich von seiner ursprünglichen Fläche, steigt vom Boden hoch und sucht sich einen Platz, wo es sich weiter als zuvor ausdehnen kann. Der Vollmond erwärmt die Luft besonders stark, weshalb dann ein außergewöhnliches Ansteigen des Wassers zu beobachten ist; man nennt diese Erscheinung die »Monatsflut«.
Andere Gelehrte wenden gegen diese Vorstellung folgendes ein: Wenn die Ursache für Ebbe und Flut mit der Wirkung des Feuers vergleichbar wäre, das das Wasser im Kessel erhitzt und ausdehnt, worauf dieses sich einen größeren Raum sucht, und wenn das Wasser, das vom Grund des Meeres wegströmt und dann entsprechend seiner Natur wieder dorthin zurückfließt, vergleichbar wäre mit jenem Wasser, das, nachdem es gekocht hat und unter dem ständigen Antrieb der Moleküle des Feuers übergeflossen ist, wieder in sein Behältnis zurückfließt, dann müßte die Sonne mit ihrer stärkeren Wärme erst recht Ebbe und Flut hervorrufen. Und wäre die Sonne die Ursache dafür, dann müßte die Flut bei Sonnenuntergang einsetzen. Sie behaupten deshalb, daß die Ursache für Ebbe und Flut in den Dämpfen zu suchen ist, die sich im Inneren der Erde bilden. Diese entstehen unaufhörlich, bis sie sich derart verdichtet und vermehrt haben, daß sie aufgrund ihrer Dichte das Wasser des betreffenden Meeres nach oben drücken. Dies geschieht so lange, bis sich die Dichte der Dämpfe unmittelbar über dem Meeresgrund wieder verringert hat, worauf das Wasser erneut dorthin zurückfließt. Deshalb

treten Ebbe und Flut bei Tag und bei Nacht auf, im Winter ebenso wie im Sommer und unabhängig davon, ob der Mond oder die Sonne auf- oder untergegangen sind. Die Anhänger dieser Theorie führen weiter aus, daß man diesen Vorgang mit eigenen Augen wahrnehmen könne, da die Ebbe noch nicht ihr Ende erreicht hat, wenn bereits die Flut einsetzt und umgekehrt; jene Dämpfe entstehen nämlich unaufhörlich, so daß sich, wenn die einen verschwunden sind, bereits wieder neue an ihrer Stelle gebildet haben. Immer wenn die Wasser des Meeres auf den Grund zurücksinken, bilden sich diese Dämpfe an den Stellen, die mit dem Wasser in Berührung kommen. So entstehen die Dämpfe bei jedem Zurückfließen des Wassers und verschwinden bei jeder Überflutung.

Die Anhänger der verschiedenen Religionen vertreten dagegen die Meinung, daß alles, wofür man in der Natur keine Entsprechung kennt und keinen Vergleich findet, auf göttlichem Handeln beruht, das auf die Einheit und Weisheit Gottes hindeutet; und für Ebbe und Flut, so behaupten sie, gibt es in der Natur absolut keine Ursache und auch keine Entsprechung.

Andere vergleichen das Aufwallen des Meeres mit dem Aufwallen einiger Temperamente. So kann man beobachten, wie das Temperament des Cholerikers, des Sanguinikers u. a. aufwallt und sich dann wieder beruhigt. In gleicher Weise sollen gewisse Stoffe das Wasser des Meeres immer mehr verstärken, bis es aufwallt und sich dann allmählich wieder beruhigt und seine frühere Lage einnimmt.

Wieder andere lehnen alle bisher genannten Erklärungen ab und vertreten selbst folgende Auffassung: Die über dem Meer befindliche Luft verwandelt sich ständig in Wasser. Dadurch vermehrt sich das Wasser des Meeres, das dann aufwallt und schließlich überfließt. Dies ist die Flut. Das Wasser der Flut verwandelt sich dann in Luft, womit der ursprüngliche Zustand wiederhergestellt ist. Dies ist dann die Ebbe. Der Vorgang wiederholt sich ständig in ununterbrochener Folge, denn das Wasser verwandelt sich in Luft und die Luft in Wasser. Es ist möglich, daß es bei Vollmond deswegen eine so hohe Flut gibt, weil sich die Luft dann in stärkerem Maße in Wasser verwandelt als sonst. Der Mond ist somit eine Ursache für die Höhe der Flut, aber nicht für die Flut selbst, da diese ja auch bei Neumond auftreten kann und im Persischen Meer Ebbe und Flut vorwiegend bei Anbruch der Morgendämmerung einsetzen.

Viele Kapitäne aus Oman und *Sîrâf*, die das Abessinische Meer befahren und die Völker, die auf den Inseln und an den Küsten des Meeres leben, besuchen, sind der Meinung, daß Ebbe und Flut im größten Teil des Meeres nur zweimal im Jahr auftreten. Die eine Flut dauert sechs Monate im Sommer und erscheint im Nordosten. Dabei schwillt das Meer in den östlichen Gebieten der Erde, in China und den angrenzenden Regionen an, während es sich aus den westlichen Gebieten zurückzieht. Im Winter tritt sie dagegen sechs Monate lang im Südwesten auf. Dann steigt das Wasser in den westlichen Teilen des Meeres und zieht sich aus dem Bereich von China zurück. Das Meer folgt dabei den Bewegungen der Winde. Wenn nämlich die Sonne ihren Weg über die nördliche Hälfte der Erde nimmt, bewegt sich die Luft aus bestimmten Gründen, die von den Anhängern dieser Theorie genannt werden, nach Süden, worauf das Wasser des Meeres der Luft in die gleiche Richtung folgt. Deshalb steigen im Sommer die Meere im Süden, wenn der Wind aus dem Norden kommt, während die Meere in der nördlichen Hemisphäre fallen. Wenn umgekehrt die Sonne über die südliche Hälfte der Erde ihre Bahn zieht und sich die Luft von Süden nach Norden bewegt, fließt das Wasser mit ihr in die gleiche Richtung und verringert sich dadurch im Süden. Die Bewegungen des Meerwassers in diese beiden Richtungen, d. h. einmal nach Norden und das andere Mal nach Süden, nennt man Ebbe und Flut. Herrscht im Süden Flut, herrscht im Norden Ebbe und umgekehrt. Wenn der Mond während einer dieser Bewegungen mit einem Planeten zusammenkommt, wird diese Erscheinung besonders gefördert, da dann die Wärme und damit die Luftströmung zunimmt, wodurch sich auch die Bewegung des Meerwassers in die Hälfte der Erde verstärkt, die jener gegenüberliegt, über der die Sonne steht. Diese Theorie, daß das Meer der Bewegung der Winde folgt, wird von *al-Kindî* und *Ahmad ibn at-Tajjib as-Sarachsî* vertreten.
Folgendes habe ich in *Kanbâja* in Indien erlebt. (Nach Kanbâja sind die »kanbâjitischen« klappernden Sandalen benannt, die dort sowie in den benachbarten Städten Sandân und Sûfâra hergestellt werden.) Als ich im Jahre 303 d. H. (= 915 n. Chr.) die Stadt besuchte, regierte dort der Brahmane Bânjâ im Auftrag des Ballahara, des Herrschers von Mânkîr. Dieser Bânjâ war sehr daran interessiert, mit den Muslimen und den Angehörigen anderer Religionen, die in seine

Stadt kamen, zu diskutieren. Kanbâja liegt an einer Bucht des Meeres, die breiter ist als der Nil, der Tigris oder der Euphrat. An ihrem Ufer liegen Städte, Landgüter, bebaute Felder und Gärten mit Kokospalmen sowie mit Pfauen, Papageien und anderen indischen Vögeln. Die Entfernung von Kanbâja bis zum Meer, von dem die Bucht ihren Ausgang nimmt, beträgt zwei Tagesreisen oder etwas weniger. Bei Ebbe zieht sich das Wasser so weit aus dieser Bucht zurück, daß der Sand auf ihrem Grund sichtbar wird und in ihrer Mitte nur noch wenig Wasser zurückbleibt. Auf dem Sand, der nach dem Abfließen des Wassers einer Wüste ähnelt, sah ich einmal einen Hund. Plötzlich brach von See her die Flut herein wie eine Reiterschar auf der Rennbahn. Als der Hund dies bemerkte, lief er aus Angst vor dem Wasser, so schnell er konnte, davon und versuchte das Land zu erreichen, zu dem das Wasser nicht gelangt. Die reißend schnelle Flut holte ihn jedoch ein und ertränkte ihn.
Ähnlich mächtig ist die Flut zwischen Basra und *Ahwâz* an einem Ort namens Bâsijân und in der Gegend von Qunduz. Diese Flut, die dort »der Wolf« genannt wird, erzeugt gewaltiges Lärmen, Brodeln und Dröhnen und versetzt damit die Seeleute in Schrecken. Diese Stelle ist all denen wohlbekannt, die sie in Richtung Dauraq und Fârs passieren.

# *Das Mittelmeer*

An den Küsten des Mittelmeers liegen das Land der Byzantiner, die syrischen Städte Tarsos, Adana, Mopsueste, Antakia, Lattakie, Tripoli, Sidon, Tyrus u. a. m. sowie Ägypten, Alexandria und der Maghreb. Mehrere Verfasser astronomischer Tabellen, darunter *Mohammed ibn Dschâbir* al-Battânî, haben in ihren Büchern die Länge des Mittelmeeres mit 500 Meilen angegeben. Die Breite schwankt ihnen zufolge zwischen 800, 700, 600 und noch weniger Meilen, je nachdem wie nahe sich die gegenüberliegenden Festländer kommen.

Der Anfang des Mittelmeeres liegt in einem Golf, der vom Atlantischen Ozean ausgeht. Die engste Stelle dieses Golfes befindet sich zwischen Tanger und Ceuta an der maghrebinischen Küste einerseits und einer Stelle namens *Basîtâ* an der spanischen Küste andererseits. Die beiden Küsten sind dort nur etwa zehn Meilen voneinander entfernt. Über diese Meerenge, die unter der Bezeichnung *Zuqâq* bekannt ist, reist man vom Maghreb nach Spanien und umgekehrt. Ich werde später in diesem Buch bei der Behandlung von Ägypten noch auf die Brücke zu sprechen kommen, die einst die beiden Küsten miteinander verband, und auch darauf, wie sie vom Meer überspült wurde; an gleicher Stelle werde ich auch den Weg beschreiben, der einst von der Insel Zypern nach *Al-Arîsch* führte und von Karawanen benutzt wurde.

An der Stelle, wo sich das Mittelmeer und der Atlantische Ozean verbinden, steht jener Leuchtturm aus Kupfer und Stein, den einst der riesenhafte König Herkules erbaute. Er ist mit Inschriften bedeckt und von Statuen überragt, die ihre Hände so halten, als wollten sie allen, die vom Mittelmeer in Richtung Ozean fahren, sagen: »Hinter mir gibt es weder Weg noch Straße!« Der Atlantische Ozean ist nämlich ein Meer, in dem kein Schiff fährt, kein bebautes Land zu finden ist und keine Menschenseele lebt. Man weiß nicht, wie groß es ist, und man kennt weder seine Grenzen noch sein Ende. Es wird »das Meer der Dunkelheit«, »das Grüne Meer« und auch »das Umfassende Meer« genannt. (Man behauptet allerdings auch, daß der Leuchtturm nicht an jener Meerenge stehe, sondern auf einer der Inseln des Ozeans in der Nähe der Küste.)

Einige Leute behaupten, daß der Atlantische Ozean die Quelle des Wassers aller anderen Meere ist. Man erzählt sich viele seltsame Geschichten über ihn, die ich in meinem Buch »Die Nachrichten der Zeit« wiedergegeben habe, und zwar bei der Beschreibung jener Männer, die ihr Leben aufs Spiel setzten und den Ozean befuhren, jener, die mit dem Leben davonkamen, als auch jener, die untergingen, als auch all dessen, was sie sahen und erlebten. Unter diesen war auch ein junger Andalusier aus Cordoba namens Chaschchâsch, der zusammen mit einer Gruppe anderer junger Männer mit einigen Schiffen, die er ausgerüstet hatte, auf den Atlantischen Ozean hinausgefahren und nach längerer Abwesenheit mit reicher Beute zurückgekehrt war. Seine Geschichte ist bei den Andalusiern allgemein bekannt.

Zwischen der Stelle, an der der Leuchtturm aufgerichtet ist, und jener Stelle, wo die Meere zusammenfließen, liegt eine lange Strecke, die der Länge des genannten Golfes entspricht. Man kann das Fließen des Wassers, das sich vom Atlantischen Ozean in das Mittelmeer ergießt, wahrnehmen und seine Bewegung feststellen.

Vom Mittelmeer zweigt ein Golf ab, der etwa 500 Meilen lang ist, die Stadt Rom berührt und in der dortigen Sprache »Adria« genannt wird. Im Mittelmeer gibt es auch zahlreiche Inseln, darunter Zypern, zwischen der syrischen Küste und Byzanz, Rhodos, gegenüber von Alexandrien, Kreta und Sizilien. Auf Sizilien werde ich noch an anderer Stelle in diesem Buch zu sprechen kommen, wenn ich den Berg Vulcano behandle, aus dem sich zusammen mit gewaltigen Körpern Feuer ergießt.

# *Das Schwarze Meer*

Das Schwarze Meer erstreckt sich von der Gegend von Lâziqa bis nach Konstantinopel. Es ist 1100 Meilen lang und an seinem Beginn 300 Meilen breit. In das Schwarze Meer mündet jener mächtige Fluß, der als Don bekannt ist und den wir bereits erwähnt haben. Er kommt von Norden, wo er aus einem See herausfließt, der von Quellen gespeist wird, die im Gebirge liegen. An seinen Ufern leben zahlreiche Nachkommen von Noes Sohn Japhet. Der Flußlauf ist etwa 300 Parasangen lang und führt durch zusammenhängendes kultiviertes Land der Nachkommen des Japhet. Dann durchquert er nach den Angaben unterrichteter Männer das Asowsche Meer, bevor er in das Schwarze Meer mündet. Dieses Meer ist sehr groß, und man findet dort verschiedene Arten von Mineralien, Kräutern und Heilmitteln. Viele der Alten Philosophen haben es erwähnt. Das Asowsche Meer wird von einigen nur als ein See bezeichnet mit einer Länge von 300 Meilen und einer Breite von 100 Meilen.

Vom Schwarzen Meer zweigt sich das Marmara-Meer ab, das etwa 300 Meilen lang ist und in das Mittelmeer mündet. An ihm liegt Konstantinopel, und seine Ufer tragen von Anfang bis zum Ende bebautes Land. Die Stadt erhebt sich am Westufer und ist somit ein Teil der westlichen Länder, die sich vom Marmara-Meer bis nach Rom und nach Spanien erstrecken.

Nach der Meinung der Astronomen, die astronomische Tabellen verfaßt haben, und anderen früheren Gelehrten, ist das Meer, an dem die Bulgaren und die Russen sowie die türkischen Völker *Badschnâ*, Petschenegen und Magyaren wohnen, identisch mit dem Schwarzen Meer. So Gott will, werde ich noch auf diese Völker zu sprechen kommen, wenn sie an der Reihe sind. Ich werde dann von ihren zusammenhängenden Siedlungsgebieten berichten und beschreiben, wer von ihnen diese Meere befährt und wer nicht. – Gott kennt dies alles besser! Es gibt keine Macht außer bei Gott!

# *Die Inder*

Eine Reihe von Wissenschaftlern, Denkern und Forschern, die sich mit der Betrachtung der Natur und des Beginns der Welt beschäftigen, geht davon aus, daß in alter Zeit die Inder jene Menschen waren, unter denen Rechtschaffenheit und Weisheit herrschten, und daß sie, nachdem sich Stämme und Völker gebildet hatten, versuchten, die Herrschaft zu übernehmen, sich der Erde zu bemächtigen und alle anderen Menschen zu führen. Die Angesehensten unter ihnen sagten: »Wir waren die Menschen des Anfangs und deshalb liegt auch bei uns das Ende. Uns gehören die Grenzen, der Beginn und die Vollendung. Aus unserer Mitte ist der Vater zur Erde gegangen. Laßt uns deshalb jeden, der uns behindert, der sich uns widersetzt oder böse Absichten gegen uns hegt, ins Verderben stürzen und vernichten, es sei denn, er kehrt zum Gehorsam uns gegenüber zurück.« Nachdem sie dies beschlossen hatten, wählten sie sich Brahman den Großen zum König, zum höchsten Herrscher, zum obersten Leiter. Unter seiner Herrschaft blühte die Weisheit, die Gelehrten machten große Fortschritte, man förderte Eisen aus den Minen und schmiedete Schwerter, Dolche und viele verschiedene Arten anderer Waffen. Er errichtete Tempel, besetzte sie mit leuchtenden Edelsteinen und ließ darin die Sphären, die zwölf Tierkreiszeichen und die Sterne bildlich darstellen. Er verdeutlichte auf diese Weise aber nicht nur das System der Welten, sondern auch die Art, wie die Sterne auf unsere Welt einwirken und wie sie Menschen und Tiere hervorbringen. Weiterhin erläuterte er das Wesen des mächtigsten Leiters, nämlich der Sonne. Und in einem Buch legte er für dies alles die Beweise derart dar, daß es auch dem einfachen Volk verständlich war, während er den Gebildeten die Kenntnis von noch Höherem vermittelte und ihnen den Urgrund zeigte, der allem Seienden seine Existenz verleiht und es mit seiner Güte erfüllt.

Alle Inder unterwarfen sich diesem König, ihr Land wurde fruchtbar, und er zeigte ihnen den Sinn der Erfordernisse des Lebens. Er versammelte die Weisen, und sie schufen unter seiner Herrschaft das Buch mit dem Titel »Siddhanta«, was soviel wie »Zeit der Zeiten« bedeutet. Es wurde zum Ausgangspunkt für andere Bücher wie z. B. des Arjabhata und des Almagest. Ersteres wurde wieder zur Vorlage des Chandachadjaka und letzteres zur Vorlage des Almagest von Ptolemäus, auf dessen Grundlage dann die verschiedenen astronomischen Tafeln erstellt wurden. Sie erfanden auch die neun Ziffern, die für das indische Rechensystem völlig ausreichen. Dieser König war der erste, der sich über den Kulminationspunkt der Sonne äußerte und erklärte, daß dieser in jedem Tierkreiszeichen dreitausend Jahre bleibt und die ganze Sphäre in 36 000 Jahren einmal durchquert – gegenwärtig, d. h. im Jahre 332 d. H. (= 943 n. Chr.) befindet sich der Kulminationspunkt nach Meinung der Brahmanen im Zeichen der Zwillinge – und daß auf der Erde, wenn sich der Kulminationspunkt der Sonne in die südlichen Tierkreiszeichen verschiebt, der bewohnte Teil unbewohnt und der unbewohnte Teil bewohnt wird und der Norden an die Stelle des Südens und der Süden an die Stelle des Nordens tritt. Im »Haus des Goldes« legte er die Berechnungen für den ersten Buddha und die älteste Chronologie bereit, nach der die Inder das Erscheinen der Buddhas in ihrem Land – und nur dort treten diese auf – berechnen. Über die Buddhas haben die Inder ausführliche Theorien, auf deren Wiedergabe ich aber hier verzichten möchte, da ich in diesem Buch nur informieren und weder Forschung noch philosophische Spekulation betreiben will. In meinem das »Mittlere Buch« betitelten Werk habe ich bereits einen Überblick darüber gegeben.

Einige Inder glauben, daß sich die Welt jeweils nach dem Zeitraum von einem Hâzarwân, d. h. etwa 90 000 Jahren, immer wieder erneuert und daß, nachdem die Welt diesen Zeitraum durchschritten hat, das Sein wiederkehrt, das Zeugen wieder beginnt, die wilden Tiere wieder frei leben, das Wasser wieder strömt, die Lebewesen sich bewegen, die Pflanzen sprießen und ein frischer Wind die Luft durchzieht. Die meisten Inder gehen von auf Kreisen basierenden Zyklen aus, wobei die Kräfte zunächst verschwunden sind, dann gestaltähnlich werden und darauf Stärke gewinnen, bis sie schließlich zu eigenen Wesen werden. Für diese Zyklen haben sie bestimmte Zeiträume festgelegt. Den mächtigsten und größten Zyklus bezeichneten sie als »das Alter der Welt« und schrieben ihm einen Zeitraum von 36000 mal 12000 Jahren zu. Dieser Zyklus gilt bei ihnen als Hâzarwân, der die Kräfte aller Dinge erhält und lenkt[1].

Die Zyklen ziehen alle Eigenschaften, die sie enthalten, zusammen und dehnen sie aus. So ist die Dauer des Lebens zu Beginn eines Zyklus länger, da sein Umkreis noch größer ist und die Kräfte mehr Raum haben; am Ende eines Zyklus wird die Dauer des Lebens dagegen kürzer, da der Umkreis sich verengt und zahlreiche Trübungen das Leben verkürzen. Zu Beginn des Zyklus sind nämlich die Kräfte des Körpers rein und ungebunden, denn die Reinheit geht der Trübung voraus und die Klarheit dem Bodensatz; die Länge des Lebens entspricht deshalb dem Ausmaß der Reinheit der Konstitution bzw. dem Umfang der Kräfte, die die Elemente mit jenen existierenden Dingen vermischen, die der Zersetzung, der Veränderung und dem Untergang ausgesetzt sind. Am Ende des Hauptzyklus bzw. des größten Buddha zeigen sich deshalb die Formen entstellt, die Seelen schwach und die Temperamente vermischt; die Kräfte geraten in Widerspruch, die Bänder werden locker und die Materie wird in den Bahnen umgekehrt und zusammengedrängt, weshalb die Menschen, die in den betreffenden Zeiten leben, nicht in den Genuß ihrer vollen Lebenslänge kommen.

Der König Brahman starb, nachdem er 366 Jahre geherrscht hatte. Seine Nachkommen sind bis heute als »Brahmanen« bekannt und genießen bei den Indern als höchste und edelste Kaste große Verehrung. Sie verzehren keinerlei Fleisch, und sowohl Männer als auch Frauen tragen am Hals ähnlich wie Schwertgehänge gelbe Schnüre, um sich von den anderen Indern zu unterscheiden.

Während der Regierungszeit Brahmans versammelten sich in alter Zeit einmal sieben ihrer weisesten und geachtetsten Männer im »Haus des Goldes« und sprachen zueinander:

»Laßt uns einen Disput führen über die Geschichte und das Geheimnis der Welt; darüber, woher wir kommen und wohin wir gehen; ob der Grund für unser Werden Weisheit oder das Gegenteil davon ist; ob unser Schöpfer, der uns unsere Existenz verliehen und unsere Körper gebildet hat, daraus einen Nutzen zieht oder ob er von sich selbst einen Schaden abwendet, indem er uns von dieser Welt entschwinden läßt; ob er wie wir Bedürfnissen und Fehlern unterworfen ist und ob er in jeder Hinsicht sich selbst genügt und worin der Sinn liegt, daß er uns vergehen läßt und vernichtet, nachdem er uns zuvor die Existenz und das Leben geschenkt hat.« Der weiseste und angesehenste unter ihnen sprach: »Gibt es denn einen Menschen, der bei dem Versuch, das wahre Wesen aller sichtbaren und unsichtbaren Dinge zu begreifen, jemals sein Ziel erreichen und sich auf das Ergebnis seiner Überlegungen verlassen kann?«

Der zweite Weise sprach: »Wenn die Weisheit des Schöpfers von einem menschlichen Verstand begriffen werden könnte, würde dies bedeuten, daß Seine Weisheit unvollkommen wäre. Wir können deshalb unser Ziel nicht erreichen. Unsere Unfähigkeit hindert uns daran.«

Der dritte Weise sprach: »Bevor wir uns mit den Dingen beschäftigen, die fern von uns liegen, müssen wir damit beginnen, uns selbst zu begreifen, denn nichts ist uns näher und vertrauter.«

Der vierte Weise sprach: »Es steht schlecht um den, der in die Lage kommt, daß er sich selbst verstehen lernen muß.«

Der fünfte Weise sprach: »Wir müssen uns mit jenen Gelehrten zusammentun, die die Weisheit zum Bundesgenossen haben.«

Der sechste Weise sprach: »Derjenige, der sein eigenes Glück sucht, muß sich ständig um dieses kümmern, da wir nicht in dieser Welt bleiben können, sondern sie wieder verlassen müssen.«

Und der siebte Weise sprach: »Ich begreife nicht, was ihr sagt. Ich weiß nur, daß ich gezwungenermaßen auf diese Welt gekommen bin, daß ich voll Verwirrung in ihr lebe und daß ich sie gegen meinen Willen wieder verlassen werde.«

Über die Jahrhunderte hinweg haben sich die Inder mit den Meinungen dieser sieben Weisen auseinandergesetzt. Zunächst hatten sie alle gleichzeitig angenommen, dann aber spalteten sie sich in verschiedene Schulen und stritten miteinander über ihre Ansichten, weshalb es bei ihnen heute siebzig verschiedene Sekten gibt. *Abu l-Qâsim al-Balchî* in seinem Buch »Die wesentlichen Fragen und Antworten« und *al-Hasan ibn Mûsâ an-Naubachtî* in seinem Buch »Die Meinungen und religiösen Überzeugungen« haben die Sekten und Vorstellungen der Inder sowie die Beweggründe, deretwegen sie sich selbst ins Feuer stürzen und sich allerlei Qualen zufügen, be-

handelt, doch haben sie nichts von dem, was ich angeführt habe, erwähnt.
Über die Person Brahmans ist man sich uneins. Die einen behaupten, er sei mit Adam identisch und von Gott als Prophet zu den Indern gesandt worden. Andere sind der Meinung, daß er, so wie ich es dargestellt habe, nur ein König war. Diese letztere Ansicht ist am weitesten verbreitet. Nachdem Brahman gestorben war, wurden die Inder von angstvoller Trauer ergriffen. Schließlich machten sie seinen ältesten Sohn Bâhbûd, den er bereits vorher zu seinem Nachfolger bestimmt hatte, zu ihrem neuen König. Bâhbûd folgte dem Vorbild seines Vaters, sorgte sich aufs beste um seine Untertanen, baute noch mehr Tempel, ehrte die Weisen, erhöhte ihre Stellung und hielt sie dazu an, weiter nach der Weisheit zu suchen und sie zu lehren. Als er starb, hatte er einhundert Jahre regiert.
Unter seiner Herrschaft erfand man das Tricktrackspiel, das man gern mit dem Erwerb von Reichtum vergleicht, denn so wenig man dieses Spiel durch Schlauheit und List gewinnen kann, so wenig nützt einem der Scharfsinn bei letzterem. Nach anderer Auffassung war es nicht Bâhbûd, sondern *Ardeschîr ibn Bâbak*, der das Tricktrack erfand und es als erster spielte. Angeregt hatte ihn dazu die Erfahrung, wie wechselhaft und widersprüchlich sich die Welt mitsamt ihren Menschen verhält. Er teilte das Spielbrett entsprechend der Zahl der Monate in zwölf Felder ein und nahm dreißig Spielsteine, entsprechend der Zahl der Tage pro Monat. Die zwei Würfel sollten das Schicksal und seinen launenhaften Umgang mit den Menschen symbolisieren. Ein Spieler, dem das Glück gewogen ist, gewinnt, was er will. Scharfsinn und Klugheit helfen dabei nichts, so wie man zu Reichtum und Wohlstand in dieser Welt auch nur durch glückliche Zufälle gelangt.
Nach Bâhbûd regierte Zâmân etwa 150 Jahre lang. Das Wichtigste aus seinem Leben, von seinen Taten und seinen Kriegen mit den Königen Persiens und Chinas habe ich bereits in meinen früheren Werken behandelt. Auf Zâmân folgte Porus, gegen den Alexander kämpfte und den dieser im Zweikampf tötete. Porus hatte bis dahin 140 Jahre geherrscht.
Nach Porus regierte Dabschalim, der Verfasser des Buches »Kalîla und Dimna«, das *Ibn al-Muqaffa'* ins Arabische übersetzt hat. Unter dem Titel »Tha'lâ und Afrâ« hat *Sahl ibn Hârûn* für den Kalifen

*al-Ma'mûn* ein Werk verfaßt, das in Aufbau und Art »Kalîla und Dimna« nachempfunden ist, stilistisch dieses aber übertrifft. Dabschalims Herrschaft währte 110 Jahre, doch ist man sich darüber nicht einig.

Danach regierte Balhît, unter dessen Herrschaft das Schachspiel erfunden wurde, das sich bald größerer Beliebtheit als das Tricktrack erfreute, da bei ihm der Klügere gewinnt und der Dümmere verliert. Balhît stellte Berechnungen über das Schach an und schrieb darüber ein Buch unter dem Titel »Taraq Dschankâ«, das bis heute in Indien von Hand zu Hand geht. Er spielte mit seinen Weisen selbst Schach, gab den Figuren die Gestalt von Menschen und Tieren und ordnete sie in eine Hierarchie, wobei er dem König die führende Stellung und den anderen Figuren entsprechende Funktionen zuwies. Er setzte sie auch in Beziehung zu den Himmelskörpern, nämlich den sieben Planeten und den zwölf Tierkreiszeichen, indem er jeder Figur einen Stern zuordnete. Wenn im Krieg ein Feind eine List anzuwenden suchte, zogen sie das Schachspiel zu Rate, um festzustellen, wo sie zuerst angegriffen werden würden.

Griechen, Byzantiner und andere Völker haben ihre eigenen Theorien und Spielweisen für das Schach. Sie sind in den Büchern dargestellt, die die großen Schachspieler, angefangen von den älteren bis zu *as-Sûlî* und *al-Adlî,* verfaßt haben. Die beiden letzteren sind die hervorragendsten Schachspieler der Gegenwart.

Balhît hatte 80 oder nach anderen Darstellungen 130 Jahre regiert, als er starb. Es folgte ihm Kûrusch, der den Erfordernissen und Umständen seiner Zeit entsprechend neue Glaubensvorstellungen einführte und die Lehren seiner Vorgänger aufgab. Unter seiner Herrschaft lebte Sindibad, der Verfasser des Buches »Die sieben Wesire, der Lehrer, der Sklavenbursche und die Frau des Königs«, jenes Buch, das auch einfach als »Buch des Sindibad« bekannt ist. In der Bibliothek des Königs Kûrusch wurde auch das größte Werk über Pathologie und Therapeutik mit bildlichen Darstellungen der verschiedenen Heilpflanzen angefertigt. Als er starb, hatte er 120 Jahre geherrscht.

Nach dem Tode dieses Königs wurden die Inder uneins. Sie spalteten sich in Parteien und Völker, und über jedes Gebiet herrschte ein eigener Führer, so in Sind, in Kanûdsch, in Kaschmir und in der Stadt *Mankîr.* In letzterer übernahm ein König die Macht, der Ballahara hieß, ein Name, den alle folgenden Könige bis heute, d. h. bis zum Jahre 332 d. H. (= 943 n. Chr.), als Titel trugen.

Indien ist sehr groß. Es erstreckt sich über Land, Meer und Gebirge und grenzt an das Reich *Dschâvaga*, den Sitz des Maharadscha, des Königs der Inseln. Dschâvaga wird zu Indien gerechnet und trennt dieses von China. In Richtung der Gebirge grenzt Indien an Churâsân, Sind und Tibet. Zwischen diesen Reichen herrschen Streit und Krieg. Ihre Sprachen und Religionen sind verschieden. Die meisten von ihnen glauben jedoch an die Seelenwanderung.

Durch ihren Verstand, ihre Politik, ihre Weisheit, ihren gesunden Körper und ihre reine Hautfarbe unterscheiden sich die Inder von den übrigen Negern wie z. B. den verschiedenen Arten der *Zandsch*, *Damâdim* und anderen. Galen nannte zehn charakteristische Eigenschaften, die sich alle zusammen nur beim Neger finden, nämlich das Kraushaar, die schwach entwickelten Augenbrauen, die weiten Nasenlöcher, die breiten Lippen, die spitzen Zähne, den üblen Geruch der Haut, die schwarzen Pupillen, die aufgesprungenen Hände und Füße, die Länge des Penis und die große Ausgelassenheit. Letzteres begründete Galen mit dem fehlerhaften Gehirn des Negers und der daraus resultierenden Schwäche seines Verstandes.

*Ja'qûb ibn Ishâq al-Kindî* hat in einer seiner Abhandlungen über die Wirkungen der oberen Körper und himmlischen Sphären folgendes ausgeführt: Gott hat alle Teile der Schöpfung ursächlich miteinander verbunden. Jede Ursache ruft bei ihrem Objekt Wirkungen hervor, die selbst wieder Ursache werden. Umgekehrt kann das Objekt nicht auf die Ursache einwirken, der es unterworfen ist. Die Seele ist die Ursache der Sphäre, nicht das von ihr Verursachte, denn die Sphäre wirkt nicht auf sie ein. Dagegen liegt es in der Natur der Seele, dem Temperament des Körpers zu folgen, solange sie nicht daran gehindert wird. So verhält es sich bei den Zandsch-Negern, deren Wohngebiet sehr warm ist. Die Himmelskörper wirken besonders stark auf sie ein und ziehen die Feuchtigkeit in den oberen Teil ihres Körpers, wodurch ihre Augen hervortreten, ihre Lippen herabhängen, ihre Nasen sich abplatten und verdicken und ihr Kopf schlaff wird. Da deshalb die Mischung der Säfte in ihrem Hirn nicht ausgeglichen ist, kann die Seele nicht mehr voll auf dieses einwirken, sein Unterscheidungsvermögen verdirbt und die intelligenten Handlungen hören auf.

Tâwûs al-Jamânî, der Schüler des Abdallâh ibn al-Abbâs, aß nie etwas vom Fleisch eines Tieres, das ein Neger geschlachtet hatte, und begründete dies damit, daß der Neger ein verunstaltetes Wesen sei. Mit der gleichen Begründung nahm der Kalif *ar-Râdî* nie etwas aus der Hand eines Negers. Ich weiß allerdings nicht, ob er dabei dem Vorbild des Tâwûs oder eigenen Vorstellungen folgte. *Al-Dschâhiz* hat dagegen ein Buch über »Die Vorzüge der Schwarzen vor den Weißen« geschrieben.

Die Inder lassen keinen König den Thron besteigen, bevor er nicht vierzig Jahre alt ist. Ihre Könige zeigen sich dem Volk nur zu ganz bestimmten Zeiten und dann auch nur, um die Angelegenheiten ihrer Untertanen zu überprüfen. Dieser Verhaltensweise liegt die Vorstellung zugrunde, daß ein König, der sich ständig seinen Untertanen zeigt, sein Ansehen mindere und sein Recht geringschätze.

Auf der Insel Ceylon im Indischen Meer habe ich folgendes gesehen: Als der dortige König starb, wurde er auf einen zu diesem Zweck hergerichteten niedrigen Wagen mit kleinen Rädern gelegt, und zwar so, daß seine Haare bis auf den Boden hingen. Eine Frau mit einem Besen in der Hand streute ihm Staub über das Haupt und rief dabei: »O ihr Menschen! Dies war gestern euer König, der euch regierte und dessen Entscheidungen und Befehle von euch angenommen wurden. Nun seht ihr, daß er das Diesseits verlassen hat. Seine Seele ist beim Engel des Todes und beim ewig Lebenden, der nicht stirbt. Täuscht euch nicht über das Leben nach ihm!« In dieser Weise fuhr sie fort, um den Zuhörern Schrecken einzuflößen und sie dazu aufzufordern, in dieser Welt ein abgeschiedenes Leben zu führen. Nachdem man den Leichnam so durch alle Straßen der Stadt gefahren hatte, zerstückelte man ihn in vier Teile, verbrannte diese mit Sandelholz, Kampfer und anderen wohlriechenden Stoffen und streute schließlich die Asche in den Wind. In dieser Weise verfahren die meisten Inder mit ihren verstorbenen Königen und Vornehmen und verfolgen damit eine bestimmte auf das künftige Leben gerichtete Absicht.

Das Königtum liegt in den Händen einer einzigen Familie und wird keinem anderen übertragen. Das gleiche gilt für die Wesire, die Richter und andere Ämter. Auch sie kommen immer aus denselben Familien.

Die Inder verbieten den Genuß von Wein und tadeln den, der davon trinkt. Diese Einstellung beruht jedoch nicht auf religiösen Gründen, sondern auf der Furcht, sie könnten damit ihren Verstand verdunkeln und ihn seiner Anlagen berauben. Wenn sich herausstellt, daß einer ihrer Könige Wein getrunken hat, verdient er abgesetzt zu werden, da es ihm mit seinem verwirrten Geist nicht mehr möglich ist, seine Untertanen zu führen und zu leiten. Dagegen hören sie gern Musik. Sie besitzen dafür zahlreiche Instrumente, die bei den Zuhörern vom Lachen bis zum Weinen alle Grade von Gemütsbewegungen hervorrufen. Manchmal geben sie auch jungen Sklavinnen Wein zu trinken, um sich dann selbst an der ausgelassenen Freude der Mädchen zu ergötzen.

Die Inder besitzen eine große Zahl politischer Einrichtungen, die ich aber bereits zusammen mit ihrer Geschichte und ihren Gebräuchen in meinen früheren Werken, den »Nachrichten der Zeit« und dem »Mittleren Buch«, ausführlich dargestellt habe, weshalb ich hier nur kurz darauf eingehe. Eine der denkwürdigsten und erstaunlichsten Begebenheiten, die man sich über das Verhalten der indischen Könige in vergangener Zeit erzählt, ist die folgende Geschichte, die vom König von Kambodscha handelt. (Aus diesem Reich, das als ein Teil Indiens angesehen wird, kommt das sogenannte »kambodschanische« Aloeholz. Kambodscha ist keine Insel, sondern besteht aus einem Streifen Festlandküste und Gebirgen. Nur wenige indische Reiche haben so viele Menschen wie dieses Land. Da die Kambodschaner wie die Muslime das Zahnputzholz benutzen[2], zeichnen sie sich durch ihren guten Mundgeruch aus. Als einzige unter den Indern verbieten sie den Ehebruch und meiden noch viele andere schmutzige Handlungen. Sie trinken auch keine berauschenden Getränke, ein Verhalten, das sie allerdings mit den anderen Indern gemeinsam haben. Ihre Heere bestehen vor allem aus Fußsoldaten, da sich ihr Land überwiegend aus Bergen und Tälern und weniger aus Ebenen zusammensetzt. Kambodscha liegt gegenüber dem Reich des Maharadscha, des Königs der Inseln wie Dschâvaga, Kalah, Ceylon und anderen.) Man erzählt sich nun, daß einmal in alter Zeit ein junger und voreilig handelnder König über Kambodscha herrschte. Eines Tages saß er auf dem Thron in seinem Schloß, das eine Tagesreise vom Meer entfernt und oberhalb eines Flusses liegt, der Süßwasser führt und mit dem Tigris oder dem Euphrat vergleichbar ist. Vor ihm saß sein Wesir, mit dem er sich gerade über die

Macht und den Reichtum des Landes des Maharadscha und über die große Anzahl der Inseln, die jener beherrschte, unterhalten hatte. Schließlich sagte der König:
»Ich möchte mir gern einen Wunsch erfüllen, der mein Herz zutiefst bewegt.«
Und als der Wesir, der ein aufrichtiger Ratgeber war und die Voreiligkeit seines Herrn kannte, ihn fragte, was dies für ein Wunsch sei, antwortete der König:
»Ich möchte den Kopf des Maharadscha, des Königs von Dschâvaga, vor mir auf einer Schüssel sehen.«
Der Wesir erkannte, daß dieser Gedanke des Königs nur dem Neid entsprungen war, und sprach:
»O mein König! Ich hätte nicht gedacht, daß du mit solchen Gedanken spielst, denn niemals, weder in der Vergangenheit noch in der Gegenwart, war das Verhältnis zwischen uns und den Leuten von Dschâvaga getrübt, und niemals haben wir Übles von ihnen erfahren. Sie leben auf fernen Inseln, haben keine gemeinsamen Grenzen mit uns und hegen nicht die Absicht, unser Reich zu erobern. Es wäre deshalb besser, wenn niemand von diesen Worten erfährt und wenn du nicht wieder davon sprichst.«
Der König aber ärgerte sich und hörte nicht auf seinen Ratgeber. Er weihte seine Heerführer und die Männer seiner engsten Umgebung in sein Vorhaben ein, worauf es von Mund zu Mund lief und schließlich auch dem Maharadscha zu Ohren kam. Dieser war ein sehr kluger und erfahrener Herrscher in mittlerem Alter. Er rief seinen Wesir zu sich, erzählte ihm, was er erfahren hatte, und sprach: »Das Gerücht, das von diesem törichten Menschen ausgegangen ist, seine Absicht, die ihm seine Jugend und seine Unerfahrenheit eingegeben haben, und die weite Verbreitung seiner Worte erlauben es uns nicht, daß wir ihn gewähren lassen, denn dies würde dem Ansehen unserer Herrschaft schaden.«
Dann befahl er dem Wesir, ihr Gespräch geheimzuhalten und tausend Schiffe mittlerer Größe mit den erforderlichen Waffen und Mannschaften auszurüsten. Öffentlich ließ er verlauten, er wolle eine Vergnügungsfahrt zu den Inseln seines Reiches unternehmen. Er schrieb auch an die Könige dieser Inseln, die unter seiner Botmäßigkeit standen, und unterrichtete sie von seinem Entschluß, sie besuchen und ihre Inseln bereisen zu wollen. Schließlich verbreitete

sich die Nachricht überallhin, und der König einer jeden Insel bereitete sich auf den Empfang des Maharadscha vor. Nachdem seine Befehle ausgeführt und seine Anordnungen geregelt waren, schiffte sich der Maharadscha ein und fuhr mit seiner Flotte nach Kambodscha. Bevor der König von Kambodscha noch etwas davon bemerkt hatte, war der Maharadscha schon in das Flußtal eingedrungen, das zu seiner Hauptstadt führt, hatte die kambodschanischen Truppen vertrieben, die Heerführer überrascht und gefangengenommen und seine Hauptstadt erobert. Die gesamte Bevölkerung des Reiches unterwarf sich ihm. Er ließ daraufhin verkünden, daß niemandem etwas geschehen werde, und setzte sich auf den Thron des kambodschanischen Königs, den er gefangengenommen hatte. Zusammen mit dem Wesir ließ er ihn nun kommen und fragte ihn: »Was hat dich bewogen, etwas zu begehren, das nicht in deiner Macht steht, durch das du im Falle des Gelingens nicht glücklicher geworden wärst und für das auch dann keine Notwendigkeit bestanden hätte, wenn es leichter zu erreichen gewesen wäre?«
Und als der König nicht antwortete, fuhr der Maharadscha fort: »Wenn du außer dem Wunsch, meinen Kopf vor dir auf einer Schüssel sehen zu wollen, auch die Absicht geäußert hättest, dich meines Landes zu bemächtigen und es der Zerstörung preiszugeben, würde ich jetzt hier das nämliche tun. Da du dir aber nur dieses eine gewünscht hast, will ich auch nur dieses mit dir tun. Dann werde ich in mein Land zurückkehren, ohne auch nur das geringste in deinem Reich angerührt zu haben. Dies möge deinen Nachfolgern eine Warnung sein, daß sie die Grenzen, die ihnen gesteckt sind, nicht überschreiten und sich des Friedens erfreuen, wenn sie ihn gefunden haben.«
Darauf ließ er ihm den Kopf abschlagen. An seinen Wesir richtete er diese Worte:
»Du bist ein trefflicher Wesir, denn ich weiß sehr wohl, daß du deinem Herrn einen guten Rat gegeben hast. Hätte er ihn nur angenommen! Suche einen Mann, der für die Herrschaft besser geeignet ist als dieser Tor, und setze ihn an seine Stelle!«
Dann kehrte der Maharadscha unverzüglich in sein Land zurück, ohne daß er oder einer seiner Begleiter auch nur das geringste in Kambodscha angerührt hätten. Nach seiner Ankunft setzte er sich auf seinen Thron, ließ die Schüssel mit dem Kopf des kambodschani-

schen Königs vor sich hinstellen, berichtete den herbeigerufenen Großen seines Reiches von seinem Unternehmen und erklärte ihnen den Grund, der ihn dazu bewogen hatte. Seine Untertanen aber wünschten ihm Glück und Segen. Dann ließ er den Kopf waschen und parfümieren, legte ihn in ein Gefäß und schickte ihn mit folgendem Brief an den neuen König von Kambodscha:

»Das, was ich mit deinem Vorgänger getan habe, ist geschehen, weil er sich gegen mich vergangen hat und um seinesgleichen eine Lehre zu erteilen. Ich habe erreicht, was ich wollte, und halte es nun für angebracht, dir den Kopf zu schicken, denn ich sehe keinen Nutzen darin, ihn zu behalten, und erachte es auch nicht als eine besondere Ruhmestat, mich seiner bemächtigt zu haben.«

Die Kunde davon erreichte alle Könige in Indien und China, worauf das Ansehen des Maharadscha in ihren Augen noch weiter stieg. Die kambodschanischen Könige aber wandten fortan an jedem Morgen, nachdem sie aufgestanden waren, ihr Gesicht in Richtung des Landes Dschâvaga und neigten sich aus Ehrfurcht vor dem Maharadscha zu Boden.

# *Die Chinesen*

Über die Abstammung und die Herkunft der Chinesen gibt es widersprüchliche Meinungen. Viele sind der Auffassung, daß die Kinder des Âmûr ibn Thobal ibn Japhet ibn Noe, als Phaleg ibn Heber ibn Arfachschad ibn Sem ibn Noe die Erde unter Noes Nachkommen aufteilte, nach Nordosten zogen. Ein Teil von ihnen, nämlich die Nachkommen des Reu, wandten sich nach Norden, wo sie sich ausbreiteten und viele Reiche gründeten, darunter die *Dailam,* die *Dschîl,* die Tailasan, die Babr, die Mûqân, dann die verschiedenen Völkerschaften der Lesgier im Kaukasus, weiterhin die Alanen, die Chazaren, die Abchazen, die Avaren, die Therkessen sowie alle anderen Völker, die in dieser Region bis nach Trapezunt und bis zum Asowschen, zum Schwarzen und zum Kaspischen Meer leben, und schließlich auch die Bulgaren und die ihnen benachbarten Völker.

Andere Nachkommen des Âmûr überquerten den Oxus und wandten sich zum größten Teil nach China. Dort teilten sie sich in verschiedene Reiche und zerstreuten sich über die Regionen. Zu ihnen zählen die Chuttal, die Bewohner von Chuttalân, die Ruwîsân, die Bewohner von Aschrusana, von Sogdien – zwischen Buchârâ und Samarqand –, von Ferghâna, Taschkent, Isbîdschâb und Fârâb. Überall errichteten sie dort Städte und Dörfer. Andere trennten sich von ihnen und machten die Steppen zu ihren Wohn- und Streifgebieten; darunter waren die Türken, die Charluch, die Toquz Oghuz, die die Stadt Kûschân bewohnen, die Hauptstadt eines Reiches zwischen Chorasan und China. Die Toquz Oghuz sind gegenwärtig, d. h. im Jahre 332 d. H. (= 943 n. Chr.) von allen türkischen Stämmen und Völkern die tapfersten und mächtigsten und besitzen die stabilsten Herrschaftsverhältnisse. Ihr König ist der Uigurchân. Als

einzige unter allen Türken bekennen sie sich zur Religion des Manichäismus.
Zu den Türken gehören außerdem die Kîmâk- und Barschân-Türken, die Baddîja, die Madschgharîja und die Oghuz, die von diesen die tapfersten sind, während sich die Charluch, die die Gebiete von Ferghâna und Taschkent sowie die angrenzenden Länder bewohnen, durch ihre Schönheit, ihren hohen Wuchs und ihr anmutiges Gesicht auszeichnen. Sie hielten die Herrschaft in ihren Händen, und aus ihrer Mitte kam der Großchâqân, der alle türkischen Reiche unter seiner Führung einte und dem sich die anderen Könige unterstellten. Einer dieser Châqâne war *Afrâsijâb*, der Persien eroberte; ein anderer war *Schâbah*. Seit dem Untergang der Stadt Amât in den Wüsten von Samarqand haben die Türken jedoch keinen Châqân mehr, dem sich alle ihre anderen Könige unterordnen würden.
Andere Nachkommen des Âmûr gelangten an die Grenzen Indiens, wo sie sich unter dem Einfluß des Klimas derart veränderten, daß sie in ihrer Hautfarbe nun nicht mehr den anderen Türken, sondern den Indern gleichen. Sie sind sowohl seßhaft als auch Nomaden. Wieder andere besiedelten Tibet. Diese wählten sich einen König, der sich zunächst auch dem Châqân unterstellte. Nachdem dessen Herrschaft aber zerfallen war, gaben sie in Anlehnung an die früheren Verhältnisse ihrem eigenen König den Titel Châqân.
Die meisten Nachkommen des Âmûr zogen indes die Küste des Meeres entlang, bis sie die entferntesten Gebiete Chinas erreichten. Dort verteilten sie sich, wurden ansässig, bestellten das Land und gründeten Provinzen, Metropolen und andere Städte. Zum Sitz des Königs wählten sie eine mächtige Stadt namens *Jansû*. Von dort reist man zum Chinesischen Meer drei Monate, wobei man ununterbrochen durch Städte und Dörfer kommt.
Der erste König, der in Jansû regierte, war Nastartâs ibn Bâ'ûr ibn Madâdsch ibn Âmûr. Seine Herrschaft dauerte etwas mehr als 300 Jahre. In dieser Zeit ließ er seine Untertanen die Gebiete seines Reiches besiedeln, er legte Kanäle an, tötete die Raubtiere, pflanzte Bäume und veredelte sie durch Pfropfen. Nach seinem Tode übernahm Awûn, einer seiner Söhne, die Macht. Zum Zeichen der Trauer und der Ehrerbietung für seinen Vater ließ er den Leichnam von einer Statue aus rotem Gold umgeben und setzte sie auf einen goldenen, mit Edelsteinen verzierten Thron, der seinen eigenen

Platz überragte. An jedem Morgen und an jedem Abend verneigten sich er und seine Untertanen vor diesem Abbild zu Ehren seines Vaters. Er regierte 250 Jahre, bis er starb.
Es folgte ihm in der Herrschaft sein Sohn Aithadûn. Aus Trauer um seinen Vater ließ er auch dessen Leichnam von einer Statue aus rotem Gold umgeben und setzte ihn auf einen goldenen Thron unterhalb des Thrones, den sein Großvater einnahm. Zusammen mit seinen Untertanen pflegte er sich dann zunächst vor seinem Großvater und danach vor seinem Vater zu verbeugen. Seine Untertanen leitete er aufs beste und behandelte sie in jeder Hinsicht gleich und gerecht. Seine Herrschaft dauerte bis zu seinem Tode etwa 200 Jahre.
Nach ihm regierte sein Sohn Aithanân. Auch er ließ den Leichnam seines Vaters von einer Statue aus rotem Gold umgeben und folgte in der Verehrung ihm gegenüber dem Vorbild seiner Vorgänger. Während seiner langen Regierungszeit dehnte er die Grenzen seines Reiches bis zu seinen »Vettern«, den Türken, aus. Er lebte 400 Jahre, und unter seiner Herrschaft wurden zahlreiche jener Fertigkeiten entwickelt, die den chinesischen Erzeugnissen solche Feinheit verleihen.
Auf ihn folgte sein Sohn Hârâtân. Er ließ Schiffe bauen, auf denen er Männer mit den erlesenen Produkten Chinas nach Sind, Indien, Babylon und zu anderen Ländern schickte, die nah und fern über das Meer zu erreichen waren. Er gab ihnen die Weisung mit, den betreffenden Herrschern staunenswerte Geschenke und wertvolle Gaben zu überreichen und dafür aus jenen Ländern alle ungewöhnlichen und kostbaren Dinge, seien es Speisen oder Getränke, Kleider oder Teppiche, mit zurückzubringen. Auch sollten sie die Regierungsweise eines jeden Herrschers sowie die Religion, die Gesetze und die Sitten eines jeden Volkes in Erfahrung bringen und bei den Einwohnern jener Länder das Verlangen nach Edelsteinen, Parfums und Werkzeugen wecken. Die Männer verstreuten sich mit ihren Schiffen in alle Richtungen, fuhren zu den verschiedensten Ländern und führten aus, was der König ihnen befohlen hatte. Überall, wo sie an Land gingen, riefen sie großes Erstaunen über die ungewöhnlichen Dinge hervor, die sie aus ihrer Heimat mitgebracht hatten. Die Herrscher in den Küstenländern der Meere ließen nun ebenfalls Schiffe bauen, schickten sie mit eigenen Gütern zu den Chinesen, korrespondierten mit ihrem König und machten ihm ihrerseits Ge-

schenke. China wurde ein blühendes Land, und die Herrschaft ruhte fest in den Händen des Königs. Er regierte etwa 200 Jahre, bis er starb.

Nach seinem Tod verfielen die Bewohner des Landes in große Trauer und klagten einen Monat lang. Dann wandten sie sich an den ältesten seiner Söhne und machten ihn zum neuen König. Auch er ließ den Leichnam seines Vaters von einer goldenen Statue umgeben und folgte dem Vorbild seiner Vorfahren. Der Name dieses Königs war Tûtâl. Die Herrschaft ruhte fest in seinen Händen, und er führte lobenswerte Handlungsweisen ein, die seine Vorgänger noch nicht gekannt hatten. Er stellte die Behauptung auf, daß eine Herrschaft nur auf der Grundlage der Gerechtigkeit Bestand haben könne, da die Gerechtigkeit die Waage des Schöpfers sei, und daß sowohl das Bemühen in der Arbeit als auch das Bestreben, Gutes zu tun, Teile der Gerechtigkeit seien. Seine Untertanen gliederte er nach Rängen, schuf für sie adlige Stellungen, verlieh ihnen Zeichen ihres Adels und ließ sie ihre Laufbahnen verfolgen. Zum Bau eines Tempels suchte er einen geeigneten Platz und fand ihn an einem Ort, der mit Pflanzen bewachsen, mit Blumen bedeckt und von Wasserläufen durchzogen war. Dort entwarf er den Plan für den Tempel, ließ verschiedenfarbiges Gestein herbeischaffen und das Gebäude errichten. Er krönte es mit einer Kuppel, die in symmetrischer Weise mit Luftöffnungen versehen war und in der man besondere Räume für diejenigen einrichtete, die sich allein der Verehrung Gottes widmen wollten. Nach Beendigung des Baus stellte er die Statuen mit den Körpern seiner Vorfahren auf den First des Tempels und sprach: »Ohne diese Maßnahme hätte ich das Gesetz der Weisheit aufgegeben, und der Tempel hätte weder Sinn noch Zweck.« Dann befahl er, die an der Spitze der Kuppel aufgerichteten Statuen zu verehren.

Auch versammelte er die führenden Bewohner seines Reiches und unterrichtete sie von seiner Auffassung, wonach alle Untertanen sich zu einem einzigen Glauben bekennen sollten, der sie alle vereinige und durch den die Ordnung gefestigt werde. Wenn eine Herrschaft nämlich weder Gesetz noch Ordnung besitze, sei sie ständig der Unordnung, der Verderbtheit und dem Zusammenbruch ausgesetzt. Er schuf deshalb eine auf Gesetzen basierende Verwaltung und auf den Verstand gegründete bindende Vorschriften. Er brachte die Wiedervergeltung nach Mord und Körperverletzung zur Anwendung und legte die zulässigen Eheschließungen fest, aufgrund derer man über die Frauen verfügen konnte, und durch die die rechtmäßige Kindschaft gesichert wurde. Die Gesetze teilte er in zwei Gruppen ein, nämlich einerseits in solche, die absolut obligatorisch waren und deren Mißachtung ein Verbrechen bedeutete, und andererseits in solche, deren Beachtung freiwillig war. Um sich dem Schöpfer zu nähern, machte er seinen Untertanen zu bestimmten Zeiten der Nacht und des Tages gewisse Gebete zur Pflicht, die aber ohne Kniebeugen und ohne Verneigungen durchgeführt wurden. Letzteres ordnete er nur für gewisse jährliche und monatliche Gebete an. Schließlich richtete er auch bestimmte Festtage ein.

Den Ehebrechern legte er Strafen auf, und die Frauen, die sich der Prostitution hingaben, mußten eine feste Steuer entrichten. Außerdem durften sie niemals heiraten, konnten sich aber von der Steuer befreien, wenn sie ihr gewohntes Leben aufgaben. Ihre Söhne gehörten dem König als Soldaten und Sklaven, während die Töchter bei ihren Müttern blieben und der gleichen Beschäftigung nachgingen. Weiter befahl er, im Tempel Opfer darzubringen und für die Sterne Weihrauch zu verbrennen, wobei er für die Verehrung eines jeden Sterns eine bestimmte Zeit festlegte und die Zusammensetzung des Weihrauchs aus bestimmten Drogen und Parfums vorschrieb. Er regelte alle Angelegenheiten seiner Untertanen aufs beste, weshalb seine Herrschaft festen Bestand hatte und die Bevölkerung sich vermehrte. Er lebte ungefähr 150 Jahre. Als er starb, ergriff die Chinesen heftige Trauer. Sie umgaben ihn mit einer Statue aus rotem Gold, besetzten sie mit verschiedenen Arten von Edelsteinen und errichteten einen gewaltigen Tempel für ihn. An der Spitze des Tempels brachten sie sieben Edelsteine an, die in Farbe und Form die Sonne, den Mond und die fünf übrigen Planeten darstellten. In jedem Jahr versammelten sie sich an seinem Todestag beim Tempel, um Gebete und festliche Zeremonien zu verrichten. Für alle sichtbar befestigten sie auf der Spitze des Tempels eine goldene Tafel, auf der sein Bild und seine Taten dargestellt waren, damit seine Art des Herrschens und Handelns allen seinen Nachfolgern zum Vorbild gereiche. Auch an den Stadttoren, auf den Gold-, Messing- und Kupfermünzen – die beiden letzteren bilden ihre Hauptwährung – und auf den Stoffen stellte man ihn bildlich dar.

Die Stadt *Jansû*, die, wie bereits gesagt, drei Monatsreisen oder etwas weiter vom Meer entfernt liegt, wurde zur festen Hauptstadt Chinas. Gegen Westen, in Richtung Tibet, gibt es eine andere große chinesische Stadt namens *Mdo,* deren Bewohner sich in einem ständigen Krieg mit Tibet befinden. China blieb unter den Herrschern, die auf jenen König folgten, weiterhin in geordneten und guten Verhältnissen. Es regierten Wohlstand und Gerechtigkeit. Tyrannei war ihnen fremd, denn sie folgten den Gesetzen, die besagter König aufgestellt hatte. Gegen ihre Feinde führten sie ständig Krieg, die Grenzbefestigungen waren bestens ausgerüstet, und die Soldaten erhielten reichlichen Sold. Zu Land und zu Wasser kamen Händler aus allen Ländern zu ihnen und brachten die verschiedensten Waren.

Ihre Religion, d. h. der alte Glaube ihrer Vorfahren, wird als »samanitische Religion« bezeichnet. Sie ist den Glaubensvorstellungen der *Quraischiten* in vorislamischer Zeit ähnlich, die ebenfalls Götzenbilder verehrten und sich mit Gebeten an sie wandten. Verständige Chinesen richteten ihre Gebete an den Schöpfer, wobei die Götzenbilder und Statuen lediglich zur Bestimmung der Gebetsrichtung dienten. Die Unwissenden dagegen vermengten die Götzenbilder mit der Göttlichkeit des Schöpfers und verehrten in ihnen sowohl die Götzen selbst als auch den Schöpfer. Die Verehrung der Götzenbilder näherte sie dennoch allmählich Gott; auch wenn die Art der Verehrung einen Verstoß gegen die Erhabenheit, die Größe und die Macht Gottes darstellte, so brachten sie in der Verehrung dieser Götzen doch auch ihren Gehorsam gegenüber Gott zum Ausdruck und sahen darin ein Mittel, sich ihm zu nähern. Diese Religion blieb in China bestehen, bis die Theorien und Vorstellungen der dualistischen und der materialistisch-atheistischen Lehren im Land auftauchten [1]. Davor entsprachen in China die religiösen Vorstellungen und Meinungen sowie die Götzenverehrung jenen Ideen und Praktiken, denen auch die Inder in allen Bevölkerungsschichten anhängen. Trotz aller nun einsetzenden Veränderungen und trotz aller philosophischen Diskussionen richteten sich die Chinesen jedoch weiterhin in allen ihren Entscheidungen an die überkommenen Gesetze.

China grenzt an das Reich der Toquz Oghuz, die, wie bereits festgestellt, Manichäer sind und an das dualistische Prinzip von Licht und Dunkel glauben. Wie die übrigen türkischen Völker waren sie unwissende Heiden gewesen, bevor einer der dualistischen Teufel unter sie fiel und ihnen in gefälliger Rede die beiden gegensätzlichen Prinzipien, die in der Welt herrschen, aufzeigte: Tod und Leben, Gesundheit und Krankheit, Reichtum und Armut, Licht und Dunkel, Vereinigung und Trennung, Binden und Lösen, Aufgang und Untergang, Sein und Nichtsein, Tag und Nacht und ähnliche Gegensatzpaare mehr. Dann schilderte er ihnen die verschiedenen Leiden, die alle Arten von Tieren und Menschen befallen, die Kleinkinder ebenso wie die Geisteskranken und Verrückten, und fügte hinzu, daß der Schöpfer es doch nicht nötig haben könne, Leiden zu verursachen; es bestehe deshalb ein großer Widerspruch zum Guten in Seinem Handeln, und Gott müsse über eine solche Anschuldigung erhaben sein. Mit solchen und anderen Scheinargumenten gewann er ihren Verstand, worauf sie sich zum Manichäismus bekehrten.

Solange der chinesische König der samanitischen Religion angehörte und Tiere opferte, lag er in ständigem Krieg mit dem Uigurchân, dem König der Türken, aber seit er Manichäer ist, teilen sie sich die Herrschaft. Trotz des Wandels in den religiösen Vorstellungen sind die chinesischen Könige bei der Ernennung von Richtern und Statthaltern dem verstandesmäßigen Urteil und dem auf Gerechtigkeit basierenden Herkommen treu geblieben, und sowohl die führende Schicht als auch das gewöhnliche Volk halten sich daran.

Die Chinesen gliedern sich in zahlreiche Völkerschaften und Stämme, so wie sich auch die Araber aus Stämmen und Unterstämmen zusammensetzen. Diese Aufgliederung haben sie in Stammbäumen bewahrt, auf die sie sehr bedacht sind und die sie auswendig lernen. Es gibt Männer unter ihnen, die ihren Stammbaum über mehr als fünfzig Generationen bis auf ihren Stammvater Âmûr zurückführen können. Angehörige des gleichen Stammes schließen keine Ehen untereinander. Auf arabische Verhältnisse übertragen würde dies bedeuten, daß ein Mann vom Stamme Mudar nur eine Frau von den Rabî'a heiraten könnte oder daß sich jemand vom Stamm Kahlân seine Frau bei dem Himjar suchen müßte[2]. Die Chinesen behaupten, daß die Kinder aus solchen Verbindungen gesünder, robuster, kräftiger und langlebiger seien und noch weitere ähnliche Vorzüge aufwiesen.

China blieb in wohlgeordneten und auf Gerechtigkeit basierenden Verhältnissen, wie es unter den früheren Königen stets gewesen war, bis zum Jahre 264 d. H. (= 878 n. Chr.). Von dieser Zeit an bis heute, d. h. bis zum Jahre 332 d. H. (= 943 n. Chr.), geschahen Dinge, durch die die Ordnung zerstört wurde und die Autorität der Gesetze schwand. Ein übler Rebell namens *Janschû,* der nicht dem Königshaus angehörte, erhob sich plötzlich in einer der Städte des Landes und suchte einen Bürgerkrieg zu entfachen. Er scharte sittenloses und böses Gesindel um sich, doch der König und seine Beamten schenkten ihm keine Beachtung, da sein Name unbekannt war und er zu solchen Leuten gehörte, um die man sich nicht weiter schert. Dadurch wurde er immer mächtiger, sein Ansehen stieg, seine Frechheit wuchs, und seine Kühnheit nahm zu. Von weit her kamen alle möglichen Übeltäter und vergrößerten sein Heer. Daraufhin verließ er seine bisherige Stellung und zog plündernd durch das fruchtbare Land, bis er bei *Chânfû* lagerte. Chânfû ist eine große Stadt und liegt an einem Fluß, der so breit ist wie der Tigris oder sogar noch breiter und der in einer Entfernung von sechs oder sieben Tagesreisen ins Chinesische Meer mündet. Schiffe aus Basra, *Sîrâf,* Oman, aus den Städten Indiens, von den Inseln von *Dschâvaga,* von Tschampa und von anderen Ländern fahren mit ihren Waren vom Meer kommend diesen Fluß hinauf.

Eilends rückte der Rebell gegen Chânfû vor, dessen Einwohnerschaft aus Muslimen, Christen, Juden, Mazdakiten und anderen Chinesen bestand, und belagerte die Stadt. Die herannahenden königlichen Truppen schlug er in die Flucht und nahm sich die Frauen als Beute. Nachdem sich sein Heer weiter vergrößert hatte, nahm er die Stadt gewaltsam ein und tötete eine unermeßliche Anzahl ihrer Bewohner. Allein die Zahl der Muslime, Juden, Christen und Mazdakiten, die getötet wurden oder, als sie dem Schwert zu entfliehen versuchten, ertranken, wird mit 200 000 angegeben. Solche Zahlen können nur deswegen festgestellt werden, weil die chinesischen Könige über die Anzahl ihrer Untertanen und der ihnen tributpflichtigen Nachbarvölker Register führen lassen und besondere Schreiber für die Volkszählungen angestellt haben, damit sie ständig über die Stärke der Bevölkerung, für die sie zu sorgen haben, informiert sind. Der Rebell ließ alle Pflanzungen mit Maulbeerbäumen in der Umgebung der Stadt abholzen. Diese waren dort mit großer Sorgfalt gepflegt worden, wegen ihrer Blätter, mit denen man die Seidenraupen fütterte. Die Vernichtung dieser Bäume führte dazu, daß die Herstellung der chinesischen Seide und damit auch ihr Export in die islamischen Länder unterbrochen wurde. Janschû zog nun mit seinem Heer von Ort zu Ort und eroberte eine Stadt nach der anderen. Ganze Völkerschaften, die nichts als Unheil und Raub im Sinn hatten oder die einfach aus Angst um sich selbst dazu getrieben wurden, schlossen sich ihm an. Schließlich zog er mit 300 000 Reitern und Fußsoldaten in Richtung *Chumdân,* der Hauptstadt des Reiches. Der König zog ihm mit etwa 100 000 Gefolgsleuten entgegen, die ihm noch geblieben waren. Nachdem die beiden Heere aufeinandergetroffen waren, entwickelten sich etwa einen Monat lang ununterbrochene Kämpfe, die jedoch keine Entscheidung brachten. Dann aber wandte sich das Kriegsglück gegen den König, und er mußte fliehen. Von den Rebellen verfolgt, zog er sich in eine Stadt an den Grenzen seines Reiches zurück.

Janschû bemächtigte sich der Kernlande des Reiches mit der Hauptstadt, nahm die Schätze der früheren Könige und alle Reichtümer, die diese für schlechte Zeiten zurückgelegt hatten, in Besitz, verwüstete die ländlichen Bezirke und eroberte die Städte. Da er wußte, daß er sich nicht an der Macht werde halten können, weil er nicht zum Herrscherhaus gehörte, widmete er sich ganz der Zerstörung des Landes, der Plünderung und dem Blutvergießen.

Der König hatte sich in die Stadt Mdo an der tibetanischen Grenze geflüchtet. Von dort schrieb er nun an den Uigurchân, den Herrscher der Türken, und bat ihn um Hilfe. Er teilte ihm mit, was ihm widerfahren war, und erinnerte ihn an die Pflichten, die ein König gegenüber einem anderen König, seinem Bruder, hat, wenn dieser ihn um Hilfe bittet. Der Uigurchân sandte ihm daraufhin einen seiner Söhne mit etwa 400 000 Reitern und Fußsoldaten. Janschûs Treiben war inzwischen immer bedrohlicher geworden. Nachdem beide Heere aufeinandergetroffen waren, entwickelte sich etwa ein Jahr lang ein ununterbrochener Krieg, in dessen Verlauf beide Seiten große Verluste hinnehmen mußten. Schließlich verschwand Janschû, wobei nicht sicher ist, ob er getötet wurde oder ob er ertrunken ist. Sein Sohn und seine engsten Gefährten wurden gefangengenommen. Der chinesische König aber kehrte in seine Hauptstadt zurück und übernahm wieder die Herrschaft.

Das gewöhnliche Volk gibt dem chinesischen König den Titel Baghbûr, was soviel bedeutet wie »Sohn des Himmels«. Angeredet wird er jedoch nicht mit Baghbûr, sondern mit seinem besonderen Titel Tamghâtsch Chân.

Im Verlaufe dieses Krieges hatten sich alle Statthalter in ihren Provinzen selbständig gemacht, so wie es einst die Satrapen taten, nachdem der Macedonier Alexander, der Sohn des Philippos, den persischen König Darius getötet hatte, und ähnlich wie es gegenwärtig, d. h. im Jahre 332 d. H. (= 943 n. Chr.), auch bei uns der Fall ist[3]. Der chinesische König gab sich damit zufrieden, von den Provinzgouverneuren nur noch nominell anerkannt zu sein und in ihren Briefen als König angesprochen zu werden. Er konnte sich jedoch nicht in alle Provinzen begeben und auch nicht gegen jene Krieg führen, die sich ihrer bemächtigt hatten. So begnügte er sich denn mit der nominellen Anerkennung und ließ sie in Frieden, obwohl sie ihm keine Abgaben mehr bezahlten. Alle diese Statthalter griffen aber nun je nach ihrer Stärke und ihren Möglichkeiten ihre Nachbarn an, wodurch die Ordnung und die Stabilität, die unter den früheren Königen geherrscht hatten, verlorengingen.

Die alten Könige der Chinesen folgten festen Verhaltensweisen in der Führung des Reiches und ließen sich aufgrund verstandesmäßiger Erkenntnis von der Gerechtigkeit leiten. Es wird erzählt, daß einmal ein Händler aus Samarqand in Transoxanien mit vielen Waren sein Land verließ und in den Irak reiste. Nachdem er dort weitere Waren aufgenommen hatte, begab er sich nach Basra, von wo er zu Schiff über Oman nach Kalah fuhr. Kalah liegt etwa auf dem halben Weg zwischen dem Irak und China. Gegenwärtig fahren die Schiffe der Muslime aus Sîrâf und Oman nur noch bis dorthin und treffen sich dort mit den Schiffen aus China. Das war nicht immer so, denn früher kamen die chinesischen Schiffe direkt bis nach Oman, nach Sîrâf, an die Küsten von Persien und Bahrain, nach *Ubulla* und Basra, und umgekehrt fuhren auch die Schiffe aus den erwähnten Orten direkt bis nach China. Erst seit man sich nicht mehr auf die Gerechtigkeit und die guten Absichten der Herrscher verlassen kann und seit in China die bereits beschriebenen Verhältnisse herrschen, treffen sich die Händler beider Seiten in der Mitte des Weges.

Von Kalah fuhr der Samarqander Händler auf chinesischen Schiffen bis nach Chânfû, wo, wie bereits erwähnt, die Schiffe vor Anker gehen. Als der König von China erfuhr, was für Waren sich auf den Schiffen befanden, entsandte er einen Eunuchen, der seiner persön-

lichen Dienerschaft angehörte und dem er vollstes Vertrauen schenkte. (In China verwendet man Eunuchen in verschiedenen Verwaltungsstellungen wie z. B. im Steuerwesen, und manche Chinesen lassen sogar ihre eigenen Kinder kastrieren, um sie als Eunuchen in führende Positionen zu bringen.) In Chânfû ließ der Eunuch alle Händler zu sich kommen, darunter auch den Samarqander, und diese legten ihm die Waren vor, die er brauchte. Nachdem er das herausgesucht hatte, was er für den König geeignet fand, bot er dem Samarqander einen Preis, mit dem dieser nicht zufrieden war. Es entwickelte sich zwischen den beiden ein Streit, der schließlich dahin führte, daß der Eunuch den Händler mißhandeln ließ und zur Annahme des gebotenen Betrages zwang. Dieser gab jedoch im Vertrauen auf die Gerechtigkeit des Königs nicht auf. Er reiste sogleich zum Sitz des Königs nach *Chumdân* und begab sich zu der Stelle, wo sich alle Kläger einzufinden pflegten. Jeder aus nah und fern, der sich über ein erlittenes Unrecht beklagen wollte, hüllte sich in ein Gewand aus roter Seide und hielt sich an jener Stelle auf, die den Klägern zugewiesen war. Einer der Provinzgouverneure hatte dann die Aufgabe, alle Kläger, die in der Stadt eingetroffen waren und sich an besagter Stelle aufhielten, ergreifen und auf dem Postweg an einen Ort bringen zu lassen, der etwa eine Monatsreise entfernt lag.
Dies geschah nun auch mit dem Händler. Als er schließlich vor den betreffenden Gouverneur trat, wandte sich dieser ihm zu und sprach:
»Du hast dich auf eine schwerwiegende Sache eingelassen und setzt dein Leben aufs Spiel. Überlege dir gut, ob du in dem, was du vorbringst, wirklich die Wahrheit sagst, denn sonst werden wir dich zum Lügner erklären, dich bestrafen und dorthin schicken, wo du hergekommen bist.«
Diese Worte richtete er an jeden Kläger. Wenn dieser dann in seiner Rede ängstlich und unruhig wirkte, erhielt er hundert Stockschläge und wurde an seinen Herkunftsort zurückgeschickt. Wenn er aber fest bei seinen Anschuldigungen blieb, wurde er zum König gebracht, der sich seine Klage anhörte.
Als der Samarqander nun auf seiner Forderung und seiner Klage beharrte und dabei weder ängstlich wirkte noch stotterte, sondern einen sicheren Eindruck machte, wurde er zum König geschickt. Er trat vor ihn hin und erzählte ihm, was geschehen war. Nachdem der

Dolmetscher dem König alles übersetzt hatte, ließ er den Samarqander zu einem bestimmten Ort führen, wo er aufs beste untergebracht wurde. Dann befahl er, den Minister sowie den »Herrn der Rechten« und den »Herrn der Linken« zu holen. Diese übten ihre Ämter in kritischen Situationen und im Kriegsfalle aus und kannten ganz genau ihre Zuständigkeiten und ihre Aufgaben. Ihnen befahl nun der König, sie sollten getrennt an ihre Agenten in Chânfû schreiben – jeder von ihnen hatte in allen Gegenden des Reiches jeweils einen Vertreter – und sie auffordern, ihnen mitzuteilen, was zwischen dem Händler und dem Eunuchen vorgefallen war. Auch der König selbst schrieb entsprechend an seinen Vertreter in Chânfû.

Die Sache hatte sich dort inzwischen allgemein herumgesprochen. Auf den Maultieren der Post kamen die Antwortbriefe an den Königshof und bestätigten die Darstellung des Händlers. (Die chinesischen Herrscher verwenden auf allen Straßen in ihren verschiedenen Provinzen Maultiere mit gestutzten hochgebundenen Schwänzen zur Beförderung von Briefen und Postsäcken.) Der König schickte daraufhin nach dem Eunuchen, und als dieser vor ihm stand, entzog er ihm alle Privilegien, die er ihm bislang gewährt hatte. Dann sprach er zu ihm:

»Du hast dich an einem Händler vergriffen, der aus einem fernen Land ausgezogen ist und der, nachdem er ohne Zwischenfall zu Wasser und zu Land viele Reiche durchquert und viele Könige besucht hat, im Vertrauen auf meine Gerechtigkeit hoffte, er werde ohne Schwierigkeiten auch in mein Reich gelangen. Und nun hast du ihm dies angetan! Beinahe hätte er mein Land verlassen und in aller Welt Tadel über mich verbreitet und mein Verhalten verurteilt. Stündest du nicht schon so lange in meinen Diensten, würde ich dich töten lassen. Ich werde aber eine Strafe über dich verhängen, die, wenn du sie begreifst, schlimmer ist als der Tod: Ich ernenne dich zum Aufseher über die Gräber der verstorbenen früheren Könige, da du unfähig bist, mit den Lebenden umzugehen und das auszuführen, womit du beauftragt bist.«

Dem Händler ließ der König viel Gutes angedeihen, sorgte dafür, daß er nach Chânfû zurückgebracht wurde, und sprach: »Wenn du diejenigen deiner Waren, die für uns ausgesucht wurden, für einen hohen Preis verkaufen möchtest, würde es mich freuen. Wenn nicht, so kannst du mit deinem Besitz machen, was du willst: Du kannst bleiben und deine Waren verkaufen oder dorthin gehen, wohin du möchtest.«

Der Eunuch aber begab sich zu den Königsgräbern.

Einer der originellsten Berichte über die chinesischen Könige ist folgender: Als in der Umgebung von Basra der bekannte Aufstand des »Herrn der Zandsch«[4] tobte, begab sich ein begüterter *Quraischit* aus Basra, ein Nachkomme des Habbâr ibn al-Aswad, nach Sîrâf, von wo er sich ins Indische Meer einschiffte. Von Schiff zu Schiff und von Ort zu Ort durchquerte er die indischen Reiche, bis er schließlich nach Chânfû in China gelangte. Seine Neugier bewegte ihn schließlich dazu, sich zum Sitz des chinesischen Königs zu begeben, der damals in der Stadt Chumdân, einer der bedeutendsten chinesischen Metropolen, residierte.

Lange Zeit verweilte er am Eingang des Königspalastes und reichte immer wieder Bittschreiben ein, in denen er erklärte, daß er der Familie des Propheten der Araber angehöre. Schließlich befahl der König, ihm eine Wohnung zuzuweisen und ihm alles zur Verfügung zu stellen, was er brauchte. Dann schrieb er an den Statthalter in Chânfû und befahl ihm, Nachforschungen anzustellen und die Kaufleute zu befragen, wie es sich mit der Behauptung des Mannes, er sei ein Verwandter des Propheten, verhalte. Nachdem der Statthalter von Chânfû die Richtigkeit jener Behauptung bestätigt hatte, empfing der König den Quraischiten und machte ihm reiche Geschenke, mit denen er in den Irak zurückkehrte.

Der Quraischit war ein kluger alter Mann. Nach seiner Rückkehr erzählte er, daß sich der chinesische König während der Audienz bei ihm nach den Arabern erkundigt habe und auch danach, wie sie das Perserreich vernichtet hätten. Da, so erzählte der Quraischit, antwortete ich ihm:

»Die Araber haben gesiegt, weil Gott ihnen beistand und weil die Perser nicht Gott, sondern das Feuer, die Sonne und den Mond anbeteten und verehrten.«

»Die Araber«, so sprach darauf der König, »haben das erhabenste, fruchtbarste und reichste Land mit den klügsten Männern und dem weitreichendsten Ruhm erobert.« Und er fuhr fort: »Welche Ränge meßt ihr allen Königen der Welt zu?«

»Davon weiß ich nichts«, entgegnete ich, worauf der König zum Dolmetscher sagte:

»Erkläre ihm: Wir zählen fünf Könige. Der mit dem größten Reich ist der König im Irak. Er herrscht in der Mitte der Welt, und um ihn herum leben die anderen Könige. Er heißt deshalb bei uns ›der König der Könige‹. Danach folgt im Rang unser König hier, den wir als den König der Menschen betrachten, weil kein anderer König in der Lenkung des Staates fähiger ist und seinem Reich eine bessere Ordnung verleiht und weil keine Untertanen ihrem König so gehorsam ergeben sind wie die unsrigen. Deshalb sind unsere Könige »die Könige der Menschen«. Danach folgt der »König der Bestien«, nämlich der König der Türken, der uns benachbart lebt. Er ist der König der Bestien unter den Menschen. Auf diesen folgt der »König des Elefanten«, nämlich der König der Inder, den wir auch als den König der Weisheit betrachten, weil die Weisheit ihren Ursprung bei den Indern hat. Auf ihn folgt schließlich der König der Byzantiner [5], den wir als den »König der Männer« ansehen, weil es nirgends auf der Erde Männer gibt, die eine vollkommenere Gestalt und ein schöneres Gesicht besitzen. Alle anderen Könige stehen im Rang unterhalb der genannten.« Dann ließ der König den Dolmetscher die Frage stellen: »Würdest du deinen Herrn – er meinte den Propheten – erkennen, wenn du ihn sähest?«

»Wie könnte ich ihn sehen, wo er bei Gott ist?« fragte ich zurück, worauf der König erklärte:

»Ich meine ihn nicht selbst, sondern sein Bild.«

Als ich dies bejahte, ließ der König einen Korb bringen und vor sich hinstellen. Er nahm eine Papierrolle heraus und befahl dem Dolmetscher:

»Zeig ihm seinen Herrn!«

Da erblickte ich auf der Rolle die Bilder der Propheten und bewegte meine Lippen, um den Segen Gottes für sie zu erbitten. Der König, nicht ahnend, daß ich die Propheten erkennen würde, ließ den Dolmetscher fragen, weshalb ich die Lippen bewegte. Nachdem ich es ihm gesagt hatte, fuhr er fort:

»Wie hast du die Propheten erkannt?«

»Ich habe sie aufgrund der Bilder erkannt, in denen ihre Geschichte angedeutet ist. Dies hier ist Noe auf seiner Arche, wie er sich mit den Seinen in Sicherheit brachte, nachdem Gott dem Wasser befohlen hatte, die gesamte Erde zu überschwemmen und wie Gott ihn und die Seinen rettete.«

Lachend sprach der König: »Mit dem Namen Noes hast du recht. Von einer Überschwemmung der gesamten Erde aber weiß ich nichts. Die Sintflut kann nur einen Teil der Erde erreicht haben und nicht bis zu unserem Land gelangt sein. Für jenen Teil mag dein Bericht zutreffen; wir aber, die Bewohner von China, Indien und Sind, und andere Stämme und Völker wissen nichts von dem, was du erzählt hast, und unsere Vorfahren haben uns nichts davon überliefert. Ein solches Ereignis wie die von dir geschilderte Überschwemmung der ganzen Erde wäre aber doch so bedeutsam und schrecklich gewesen, daß die Menschen es sich gemerkt hätten und es von den Völkern weiterüberliefert worden wäre.«

Ich wagte es nicht, ihm mit Argumenten zu widersprechen, da ich wußte, daß er sie zurückweisen würde. Ich fuhr deshalb fort: »Hier, das ist Moses mit seinem Stab und zusammen mit den Kindern Israels.«

»Ja, trotz der geringen Ausdehnung seines Landes, in dem er lebte, und trotz der Auflehnung seines Volkes gegen ihn.«

»Und hier ist Jesus auf seinem Esel zusammen mit den Jüngern.«

»Sein Wirken dauerte nur kurz, nur wenig mehr als dreißig Monate.«

In dieser Weise äußerte er sich nun über alle weiteren Propheten und ihre Geschichte.

Der Quraischit, der als Ibn Habbâr bekannt ist, behauptete auch, er habe über jedem dieser Bilder eine lange Aufschrift gesehen, von der er annahm, daß in ihr der Name, das Land, die Lebensdauer, die Vita und die Ursachen für die Prophetenschaft eines jeden Gottgesandten festgehalten waren.

Schließlich, so erzählte er weiter, sah ich auch das Bild unseres Propheten Mohammed; er war auf einem Kamel reitend dargestellt, umgeben von seinen Gefährten, die an den Füßen Sandalen aus Kamelleder nach Art der Beduinen trugen und um ihre Hüften Palmfaserstricke gebunden hatten, an denen Zahnputzhölzer[6] hingen. Ich brach bei diesem Anblick in Tränen aus, und als mich der König durch seinen Dolmetscher nach dem Grund dafür fragte, antwortete ich:

»Dies ist unser Prophet, unser Herr, unser Vetter Mohammed, der Sohn des Abdallâh.«

Da sprach der König: »Du sagst die Wahrheit. Er und seine Anhän-

ger haben sich des prächtigsten aller Reiche bemächtigt. Nur hat er dies selbst nicht mehr mit eigenen Augen gesehen, sondern erst die Kalifen, die nach ihm sein Volk regierten.«
Unter den Bildern, die ich betrachtete, sah ich viele Propheten in der Weise dargestellt, daß sie mit Daumen und Zeigefinger einen Kreis formten, als wollten sie damit andeuten, daß die Schöpfung einem Kreis gleiche; andere deuteten mit dem Zeigefinger zum Himmel, als ob sie der Schöpfung Furcht einflößen wollten vor dem, was sich über ihnen befindet. Der Dolmetscher behauptete, daß dies ihre eigenen Propheten und die Propheten der Inder seien. Dann fragte mich der König nach den Kalifen, nach ihrer Kleidung und nach zahlreichen ihrer Gesetze. Ich gab ihm Auskunft, so gut ich es wußte. Schließlich sagte er:
»Für wie alt haltet ihr die Welt?«
»Es gibt verschiedene Meinungen darüber. Die einen behaupten 6000 Jahre, andere nehmen weniger an und wieder andere mehr.«
»Stammt diese Auffassung von eurem Propheten?«
Nachdem ich dies bejaht hatte, lachte der König, und auch sein Wesir, der dabeistand, deutete an, daß er meine Antwort mißbilligte. Der König sprach:
»Ich glaube nicht, daß euer Prophet dies gesagt hat.«
Als ich jedoch bei meiner Behauptung blieb, sah ich, wie sich Mißfallen über sein Gesicht breitete. Und er befahl seinem Dolmetscher:
»Sag ihm: Achte gut auf deine Worte, denn mit Königen spricht man erst nach genauer Prüfung. Du hast behauptet, daß ihr in dieser Frage nicht einer Meinung seid, das heißt, ihr seid uneins über ein Wort eures Propheten. Aber über das, was die Propheten gesagt haben, darf es keine Uneinigkeit geben; es muß vielmehr von allen angenommen werden. Hüte dich deshalb, von diesem oder ähnlichem zu reden!«
Der König sprach dann noch über viele andere Dinge, die ich aber wegen der langen Zeit, die inzwischen verstrichen ist, vergessen habe. Schließlich fragte er mich, weshalb ich meinen König verlassen habe, der mir doch vom Wohnsitz und von der Verwandtschaft her näher sei als er. Ich antwortete ihm:
»Aufgrund der Ereignisse in Basra verließ ich die Stadt und kam nach Sîrâf. Dort faßte ich den Entschluß, dich, o König, aufzusuchen, da ich erfahren hatte, welche Ordnung in deinem Reich herrscht, wie

vortrefflich du handelst, welch reichliche Gerechtigkeit du übst und wie du alle deine Untertanen in gleicher Weise in deine Führung einschließt. Ich wollte in dieses Reich kommen und es selbst sehen. So Gott will, werde ich nun, o König, in meine Heimat und in das Reich meines Vaters zurückkehren und werde dort alles, was ich gesehen habe, schildern: die Erhabenheit deiner Herrschaft, die Größe deines Landes, die allen in gleicher Weise zukommende Gerechtigkeit und deine rühmenswerten Charaktereigenschaften. Über alles werde ich nur gut und lobend sprechen.«

Meine Worte erfreuten den König. Er ließ mir reiche Geschenke und herrliche Ehrengewänder überreichen und sorgte dafür, daß ich auf den Maultieren der Post nach Chânfû gebracht wurde. An seinen dortigen Statthalter schrieb er, er möge mich gastfreundlich aufnehmen, mir den Vorzug vor allen anderen hochgestellten Persönlichkeiten seiner Provinz geben und mir bis zum Zeitpunkt meiner Abreise eine Unterkunft zur Verfügung zu stellen. Ich führte bei ihm ein Leben in Überfluß und Freuden, bis ich China verließ.

Abu Zaid Mohammed ibn Jazîd aus Sîrâf, ein erfahrener und kritischer Mann, der im Jahre 303 d. H. (= 915/16 n. Chr.) seine Heimatstadt verlassen hatte, um in Basra ansässig zu werden, erzählte mir dort, daß er den obengenannten Quraischiten Ibn Habbâr gebeten habe, ihm die Königsstadt Chumdân zu beschreiben. Ibn Habbâr berichtete ihm dann von der Größe und dem Volkreichtum der Stadt und fügte hinzu, daß die Stadt durch eine breite lange Straße in zwei Hälften geteilt ist. Der König, sein Wesir, sein Oberrichter, seine Soldaten, seine Eunuchen und seine ganze übrige Umgebung leben im rechten, nach Osten hin liegenden Teil. Niemand aus dem einfachen Volk wohnt unter ihnen, und es gibt keine Märkte dort. Kanäle durchziehen die Straßen in ganzer Länge, symmetrisch angeordnete Bäume und großzügige Häuser säumen die Ränder. Im linken, nach Westen gerichteten Teil der Stadt leben dagegen das Volk und die Händler; dort befinden sich auch die Versorgungsplätze und Märkte. Bei Tagesanbruch sieht man die Verwalter des Königs, seine beiden Haushofmeister und die Sklaven der Heerführer sich zu Fuß oder zu Pferd in diesen Teil der Stadt begeben, wo sich die Märkte und die Händler befinden; nachdem sie sich dann mit allem versorgt haben, was sie täglich brauchen, verlassen sie ihn wieder und kommen erst am folgenden Tag zurück. Die Stadt bietet

jede Art von Unterhaltung, besitzt eine wunderbare Vegetation und ist von Kanälen durchzogen. Nur Palmen gibt es keine.
Die Chinesen besitzen von allen Geschöpfen Gottes die geschicktesten Hände, was Malerei und Kunsthandwerk anbelangt. Kein anderes Volk kann sich in seinen Werken mit ihnen messen. Wenn einer von ihnen mit seinen eigenen Händen ein Kunstwerk geschaffen hat, von dem er glaubt, daß kein anderer dazu fähig wäre, bringt er es zum Hof des Königs in der Hoffnung, für seine Schöpfung belohnt zu werden. Der König läßt das Werk dann ein Jahr lang am Hof ausstellen, und wenn in dieser Zeit niemand einen Fehler bemängelt, belohnt ihn der König und reiht ihn unter seine Künstler ein. Findet man aber einen Fehler, so wird er ohne Belohnung weggeschickt. So hatte einmal ein Chinese auf einem Seidenstoff eine Ähre dargestellt, auf der ein Sperling saß. Das Bild war so gut gelungen, daß der Betrachter daran zweifeln konnte, ob es sich nicht um eine echte Ähre handelte, auf die sich ein Sperling gesetzt hatte. Der Seidenstoff blieb lange Zeit ausgestellt, bis einmal ein buckliger Mann vorbeikam und die Darstellung kritisierte. Er wurde daraufhin zum König vorgelassen, und auch der Künstler wurde herbeigeholt. Als man den Buckligen fragte, was er einzuwenden habe, antwortete dieser:
»Jeder Mensch weiß, daß sich ein Spatz nicht auf eine Ähre setzen kann, ohne daß er sie umbiegt. Dieser Maler hier hat die Ähre aber ganz gerade und ohne die geringste Neigung dargestellt und den Spatzen ebenso aufrecht daraufgesetzt. Darin liegt sein Fehler.«
Der König gab dem Buckligen recht und ließ dem Maler keine Belohnung zukommen.
Durch diese und ähnliche Bräuche will man den Eifer der Künstler anregen, sie zu größter Umsicht und Aufmerksamkeit nötigen und sie dazu zwingen, bei allen Werken, die sie schaffen, immer mit Überlegung vorzugehen.
Über die Chinesen und ihr Land gibt es noch viele ungewöhnliche und wundersame Dinge zu berichten. Auf einiges davon werde ich noch später in diesem Buch zurückkommen. Außerdem habe ich die meisten diesbezüglichen Berichte bereits in meinen früheren Werken, nämlich in den »Nachrichten der Zeit« und im »Mittleren Buch« behandelt. Manchmal habe ich aber auch in dem vorliegenden Buch etwas erwähnt, was in meinen beiden älteren Werken noch nicht erscheint.

# *Der Kaukasus*

Der Kaukasus ist ein gewaltiges Gebirge, das sich über eine große Region erstreckt und viele Reiche und Völker in sich birgt. In diesem Gebirge leben 72 Völkerschaften, von denen jede ihren eigenen König besitzt und sich durch eine eigene Sprache von den anderen Völkern unterscheidet. Es ist von zahlreichen Schluchten und Tälern durchzogen. Am Ausgang einer dieser Schluchten liegt die Stadt *Derbend,* »das Tor der Tore«, die einst Chosroe *Anûschirwân* zwischen dem Gebirge und dem Meer erbaute. Derselbe Herrscher ließ auch jene Mauer errichten, die eine Meile von der Küste entfernt im Meer beginnt und dann etwa vierzig Parasangen über die Höhen des Kaukasus und durch seine Niederungen und Schluchten bis zu einer Festung namens Tabarsarân führt. Alle drei Meilen oder auch in kleineren oder größeren Abständen, je nachdem, wie es der betreffende Weg erforderte, ließ er in der Mauer eiserne Tore anbringen. In der Nähe eines jeden Tores siedelte er hinter der Mauer einen Volksstamm an, der das Tor und die anschließenden Teile der Mauer bewachen sollte. Der Zweck dieser Einrichtung war, Überfälle jener Völker abzuwehren, die in diesem Gebirge oder in seiner unmittelbaren Nähe leben, die Chazaren, die Alanen, verschiedene türkische Völker, die Awaren und andere Ungläubige.

Der Kaukasus mit seinen hohen Bergen ist so ausgedehnt, daß man zwei Monate oder sogar noch länger braucht, um ihn einmal in der Breite oder in der Länge zu durchqueren. Die Völker, die um ihn herum leben, vermag nur Gott allein zu zählen. Eine seiner Schluchten erreicht bei Derbend das Kaspische Meer, in das auch die Meerenge von Konstantinopel einmündet. An der Küste des Schwarzen Meeres liegt Trapezunt, wo in jedem Jahr mehrere Märkte abgehalten werden, zu denen viele Völker kommen, um Handel zu treiben,

Muslime ebenso wie Byzantiner, Armenier und andere, und sogar Leute aus dem Lande der Kirgisen.

Nachdem Anûschirwân die Stadt Derbend und jene Mauer, die durch das Meer, über Land und Gebirge verläuft, errichtet hatte, siedelte er dort verschiedene Völker an. Ihre Könige gliederte er nach einem System von Rängen, verlieh ihnen eigene Titel und wies ihnen jeweils ein bestimmtes Herrschaftsgebiet zu. Einer dieser Herrscher, denen Anûschirwân ihre Stellung in einer der bei *Bardha'a* an die islamischen Länder angrenzenden Regionen zuwies, wurde Schirwân genannt. Da das von ihm regierte Land nach ihm denselben Namen erhielt, nahmen er und alle seiner Nachfolger in diesem Raum den Titel Schirwân-Schâh an. Gegenwärtig, d. h. im Jahre 332 d. H. (= 943 n. Chr.), besitzt das Reich des Schirwân-Schâh eine Ausdehnung von etwa einer Monatsreise, da er verschiedene Orte erobert und seiner Herrschaft unterstellt hat, die ihm einst von Anûschirwân nicht zugewiesen worden waren. Der gegenwärtige Herrscher soll ein Muslim namens Mohammed ibn Jazîd sein.

An Schirwân grenzt ein anderes Reich im Kaukasus namens Lâjzân, dessen Herrscher Lâjzân-Schâh genannt wird. Gegenwärtig hat sich jedoch der Schirwân-Schâh dieses Landes bemächtigt, und das gleiche gilt auch für das Reich Mûqân. Die Hauptstütze des Reiches Schirwân bilden die Lesgier, ein äußerst volkreicher Stamm, der auf den Höhen des Kaukasus lebt. Eine Gruppe unter ihnen, die Dûdân, sind ungläubige Heiden, die weder den Schirwân-Schâh, noch irgendeinen anderen König als ihren Herrscher anerkennen. Über die Heiratsbräuche der Dûdân und ihre Sitten beim Handeln erzählt man sich merkwürdige Dinge.

Die Bewohner von Derbend haben sehr unter einer Völkerschaft namens Chaidhân zu leiden, die zum Reich der Chazaren gehört. Der Sitz ihres Königs war ursprünglich eine Stadt namens Samandar, acht Tagesreisen von Derbend entfernt und noch heute von einer Gruppe von Chazaren bewohnt. Als diese Stadt zu Beginn des Islam von *Salmân ibn Rabî'a* erobert wurde, verlegte ihr König seinen Sitz in die Stadt *Âtil,* die sieben Tagesreisen von Samandar entfernt liegt. Gegenwärtig residiert der König der Chazaren in Âtil. Ein mächtiger Fluß, der von den Höhen des Landes der Türken kommt und von dem ein Arm in das Land der Bulgaren fließt und dann in das Asowsche Meer mündet, teilt die Stadt in drei Teile. Der Fluß, an

dessen beiden Ufern sich die Stadt erhebt, bildet nämlich in der Mitte eine Insel, und auf dieser Insel liegt die Residenz des Königs. Sein Palast steht an einem Ende der Insel, die durch eine aus Schiffen gebildete Brücke mit einem der beiden Ufer verbunden ist. In der Stadt leben Muslime, Christen, Juden und Heiden.
Die Chazaren, einschließlich ihres Königs und seines Hofes, gehören dem jüdischen Glauben an, zu dem sich der König zur Zeit des Kalifats von Hârûn ar-Raschîd bekehrt hat. Viele Juden aus islamischen Städten und aus dem Lande der Byzantiner sind inzwischen zu ihm gezogen. Der gegenwärtig, d. h. im Jahre 332 d. H. (= 943 n. Chr.), regierende König der Byzantiner, Romanos, versuchte nämlich, die unter seiner Herrschaft lebenden Juden zu zwingen, zum Christentum überzutreten. Deshalb flohen viele Juden aus dem Byzantinischen Reich in das Land der Chazaren.
Die Ungläubigen, die in der Stadt des Chazarenkönigs leben, gehören verschiedenen Rassen an. Darunter finden sich auch Slawen und Russen, die in einem der beiden Teile der Stadt wohnen. Sie haben die Sitte, ihre Toten mitsamt ihren Reittieren, ihren Waffen und ihrem Schmuck zu verbrennen. Wenn ein Mann stirbt, verbrennen sie mit ihm sogar seine Frau bei lebendigem Leibe; stirbt dagegen eine Frau, wird ihr Mann nicht mitverbrannt. Stirbt jemand als Junggeselle, verheiratet man ihn noch nach seinem Tode. Die Frauen selbst wünschen die Verbrennung, da sie dadurch nach ihrer Vorstellung ins Paradies gelangen. Die Verbrennung der Ehefrauen zusammen mit ihren verstorbenen Gatten ist eine auch in Indien geübte Sitte, allerdings mit dem Unterschied, daß dort die Frau nur verbrannt wird, wenn sie es selbst will.
Die Muslime überwiegen in diesem Land, da sie das Heer des Königs bilden. Sie sind dort als Arsîja bekannt. Sie stammen aus *Chwârizm*, das sie bereits kurz nach dem Beginn des Islam wegen einer Dürre und einer Pestepidemie verließen. Mit ihrer außerordentlichen Tapferkeit bilden sie in den Kriegen die Hauptstütze des Königs der Chazaren. Dafür, daß sie in seinem Land bleiben, haben sie mit ihm gewisse Bedingungen ausgemacht. Eine davon ist, daß sie ihre Religion frei ausüben, Moscheen errichten und öffentlich zum Gebet aufrufen dürfen. Eine andere Bedingung besteht darin, daß sich der König seinen Wesir stets aus ihren Reihen wählen muß; der gegenwärtige Wesir ist tatsächlich ein Muslim namens Ahmad ibn Kûja.

Eine dritte Bedingung schließlich besagt, daß sie sich, wenn der König gegen Muslime Krieg führt, abseits halten und nicht gegen ihre Glaubensbrüder kämpfen müssen. Sie kämpfen mit ihm nur gegen alle Ungläubigen. Gegenwärtig begleiten ihn im Krieg aus ihren Reihen etwa 7000 berittene Bogenschützen, die mit Kettenhemd, Helm und Panzer bekleidet sind. Unter ihnen gibt es auch Lanzenträger, deren Ausrüstung und Bewaffnung denen der Muslime gleichen.
Sie haben auch ihre eigenen muslimischen Richter. Insgesamt sind für die Hauptstadt der Chazaren sieben Richter vorgeschrieben, nämlich für die Muslime zwei, für die Chazaren zwei, die auf der Grundlage der Thora entscheiden, für die Christen zwei, die nach dem Evangelium richten, und schließlich für die Slawen, Russen und anderen Heiden einer, der nach heidnischem, auf verstandesmäßigen Überlegungen basierendem Recht urteilt. Bei einem schwerwiegenden Rechtsstreit, den sie nicht zu entscheiden wissen, wenden sie sich gemeinsam an die muslimischen Richter, übergeben ihnen den Fall und unterwerfen sich dann dem Urteil, das das islamische Recht vorschreibt. Der König der Chazaren ist der einzige Herrscher in dieser Region des Ostens, der Söldnertruppen unterhält. Die Slawen und die Russen, die, wie bereits erwähnt, Heiden sind, bilden die Söldner und Sklaven des Königs.
Neben den Arsîja-Muslimen gibt es in der Stadt noch andere Muslime, die als Händler und Handwerker tätig sind und die sich wegen der Gerechtigkeit und der Sicherheit, die ihnen dieser König bietet, in das Land der Chazaren begeben haben. Sie besitzen dort eine große Moschee für das Freitagsgebet, deren Minarett den Palast des Königs überragt, sowie andere Moscheen mit Schulen, in denen den Jungen der Koran gelehrt wird. Wenn sich die Muslime mit den dort lebenden Christen zusammentun würden, könnte sich der König gegen sie nicht mehr durchsetzen.
Der König der Chazaren, von dem ich bisher gesprochen habe, ist nicht zu verwechseln mit dem Châqân. Der Châqân der Chazaren muß nämlich grundsätzlich in der Abhängigkeit des Königs stehen und sich in seinem Palast aufhalten. Er verläßt nie das Innere des Palastes, wo er mit seinem Harem lebt, kann nicht reiten und zeigt sich weder den Vornehmen noch dem gemeinen Volk jemals. Er besitzt keinerlei Entscheidungsbefugnisse und hat keinen Anteil an der Lei-

tung des Staates. Dennoch hätte die Herrschaft des Königs über das Reich der Chazaren keinen Bestand, wenn er nicht den Châqân bei sich im Palast in der Hauptstadt hätte. Wenn das Land von einer Dürre oder einem Unheil heimgesucht wird oder wenn sich das Kriegsglück dem feindlichen Volk zuwendet oder wenn irgendein anderes Unglück plötzlich über sie kommt, laufen alle Leute, die Vornehmen wie das gemeine Volk, zum König und sagen zu ihm: »Wir sehen in diesem Châqân, dessen Herrschaft nur Unglück bringt, kein gutes Vorzeichen. So töte ihn oder übergib ihn uns, damit wir ihn töten.« Zuweilen liefert dann der König den Châqân an das Volk aus, zuweilen tötet er ihn aber auch selbst; manchmal allerdings empfindet er Mitleid mit ihm und verteidigt ihn mit der Begründung, daß er kein Verbrechen und keine Sünde begangen habe, die eine solche Strafe rechtfertigten. Dies ist gegenwärtig die Sitte bei den Chazaren. Ich weiß indes nicht, ob es auch in alter Zeit so war oder ob dies erst in neuerer Zeit üblich wurde; die Tatsache, daß der Châqân immer aus derselben Familie kommt, scheint aber darauf hinzuweisen, daß in alter Zeit bei dieser Familie die Herrschaft lag.
Die Chazaren besitzen Boote, mit denen sie einen Fluß namens Burtâs hinauffahren, der oberhalb ihrer Hauptstadt in jenen Fluß mündet, an dem die Stadt liegt. Am Fluß Burtâs leben mehrere seßhafte türkische Stämme, die zum Herrschaftsbereich der Chazaren gehören. Ihre Siedlungen erstrecken sich ununterbrochen vom Chazarenreich bis zu den Bulgaren, aus deren Land jener Fluß kommt. Auf dem Fluß herrscht ein reger Schiffsverkehr zwischen den beiden Ländern. Seinen Namen verdankt der Fluß einem an seinen Ufern lebenden türkischen Stamm, der Burtâs heißt. Aus ihrem Land werden die sogenannten »burtâsischen« Pelze der schwarzen und roten Füchse ausgeführt. Die schwarzen Pelze kosten bis zu hundert Dinar pro Stück und sogar noch mehr [1]. Die roten sind billiger. Erstere werden mit Stolz von den arabischen wie auch von den nichtarabischen Königen getragen, die sie höher schätzen als Zobel, Hermelin und ähnliche Pelze. Sie lassen sich daraus Mützen, Kaftane und Decken machen. Es kann unmöglich einen König geben, der nicht einen Kaftan oder eine Decke besitzt, die mit diesen schwarzen burtâsischen Pelzen gefüttert sind.
Die Wolga, der Fluß der Chazaren, entläßt an ihrem Oberlauf einen Seitenarm, der sie mit einer Bucht des Asowschen Meeres verbindet.

Dies ist das Meer der Russen, die es als einzige befahren und an einer seiner Küsten leben. Die Russen sind ein mächtiges heidnisches Volk, das keinem König und keinem offenbarten Gesetz gehorcht. Es gibt Händler unter ihnen, die häufig die Stadt des Königs der Bulgaren besuchen. Die Russen haben in ihrem Land eine Silbermine, ähnlich jener Silbermine im Berg Bandschhîr in Churâsân.

Die Hauptstadt der Bulgaren liegt am Asowschen Meer, und ich glaube, sie leben im siebten Klima der Erde. Sie sind eine türkische Rasse. Es besteht eine ständige Karawanenverbindung von ihrem Land nach *Chwârizm* in Churâsân und umgekehrt; der Weg führt allerdings durch die Gebiete anderer türkischer Nomaden, deren Schutz sich die Karawanen anvertrauen müssen. Der gegenwärtig, d. h. im Jahre 332 d. H. (= 943 n. Chr.), regierende König der Bulgaren ist Muslim, seit er nach dem Jahre 310 d. H. (= 922 n. Chr.), in den Tagen des Kalifen *al-Muqtadir,* wegen eines Traumes, den er gehabt hatte, zum Islam übergetreten ist. Einer seiner Söhne machte die Pilgerfahrt, kam nach Bagdad und erhielt von al-Muqtadir eine Fahne, ein schwarzes Ehrengewand und Geld. Die Bulgaren besitzen eine Freitagsmoschee.

Der genannte König unternimmt Raubzüge gegen das Gebiet von Konstantinopel, wobei ihn 50 000 und mehr Reiter begleiten. Von dort schickt er seine Raubscharen bis in das Land von Rom, bis nach Spanien und bis in die Länder der Burgunder, Galicier und Franken. Als die Muslime von Tarsus im Gebiet der syrischen Grenzfestungen unter dem Befehl des dortigen Statthalters, des Eunuchen Thamal, der den Beinamen ad-Dulafî trägt, auf syrischen und basrischen Schiffen im Jahre 312 d. H. (= 924 n. Chr.) einen Raubzug machten und den Eingang der Bucht von Konstantinopel sowie den Eingang einer weiteren Bucht des Mittelmeeres, die keinen Ausgang hat[2], passiert hatten und zum Lande Venedig gelangt waren, kam auf dem Lande eine Gruppe von Bulgaren zu ihnen, um ihnen zu helfen. Sie erzählten auch, daß ihr König sich in der Nähe aufhalte. Dies beweist die Richtigkeit meiner Angabe, daß die Streifscharen der Bulgaren unmittelbar bis zur Küste des Mittelmeeres vordringen. Einige von ihnen bestiegen die Schiffe der Muslime, und diese nahmen sie mit nach Tarsus.

Die Bulgaren sind ein mächtiges, wehrhaftes und tapferes Volk, dem sich alle benachbarten Völker unterworfen haben. Jeder Reiter, der mit besagtem König zum Islam übergetreten ist, nimmt es im Kampf mit hundert oder sogar zweihundert heidnischen Reitern auf, und die Einwohner Konstantinopels können sich gegenwärtig nur noch durch ihre Befestigungsanlagen gegen sie wehren. Burgen und Mauern sind auch der einzige Schutz der anderen Völker in dieser Region gegen die Bulgaren.

Die Nacht ist im Land der Bulgaren in einem Teil des Jahres äußerst kurz. Einige von ihnen behaupten, daß man bei ihnen nicht mit dem Garkochen des Kochtopfinhalts fertig werde, ehe der Morgen komme. Ich habe in meinen früheren Schriften die Ursache dieser Erscheinung aus der sphärischen Beschaffenheit der Erde erklärt und auch dargelegt, warum in der Polargegend die Nacht sechs Monate ohne Unterbrechung dauert, ohne einen Tag dazwischen, und der Tag sechs Monate, ohne eine Nacht dazwischen. Die Astronomen erklären in ihren Tafeln die Ursache dieser Erscheinung mit der sphärischen Gestalt der Erde.

Die Russen bestehen aus zahlreichen verschiedenen Völkerschaften. Eines dieser Völker sind die Ludh'âna. Sie sind zahlenmäßig die stärksten, und ihre Händler ziehen oft bis nach Spanien, in die Gebiete von Rom und Konstantinopel, sowie in das Land der Chazaren. Nach dem Jahre 300 d. H. (= 912/13 n. Chr.)[3] waren etwa 500 Schiffe mit jeweils 100 Mann Besatzung durch die Meerenge von Kertsch in das Asowsche Meer gefahren, das mit der Wolga in Verbindung steht. Dort sind Männer des Königs der Chazaren mit mächtigem Kriegsgerät stationiert, um alle abzuwehren, die vom Asowschen Meer und von jener Seite der Steppe kommen, durch die ein Seitenarm der Wolga zum Asowschen Meer fließt. In diese Steppe ziehen nämlich die nomadisierenden Ghuzz-Türken, um zu überwintern. Manchmal gefriert nun das Wasser jenes Seitenarmes, der die Wolga mit dem Asowschen Meer verbindet, so daß ihn die Ghuzz-Türken mit ihren Reiterscharen überschreiten und in das Land der Chazaren einfallen. Trotz der Größe des Flusses sinken sie nicht in das Wasser ein, weil es hart wie Stein geworden ist. Manchmal zieht der König der Chazaren gegen sie, wenn die dort stationierten Chazaren zu schwach sind, sie zurückzuweisen, und verteidigt sein Reich, indem er sie am Überschreiten des Eises hindert. Im Sommer dagegen können die Türken diesen Fluß nicht überqueren.

Als nun die Schiffe der Russen an der Zufahrt zum Asowschen Meer auf die dort stationierten Chazaren stießen, schickten sie Boten zum König der Chazaren und baten ihn um Erlaubnis, sein Land durchqueren und dann die Wolga hinab zum Kaspischen Meer fahren zu dürfen. Nachdem er es ihnen erlaubt hatte, fuhren sie in das Asowsche Meer hinein, erreichten die Mündung des Flusses und fuhren diesen hinauf, bis sie zur Wolga gelangten. Die Wolga abwärts passierten sie die Stadt Âtil und erreichten schließlich die Mündung des Flusses in das Kaspische Meer. Von Âtil bis zur Mündung ist die Wolga sehr breit und wasserreich. Nun zerstreuten sich die Schiffe der Russen auf diesem Meer, und ihre Streifscharen zogen gegen die *Dschîl* und die *Dailam,* ins Land Tabaristan und nach Âbaskûn an der Küste von *Dschurdschân,* ins Land der Naphtaquelle und nach Adharbeidschân. Das letztere Land wählten sie, weil dort die Stadt Ardabîl liegt und diese nur etwa drei Tagesreisen vom Meer entfernt ist. Die Russen vergossen viel Blut, erbeuteten Frauen und Kinder, plünderten und raubten, zerstörten und brandschatzten.

Da schrien die Völker, die rund um das Meer lebten, auf, weil sie von alters her von keinem Feind wußten, der sie von dort her überfallen hatte, und da bisher auf ihm nur die Schiffe der Händler und Fischer zu verkehren pflegten. Die Russen führten dann Kämpfe gegen die Dschîl und die Dailam, an der Küste von Dschurdschân und in den Grenzregionen von Bardha'a, Arrân, Bailaqân und Adharbaidschân und auch mit einem Heerführer des Ibn abi s-Sâdsch. Schließlich gelangten sie auch an die Küste der Naphtaquelle im Reiche Schirwân, die unter dem Namen Baku bekannt ist. Nach ihren Überfällen an den Küsten des Meeres pflegten sich die Russen auf Inseln zurückzuziehen, die nur wenige Meilen von der Naphtaküste entfernt liegen. Der damalige Herrscher von Schirwân war Alî ibn al-Haitham. Die Leute rüsteten sich nun, bestiegen Boote und Handelsschiffe und fuhren zu jenen Inseln. Aber die Russen wandten sich gegen sie, und Tausende Muslime fielen und ertranken. In der geschilderten Weise verbrachten die Russen viele Monate auf diesem Meer, und keines der an ihm lebenden Völker konnte ihnen etwas anhaben. Die Bewohner der dichtbesiedelten Küsten begnügten sich damit, ständig gerüstet und vor den Russen auf der Hut zu sein.

Als die Russen reiche Beute gemacht hatten und ihres Treibens überdrüssig geworden waren, fuhren sie zur Mündung der Wolga, verhandelten mit dem König der Chazaren und brachten ihm, wie vereinbart, Schätze und Beute. Der Chazarenkönig besitzt selbst keine Kriegsschiffe, und seine Männer sind nicht daran gewöhnt, mit ihnen umzugehen. Anderenfalls hätten die Muslime großen Schaden von ihnen zu befürchten. Die Arsîja und die anderen bei den Chazaren lebenden Muslime merkten nun, was es mit den Russen auf sich hatte, und sprachen zum König: »Gib uns freie Hand gegen diese Feinde, denn sie haben die Länder unserer muslimischen Brüder überfallen, ihr Blut vergossen und Frauen und Kinder gefangen weggeführt.« Da der König die Muslime nicht zurückhalten konnte, schickte er zu den Russen und unterrichtete sie vom Entschluß der Muslime, gegen sie Krieg zu führen. Die Muslime aber sammelten sich und fuhren den Fluß hinunter, um die Russen zu suchen. Als sie in Sichtweite kamen, verließen die Russen ihre Schiffe. Die Muslime waren etwa 15 000 Mann stark und mit Pferden und Kriegsgerät ausgerüstet; bei ihnen befand sich auch eine Gruppe von Christen aus Âtil. Die Kämpfe zogen sich über drei Tage hin, bis Gott den Muslimen zum Sieg über die Russen verhalf und das Schwert diese hinwegraffte. Wer nicht getötet wurde, ertrank. Diejenigen, die von den Muslimen am Ufer der Wolga getötet wurden, waren, soweit durch Zählung ermittelt werden konnte, etwa 30 000 Mann. Die 5000 Mann, die entkommen konnten, flohen mit ihren Schiffen an das gegenüberliegende Ufer in der Nähe des Landes der Burtâs, ließen dort ihre Fahrzeuge im Stich und hielten sich an das Festland, wo die einen von den Burtâs getötet wurden, während die anderen, die zu den muslimischen Bulgaren gerieten, deren Schwertern zum Opfer fielen. Seit diesem Jahr haben es die Russen nicht mehr gewagt, ihr Unternehmen zu wiederholen.

Ich habe diese Geschichte nur angeführt, um damit die Ansicht jener zu widerlegen, die behaupten, das Kaspische Meer besitze eine direkte Verbindung zum Asowschen Meer und der Bucht von Konstantinopel. Wenn es nämlich eine solche Verbindung zum Asowschen oder Schwarzen Meer gäbe, wären die Russen durch das Schwarze Meer abgezogen, da dieses, wie bereits erwähnt, ihr Meer ist. Bei den genannten Völkern, die in der Nähe des Kaspischen Meeres leben, besteht keine Meinungsverschiedenheit darüber, daß dieses Meer keinen Kanal hat, der mit irgendeinem anderen Meer in Verbindung steht. Das Meer ist ja so klein, daß man es genau kennt. Vielleicht gehen diejenigen, die meinen, das Kaspische Meer

habe eine Verbindung zur Bucht von Konstantinopel, von der falschen Annahme aus, daß das Kaspische Meer mit dem Asowschen und dem Schwarzen Meer, dem Meer der Bulgaren und Russen, identisch sei. Aber Gott weiß am besten, wie es sich damit verhält. Was ich von den Schiffen der Russen erzählt habe, ist bei allen Völkern jener Länder weit verbreitet, und auch das betreffende Jahr ist wohlbekannt. Ich habe das genaue Datum allerdings vergessen, doch war es nach dem Jahre 300 d. H. (= 912 n. Chr.).
Im Kaspischen Meer, gegenüber von Dschurdschân, liegen einige Inseln, auf denen man eine Art weißer Falken fängt, die schneller als alle anderen Jagdvögel auf einen Befehl reagieren und sich von allen am leichtesten zähmen lassen. Sie haben allerdings auch einen Nachteil; sie werden nämlich von den Jägern, die sie auf den Inseln fangen, mit Fischen gefüttert, und wenn man ihnen dann andere Nahrung gibt, werden sie von Schwäche befallen. Alle Perser, Türken, Byzantiner, Inder und Araber, die etwas von Jagd- und Raubvögeln verstehen, sagen, daß jene Falken, deren Farbe ins Weiße spielt, von allen Falken die schnellsten und schönsten sind, die edelsten Körper und den größten Mut besitzen, am leichtesten abgerichtet werden können, am kraftvollsten nach oben steigen und am höchsten und weitesten fliegen; keine andere Falkenart ist so feurig und kühn. Da die Farbe ihrer Federn von der Region abhängt, in der sie leben, haben sie das reinste Weiß in Armenien, im Land der Chazaren, in Dschurdschân und den anschließenden Gebieten der Türken, wo es überall viel Schnee gibt.
In einem Bericht über den Kalifen Hârûn ar-Raschîd habe ich die folgende Geschichte gefunden: Eines Tages ritt der Kalif in der Umgebung von Mosul mit einem weißen Falken auf der Hand zur Jagd. Als der Vogel unruhig wurde, ließ er ihn los. Er flog davon und zog seine Kreise immer höher, bis er den Blicken entschwand. Als man schon die Hoffnung aufgegeben hatte, ihn je wiederzusehen, kam er zurück und hielt ein Tier in den Fängen, das einer Schlange oder einem Fisch ähnlich war und Federn wie Fischflossen hatte. Der Kalif ließ es in eine Schüssel legen, bestellte nach seiner Rückkehr von der Jagd die Gelehrten zu sich und fragte sie:
»Wißt ihr von Geschöpfen, die in der Luft leben?«
»O Beherrscher der Gläubigen«, antwortete ihm Muqâtil, »von deinem Vorfahren Abdallâh ibn Abbâs ist uns überliefert worden, daß

die Luft von verschiedenen Arten von Geschöpfen bevölkert ist. Uns am nächsten leben Tiere, die in der Luft Eier legen und diese dort auch ausbrüten. Dichte Luftschichten halten sie oben und versorgen sie, bis sie sich zu schlangen- oder fischähnlichen Wesen mit Flügeln, die nicht aus richtigen Federn bestehen, entwickeln. Sie werden von weißen Falken in Armenien gefangen.« Da ließ der Kalif die Schüssel hervorholen und zeigte ihnen das Tier. Den Muqâtil aber beschenkte er an diesem Tage reichlich.
Mehrere gutunterrichtete Männer haben mir in Ägypten und in anderen Ländern erzählt, daß sie in der Luft Schlangen gesehen haben, die so schnell wie der Blitz dahineilen und sich auf Tiere am Boden herabstürzen und diese vernichten. Manchmal hört man auch des Nachts in der Luft ein Geräusch, das so ähnlich klingt, wie wenn man einen neuen Stoff auseinanderfaltet, und das vom Flug dieser schlangenähnlichen Wesen herrührt. Ungebildete und andere Leute behaupten gelegentlich, daß eine Zauberin mit Flügeln aus Rohr dieses Geräusch verursache. Man hat viel über dieses Thema diskutiert und ist, davon ausgehend, daß ja auch im flüssigen Element Lebewesen entstehen, zu der Überzeugung gekommen, daß die genannten Geschöpfe ihren Ursprung in den beiden leichten Elementen Luft und Feuer haben müssen, wie eben auch in den beiden schweren Elementen Erde und Wasser Leben entsteht.
*Adham ibn Muhriz* zufolge war der Ahnherr des Stammes *Kinda,* der König al-Hârith ibn Mu'âwija, der erste, der mit Falken jagte. Dieser beobachtete eines Tages einen Jäger, der eine Netzwand aufgestellt hatte, um Sperlinge zu fangen. Plötzlich stieß ein dunkelfarbiger Sakerfalke auf einen der Sperlinge herab, die im Netz hingen. Und obwohl er sich selbst darin verfing, begann er den Vogel zu fressen. Der König wunderte sich darüber und ließ ihn sich bringen. Der Falke hatte einen Flügel gebrochen, fraß aber dennoch weiter an dem Sperling. Er warf ihn in einen Winkel seines Zeltes und merkte bald, daß er zahm geworden war, seinen Platz nicht verließ und nicht zu fliehen versuchte. Warf man ihm Nahrung hin, fraß er sie, und wenn er Fleisch in einer Hand sah, flog er hin. Schließlich gehorchte er, wenn man ihn herbeirief, und fraß aus der Hand, so daß sich die Leute stritten, wer ihn halten durfte. Eines Tages nun erblickte der Falke eine Taube, flog von der Hand dessen, der ihn gerade trug, weg und fing die Taube. Darauf befahl der König, Falken

zu halten und sie zur Jagd auf Vögel zu verwenden. Einmal, als plötzlich ein Hase vor dem König aufsprang, flog der Falke hin und packte das Tier. Von da an versuchte er, sowohl Vögel als auch Hasen mit Falken zu jagen. Die Araber übernahmen nach ihm diese Jagdtechnik, die sich schließlich weit verbreitete.
Sa'îd ibn Ufair schreibt: Konstantin, der König der Makedonier, zog einmal zur Falkenjagd. Als er zu jener Meerenge gelangte, die das Schwarze Meer mit dem Mittelmeer verbindet, setzte er über und kam in eine weite blühende Ebene zwischen der Meerenge und der See. Plötzlich erblickte er einen Gerfalken, der sich die Wasservögel so schnell, wild und mutig holte, daß er Gefallen an ihm fand und ihn fangen und abrichten ließ. Konstantin war dann der erste, der mit Gerfalken jagte. Beeindruckt von der weiten, mit bunten Blumen bedeckten Ebene sprach er: »Das ist ein gut zu verteidigender Platz, zwischen der Meerenge und der See gelegen, weiträumig und ausgedehnt. Er ist bestens geeignet für eine Stadt.« Darauf ließ er an dieser Stelle Konstantinopel errichten. Im weiteren Verlauf des vorliegenden Buches werde ich bei der Behandlung der byzantinischen Könige noch näher auf Konstantin, den Sohn der Helene, auf seine Geschichte und darauf, wie er dem christlichen Glauben zum Sieg verhalf, eingehen. Obiger Bericht gibt nur einen der Gründe wieder, die zum Bau von Konstantinopel geführt haben sollen.
Ibn Ufair hat die folgende Geschichte von Abu Zaid al-Fihri übernommen: Bei den Westgoten in Spanien war es Sitte, daß, wenn der König mit seinem Gefolge ausritt, ein Schwarm von Gerfalken über dem Zug in der Luft einen Schirm bildete, der sich, so wie es ihnen beigebracht worden war, bald hob und bald senkte. In dieser Weise begleiteten sie den König, bis er vom Pferd stieg, worauf sie sich um ihn herum auf der Erde niederließen. Als nun eines Tages einer der westgotischen Könige namens Eurich mit den Gerfalken über sich ausritt, flog plötzlich ein Vogel, den der Zug aufgeschreckt hatte, hoch. Ein Gerfalke schoß auf ihn zu und fing ihn. Erstaunt über diesen Anblick ließ daraufhin der König die Falken zur Jagd abrichten. Er war der erste, der diese Jagdtechnik im Maghreb und im Westen anwandte.
Die Leute im Westen waren nach Ansicht vieler in diesen Dingen bewanderter Männer die ersten, die auch Adler abrichteten. Als die Römer die Stärke und die übergroßen Waffen dieser Vögel bemerkten, sprachen ihre Weisen: »Die guten Eigenschaften dieses Tieres

liegen in seinen schlechten.« Man erzählt, ein Cäsar verschenkte einmal einen Adler an einen Chosroe und schrieb ihm, daß der Adler noch größere Fähigkeiten besitze als der Sakerfalke, mit dem zu jagen ihm so gut gefalle. Als der Chosroe dann einmal auf eine Gazelle stieß, ließ er den Adler fliegen, und dieser riß das Tier. Von diesem Erlebnis beeindruckt, verließ er erfreut den Schauplatz. Nun gab man aber dem Adler vor der Jagd, um ihn möglichst angriffslustig zu machen, nichts zu fressen, was eines Tages dazu führte, daß er sich auf einen der Söhne des Chosroe stürzte und ihn tötete. Da sprach der Chosroe: »Der Cäsar versucht also, mir ohne Heer zu schaden, indem er sich auf diese Weise an meine Kinder hält.« Dann schenkte er dem Cäsar einen Leoparden und schrieb ihm, daß dieser Gazellen und andere Tiere töte. Er verschwieg aber, was der Adler angerichtet hatte. Der Cäsar war von der Schönheit des Leoparden, der einem Gepard sehr ähnlich sah, beeindruckt. Als man aber einmal nicht auf das Tier achtete, zerriß es einen der Söhne des Cäsars, der daraufhin sprach: »Es ist nur recht und billig, daß der Chosroe mir mit gleicher Münze zurückzahlt, was ich ihm angetan habe.«

Kehren wir nun wieder nach Derbend, zu den Völkern, die in der Nähe der Mauer wohnen, und zum Kaukasus zurück. Ich habe bereits erwähnt, daß das übelste aller dort bestehenden Reiche das Reich Chaidhân ist. Der König ist ein Muslim, der von den arabischen Qahtân abzustammen behauptet und der gegenwärtig, d. h. im Jahre 332 d. H. (= 943 n. Chr.), unter dem Namen Salîfân bekannt ist. Er und seine Familie sind die einzigen Muslime in seinem Reich. Der Name Salîfân, so glaube ich wenigstens, ist der Titel eines jeden Herrschers, der in diesem Gebiet regiert. Zwischen dem Reich Chaidhân und Derbend leben auch arabische Muslime, die nur Arabisch sprechen können. Sie hausen in Dörfern, umgeben von Wäldern, Dschungeln, Tälern und großen Flüssen. Sie sind dort ansässig, seit dieses Gebiet von den arabischen Beduinen erobert wurde. Und obwohl sie in der Nähe des Reiches Chaidhân leben, konnten sie sich aufgrund der Wälder und Flüsse ihre Unabhängigkeit bewahren. Außerdem erhalten sie Hilfe von den Bewohnern der Stadt Derbend, von der sie nur etwa drei Meilen entfernt sind.

In der Nähe des Reiches Chaidhân, in Richtung des Kaukasusgebirges und des Landes der Awaren, regiert ein muslimischer König mit dem Titel Barzbân. Sein Herrschaftsgebiet ist unter der Bezeichnung

Kurdsch bekannt, und seine Untertanen sind mit Keulen bewaffnet. An dieses Land schließt sich ein Reich namens Ghumîq an, dessen Bewohner Christen sind; sie gehorchen keinem König, sondern werden von mehreren Häuptlingen geführt. Mit den Alanen verbindet sie ein Waffenstillstand. In Richtung der Awaren und des Gebirges folgt dann das Reich der Zirîgarân, was soviel bedeutet wie »Kettenhemdenmacher«, da die meisten von ihnen damit beschäftigt sind, Kettenhemden, Steigbügel, Trensen, Schwerter und anderes eisernes Gerät herzustellen. Sie gehören verschiedenen Religionen an, d. h. es gibt unter ihnen sowohl Muslime als auch Christen und Juden. Ihr Gebiet ist sehr unwegsam, was sie aber gut vor den Überfällen ihrer Nachbarn schützt.

Darauf folgt das Reich der Awaren, deren König Fîlân-Schâh genannt wird und sich zum Christentum bekennt. Er ist ein Nachfahre des Vahrâm Gôr und trägt den Titel »Herr des Thrones«. Zu dieser Bezeichnung kam es folgendermaßen: Als sich *Jezdegird,* der letzte Sasanidenkönig, vor den muslimischen Heeren zur Flucht wandte, schickte er seinen goldenen Thron, seine Schätze und seine Reichtümer mit einem Nachkommen des Vahrâm Gôr in dieses Reich voraus, damit dieser dort alles bewahre, bis er selbst nachkäme. Nachdem aber Jezdegird unter dem Kalifat *Othmân*s in Churâsân, wohin er sich begeben hatte, getötet worden war, ließ sich der besagte Nachkomme des Vahrâm Gôr fest in jenem Gebiet nieder und übernahm selbst die Herrschaft, die dann unter seinen Nachkommen erblich wurde. Deshalb nennt man die dortigen Könige nun »Herren des Thrones«. Die Hauptstadt des Königs heißt Chundadsch. Er herrscht über 12 000 Dörfer, aus denen er sich so viele Sklaven holt, wie er will. Sein Land besteht aus einem Gebirgszug des Kaukasus und ist aufgrund seiner Unwegsamkeit gut zu verteidigen. Gegen die Chazaren unternimmt er erfolgreiche Raubzüge, da diese in der Ebene leben, er dagegen im Gebirge.

Auf die Awaren folgen die Alanen, deren Könige alle den Titel Karkundâdsch tragen, so wie die Könige der Awaren alle Fîlân-Schâh genannt werden. Die Hauptstadt der Alanen heißt Maghas, was soviel wie »Fliege« bedeutet. Ihr König besitzt noch zahlreiche Schlösser und Vergnügungsplätze außerhalb der Stadt, in denen er von Zeit zu Zeit auch zu wohnen pflegt. Er und der König der Awaren sind gegenwärtig miteinander verschwägert, nachdem jeder des anderen

Schwester geheiratet hat. Nach dem Beginn des Islam hatten die Könige der Alanen zur Zeit der *Abbasiden*-Kalifen das Christentum angenommen, nachdem sie vorher Heiden gewesen waren. Seit dem Jahre 320 d. H. (= 931 n. Chr.) sind sie jedoch wieder von ihrem neuen Glauben abgefallen und haben die Bischöfe und Priester vertrieben, die der König der Byzantiner zu ihnen geschickt hatte. Zwischen dem Reich der Alanen und dem Kaukasusgebirge liegen in einem breiten Tal eine Festung und eine Brücke. Diese Festung, die als »Tor der Alanen« bezeichnet wird, wurde in alter Zeit von Isbandijâr, dem Sohn des Bistâsf und einem der ersten Könige der Perser, erbaut. Er stationierte Soldaten in ihr, die die Alanen am Eindringen in das Kaukasusgebirge hindern sollten. Die Brücke unterhalb der Festung bildet nämlich für die Alanen die einzige Möglichkeit, dorthin zu gelangen. Die Festung selbst steht auf einem massiven Felsen, ist uneinnehmbar und kann nur mit Erlaubnis der Besatzung betreten werden. In ihrer Mitte besitzt sie eine Süßwasserquelle, die oben auf dem Felsen entspringt. Das Bauwerk ist eine jener Festungen auf der Welt, die ihrer Uneinnehmbarkeit wegen berühmt sind. Als *Maslama ibn Abdalmalik* in diese Gegend kam und ihre Bewohner unterwarf, stationierte er Araber in der Festung, die bis heute den Platz bewachen[4]. Ihre Versorgung erhalten sie meistens auf dem Landwege aus Tiflis, das von der Festung etwa fünf Tagesreisen entfernt liegt. Der König der Alanen besitzt aufgrund seiner Wehrhaftigkeit und seiner Kriegstüchtigkeit gegenüber den übrigen Königen dieser Region eine gewisse Führungsstellung. Sein Reich ist so dicht besiedelt, daß die Hähne des ganzen Landes antworten, wenn einer anfängt zu krähen.

Auf die Alanen folgen zwischen dem Kaukasusgebirge und dem Schwarzen Meer die Tscherkessen. Sie sind ein sehr reinliches Volk und bekennen sich zur mazdakitischen Religion. Keines der genannten Völker besitzt eine reinere Haut und einen klareren Teint, hübschere Männer und anmutigere Frauen, einen geraderen Wuchs und schlankere Taillen, ausgeprägtere Hüften und Gesäße und ausgewogenere Proportionen. Ihre Frauen sind berühmt wegen ihrer Köstlichkeit und ihrer Intimität. Sie sind weiß gekleidet und tragen byzantinischen Seidenbrokat, Stoffe aus Saklaton und andere Arten von durchwirkten Kleidern. In ihrem eigenen Land werden Leinenstoffe hergestellt, darunter eine Sorte, die Talâ genannt wird und die

feiner und haltbarer ist als der sogenannte Dabîqî; ein Gewand aus diesem Stoff kostet bis zu zehn Dinar. Diese Textilien werden in die islamischen Länder ausgeführt. Von den ihnen benachbarten Völkern bringt man zwar ebenfalls solche Stoffe, doch erreichen diese nicht die Qualität der Erzeugnisse der Tscherkessen.
Dieses Volk ist den Alanen unterlegen und hätte diesen gegenüber seine Unabhängigkeit nicht bewahren können, wenn es sich nicht durch Festungen an der Küste des Meeres geschützt hätte. Man ist sich nicht darüber einig, um welches Meer es sich dabei handelt. Einige meinen, es sei das Mittelmeer, andere, das Schwarze Meer. Fest steht aber, daß sie es zur See nicht weit nach Trapezunt haben, mit welcher Stadt sie mit ihren Schiffen wechselseitige Handelsbeziehungen unterhalten. Der Grund für ihre Schwäche gegenüber den Alanen liegt darin, daß sie es versäumt haben, sich einem König zu unterstellen, der sie alle unter seiner Herrschaft geeinigt hätte. Wenn dies nämlich der Fall wäre, könnten weder die Alanen noch irgendein anderes Volk etwas gegen sie ausrichten. Ihr Name Kaschak (= Tscherkessen) ist persischen Ursprungs und bedeutet »Hochmut« oder »Prahlerei«; zu einem hochmütigen und großsprecherischen Menschen sagen nämlich die Perser »kasch«.
An derselben Küste des Meeres, in der Nähe der Tscherkessen, lebt ein anderes Volk, dessen Gebiet »die sieben Orte« genannt wird. Es ist eine große und wehrhafte Völkerschaft mit einem ausgedehnten Siedlungsgebiet. Welcher Religionsgemeinschaft und welchem Glauben sie angehören, weiß ich nicht. In ihrer Nähe wohnt ein weiteres großes Volk, das durch einen Fluß vom Land der Tscherkessen getrennt ist, einen Fluß, der so breit ist wie der Euphrat und in das Schwarze Meer mündet, an welchem Trapezunt liegt. Dieses Volk, Iram mit Namen, hat seltsame Sitten und heidnische Glaubensvorstellungen. Über diese Gegend am Schwarzen Meer erzählt man sich eine ungewöhnliche Geschichte. Es kommt nämlich in jedem Jahr ein gewaltiger Fisch zu den dortigen Bewohnern, worauf sich diese von der ihnen zugewandten Seite des Fisches Fleisch abschneiden. Wenn der Fisch wiederkommt, hält er ihnen die andere Seite hin, und die Leute versorgen sich wieder; dort, wo man das erste Mal das Fleisch entfernt hat, ist jedoch inzwischen neues nachgewachsen. Die Geschichte von diesem Fisch ist bei den Ungläubigen jener Gegend weit verbreitet.

In der Nähe dieses Volkes ragen vier Berge in die Höhe, deren unbezwingbare Gipfel sich in den Wolken verlieren. Von diesen Bergen, die etwa hundert Meilen voneinander entfernt sind, wird eine Wüste eingeschlossen, in deren Mitte sich ein kreisrundes Loch befindet, so als hätte man es mit dem Zirkel abgemessen. Es ähnelt einem runden, tiefen Brunnen, den man aus festem Gestein herausgehauen hat, und besitzt einen Umfang von etwa fünfzig Meilen. Vom Rand geht es so gerade senkrecht in die Tiefe, als habe man die Wände von unten nach oben hochgemauert. Es gibt keine Möglichkeit, zum Grund des Lochs, das etwa zwei Meilen tief ist, zu gelangen. Des Nachts sieht man darin an verschiedenen Stellen viele Feuer brennen, während man bei Tag Dörfer und Pflanzungen erkennen kann, Flüsse, die die Dörfer miteinander verbinden, Menschen und Tiere. Da das Loch aber so tief ist, sieht man alles nur sehr klein. Man weiß nicht, zu welchen Völkern die Menschen dort unten gehören. Und sowenig, wie sie an irgendeiner Stelle von unten heraufsteigen können, sowenig kann man von oben irgendwo hinunterklettern.
Hinter diesen vier Bergen gibt es an der Küste eine weitere Höhlung in der Erde, die aber nicht tief ist. In den Dickichten und Wäldern, die darin wachsen, lebt eine Art von Affen mit aufrechtem Gang und runden Gesichtern. In Aussehen und Gestalt sind sie überhaupt sehr menschenähnlich, nur ist ihr Körper mit Haaren bedeckt. Nur selten fällt einmal einer von ihnen auf die Listen der Jäger herein und läßt sich fangen. Sie sind äußerst verständig und intelligent, besitzen aber keine Sprache, mit der sie sich ausdrücken könnten. Sie begreifen jedoch alles, was man ihnen durch Zeichen zu verstehen gibt. Manchmal werden einige von ihnen zu den Königen der dort lebenden Völker gebracht, bei denen man sie dazu abrichtet, während des Essens mit einem Fliegenwedel hinter dem Herrscher zu stehen. Diese Affen besitzen nämlich die außergewöhnliche Fähigkeit, in Getränken und Speisen vorhandenes Gift zu erkennen. Zunächst hält der König sein Mahl dem Affen hin, damit er daran riecht, und dann läßt er ihn etwas davon versuchen; wenn er es frißt, ißt auch der König davon, lehnt er es dagegen ab, weiß der König, daß das Essen vergiftet ist und hütet sich, etwas davon zu verzehren. Die meisten indischen und chinesischen Könige halten sich ihre Affen aus dem gleichen Grund.
Affen leben vor allem in den warmen Regionen der Erde, wie in Nu-

bien und in den abessinischen Gebieten am Oberlauf des Nils. Sie heißen »die Nubischen«, sind von kleiner Gestalt und haben kleine Gesichter. In ihrer Farbe sind sie pechschwarz wie die Nubier selbst. Es sind diese nubischen Affen, die von bestimmten Schaustellern vorgeführt werden und an Stangen hinaufklettern. Eine andere Art von Affen, die sehr menschenähnlich ist, lebt in den Wäldern und Dschungeln des Nordens, so etwa in den Gebieten der Slawen und anderer dortiger Völker; dazu gehören auch jene im Kaukasus, die ich bereits beschrieben habe. Eine dritte Art findet sich an den Buchten von *Dschâvaga* im Chinesischen Meer und im Reiche des Maharadscha, des Königs der Inseln. Diese Affen sind dort sehr berühmt. Sie leben in großer Zahl an den besagten Buchten und zeichnen sich durch ihre vollkommene Gestalt aus.

Zusammen mit gewaltigen Schlangen und verschiedenen wundersamen Dingen des Meeres wurden dem Kalifen *al-Muqtadir* auch einmal einige von diesen Affen zum Geschenk gemacht. Sie waren mit Ketten gefesselt, und unter ihnen befanden sich alte und junge. Einige hatten lange Bärte. Der Überbringer war der damalige Statthalter von Oman, Ahmad ibn Hilâl. Die Seeleute von *Sîrâf* und Oman, die nach Kalah und Dschâvage segeln, wissen gut über diese Affen und ihre Listen Bescheid, mit denen sie die Krokodile mitten aus dem Meer fangen.

Alle Leute, die jemals im Jemen gewesen sind, bestätigen einhellig, daß es dort an vielen Stellen unzählige Affen gibt, so z. B. im Wadi Nachla zwischen Dschanad und Zabîd. Das Wadi erstreckt sich zwischen zwei Höhenzügen, wird von zahlreichen Wasserläufen durchzogen und ist landwirtschaftlich reich genutzt. Die Affen, die dort in den Bananenhainen leben, bilden verschiedene Horden, die jeweils vom stärksten Männchen, dem sogenannten Hazar, angeführt werden. Die Weibchen bringen gleichzeitig jeweils zehn bis zwölf Junge zur Welt, so wie auch die Schweine zahlreiche Ferkel werfen. Einige der Jungen werden dann immer von der Affenmutter getragen, und zwar in einer Art, wie es auch bei uns die Frauen tun; die übrigen trägt der Affenvater. Diese Affen halten große Versammlungen ab, bei denen man sie in unartikulierter Weise miteinander reden und sprechen hört. Die Weibchen nehmen nicht gemeinsam mit den Männchen an diesen Versammlungen teil, wie bei uns in solchen Fällen die Frauen ja auch nicht mit den Männern zusammen sind. Des Nachts, wenn sie sich unterhalten, wobei man sie aber zwischen den Hügeln, Bäumen und Bananenstauden nicht sehen kann, bekommt man zunächst den Eindruck, es handle sich um eine große Versammlung von Menschen.

Die Affen im Jemen sind zwar vor allen anderen die schönsten und am besten zu dressieren, sie sind aber auch die bösartigsten. Die Jemeniten nennen sie Rubbâh. Männchen wie Weibchen haben lange, bis auf die Schultern herabhängende Haare, die bei einigen kohlschwarz sind. Wenn sie zusammensitzen, beachten sie eine bestimmte Rangordnung, an deren Spitze der Anführer der Horde steht. Überhaupt ähneln sie in allen ihren Handlungen sehr den Menschen. Im Jemen leben auch noch Affen im Gebiet von Ma'rib, zwischen San'â' und der Festung Kahlân; sie bilden in jenen Steppen gewaltige Herden.

Kehren wir nun zu unserem früheren Thema zurück, nämlich zu den Völkern in der Umgebung Derbends, der Mauer und des Kaukasus und zu den Ländern der Chazaren und der Alanen. Westlich der Chazaren und der Alanen leben, teilweise als Nomaden, teilweise seßhaft, vier türkische Völker, die sich auf einen gemeinsamen Stammvater zurückführen. Sie sind sehr wehrhaft und tapfer und haben jeweils einen eigenen König. Ihre Reiche besitzen alle einen Durchmesser von mehreren Tagesreisen. Eines davon reicht an das Schwarze Meer. Auf ihren Raubzügen kommen sie bis zu den Ländern Roms und zu den Grenzen Spaniens und sind allen anderen Völkern dort überlegen. Mit dem König der Chazaren, an dessen Land ihre Wohngebiete angrenzen, haben sie einen Waffenstillstand geschlossen, und ebenso mit dem Herrscher der Alanen. Das erste dieser Völker heißt Badschnâ, das zweite sind die Baschkiren, das dritte und kampftüchtigste die Petschenegen und das vierte die Nûkarda. Alle ihre Könige leben als Nomaden.

Die genannten Türken führten im Jahre 320 d. H. (= 932 n. Chr.) oder etwas später Krieg mit den Byzantinern. Letztere besaßen an der Grenze ihres Landes und in der Nähe dieser vier türkischen Völker eine große griechische Stadt namens Walandar, die viele Einwohner in ihren Mauern barg und aufgrund ihrer Lage zwischen den Bergen und dem Meer gut zu verteidigen war. Die Berge, das Meer und die Bewohner dieser Stadt machten es den Türken unmöglich, in byzantinisches Gebiet einzudringen. Schließlich kam es zwischen den türkischen Stämmen selbst auch noch zu kriegerischen Auseinandersetzungen wegen eines Streites um einen muslimischen Händler aus *Ardabîl,* der bei einem der Stämme wohnte und von Angehörigen eines anderen Stammes übel behandelt worden war. Während sie miteinander kämpften, überfielen die Byzantiner aus Walandar ihre von den kampffähigen Männern verlassenen Wohnstätten, nahmen zahlreiche Kinder gefangen und führten viel Vieh mit sich fort. Als diese Nachricht die gegeneinander kämpfenden Türken erreichte, einigten sie sich wieder, zahlten die zwischen den Stämmen entstandene Blutschuld und machten sich gemeinsam auf den Weg nach Walandar. Es waren ungefähr 60 000 Reiter, wobei aber noch nicht einmal alle gekommen waren; sonst wären es etwa 100 000 gewesen.

Als nun im Jahre 332 d. H. (= 943 n. Chr.) der byzantinische König Romanos vom Anrücken der Türken auf Walandar erfuhr, setzte er 12 000 neu konvertierte Christen, die beritten und nach Art der Araber mit Lanzen ausgerüstet waren, sowie 50 000 Byzantiner gegen sie in Marsch. Innerhalb von acht Tagen erreichten sie Walandar, lagerten hinter der Stadt und rüsteten sich zur Schlacht. Obwohl bereits viele Bewohner von Walandar im Kampf gegen die Türken gefallen waren, hatte sich die Stadt dank ihrer Mauern bis zur Ankunft des Entsatzheeres halten können. Als die türkischen Könige vom Eintreffen der neu konvertierten Christen und der Byzantiner erfuhren, schickten sie Boten in ihre Länder und ließen alle muslimischen Händler holen, die bei ihnen lebten und aus den Reichen der Chazaren und Alanen, aus Derbend und anderen Gebieten stammten, sowie auch jene ihrer eigenen Stammesgenossen, die zum Islam übergetreten waren und sich mit den anderen nur zusammentaten, wenn es zum Krieg gegen die Ungläubigen ging. Als sich schließlich die beiden Heere in Schlachtordnung gegenüberstanden, wobei die neu konvertierten Christen vor den Byzantinern angetreten waren, kamen bei den Türken die muslimischen Händler nach vorne und forderten die Christen auf, sich zum Islam zu bekehren; sie boten ihnen dafür an, daß sie von den Türken, wenn sie sich unter ihren Schutz stellten, aus dem byzantinischen Gebiet in islamische Länder gebracht würden. Als die neu konvertierten Christen dies aber ablehnten, begannen die beiden Seiten sogleich mit dem Kampf. Zahlenmäßig waren die Konvertierten und die Byzantiner zusammen mit den Bewohnern von Walandar den Türken um ein Vielfaches überlegen. Die erste Nacht verbrachten sie in ihren Kampfstellungen. Als sich dann die vier türkischen Könige miteinander berieten, wurde dem König der Petschenegen auf eigenen Wunsch der Oberbefehl für den kommenden Tag übertragen. Am nächsten Morgen stellte er sowohl am rechten als auch am linken Flügel viele zusätzliche und jeweils tausend Mann starke Reiterabteilungen auf. Nachdem alle ihre Stellungen bezogen hatten, rückten die Abteilungen vom rechten Flügel vor, überschütteten das Zentrum der Byzantiner mit Pfeilen und brachen zur linken Seite durch. In der gleichen Weise verfuhren die Abteilungen vom linken Flügel und bezogen die Stellungen, die vorher die Reiter am rechten Flügel eingenommen hatten. Ohne Unterlaß flogen die Pfeile, und ununterbrochen drehten sich die Reiterabteilungen wie Mühlsteine. Als die neu konvertierten Christen und die Byzantiner sahen, wie ihre Reihen durcheinandergeworfen wurden und ein Pfeilhagel auf den anderen folgte, griffen sie mit ihren ungeordneten Reihen an und stießen auf die Türken, die in unverrückter Reihe standen. Die Reiterabteilungen gaben den Byzantinern den Weg frei, worauf die Türken alle gleichzeitig ihre Pfeile abschossen, und dieser Pfeilhagel war der Anfang vom Ende des byzantinischen Heeres, denn danach griffen die Türken, die ihre Schlachtordnung unverändert beibehalten hatten, die gegnerischen Reihen an, und ihre Reiterabteilungen drängten von rechts und links nach innen. Die Schwerter taten ihre Arbeit, Staubwolken verdunkelten den Horizont, und das Wiehern der Pferde wollte kein Ende nehmen.

Es wurden etwa 60 000 Byzantiner und neu konvertierte Christen getötet, so daß die Türken über die aufeinandergeschichteten Leichen auf die Mauern der Stadt stiegen und sie eroberten. Das Schwert wütete noch drei Tage in der Stadt, und wer dann von den Einwohnern noch lebte, wurde gefangengenommen. Dann rückten die Türken in Richtung Konstantinopel vor. Mordend und Gefangene machend zogen sie durch Felder, Wiesen und Dörfer, bis sie an den Mauern Konstantinopels anlangten. Sie blieben dort etwa vierzig Tage und tauschten die gefangenen Frauen und Kinder gegen Stoffe und Kleider aus Brokat und Seide. Die Männer, die ihnen in die Hände gefallen waren, ließen sie ohne Ausnahme über die Klinge springen. Manchmal brachten sie sogar Frauen und Kinder um.

Die Türken machten in jener Region ausgedehnte Raubzüge bis zu den Slawen und in die Länder Roms. Gegenwärtig gelangen sie auf diesen Zügen sogar bis an die Grenzen Spaniens, ins Frankenreich und nach Galicien. Auch gegen byzantinisches Gebiet setzen sie ihre Überfälle bis heute fort.
Kehren wir nun wieder zum Kaukasus, zu besagter Mauer und nach Derbend zurück, da wir ja damit begonnen hatten, einen allgemeinen Überblick über die in diesem Gebiet lebenden Völker zu geben. Unmittelbar am Kaukasusgebirge und dem Land der Alanen benachbart wohnen die sogenannten Abchazen, die sich zum Christentum bekennen und in unserer Zeit einem eigenen König unterstehen. Der Herrscher der Alanen ist ihnen allerdings überlegen. Auf das Land der Abchazen folgt Georgien, das von dem großen christlichen Volk der Georgier bewohnt ist. Ihr jetziger König heißt Manbaghî, und sein Sitz befindet sich in einem Ort namens Masdschid Dhi l-Qarnain. Seit der Eroberung von Tiflis und der damit verbundenen Ansiedlung von Muslimen in der Stadt bis zu den Tagen des Kalifen *al-Mutawakkil* zahlten die Abchazen und Georgier Steuern an den dortigen Statthalter. Dann unterwarf ein gewisser Ishâq ibn Ismâ'îl aus Tiflis mit Hilfe der ihm folgenden Muslime die Völker in der Umgebung der Stadt, worauf diese ihm Gehorsam leisteten und Kopfsteuer an ihn bezahlten. Seine Macht über sie wuchs ständig an, bis der Kalif den Heerführer Bughâ gegen ihn schickte. Dieser lagerte vor Tiflis und berannte die Stadt so lange, bis er sie mit dem Schwert eroberte. Ishâq wurde hingerichtet, weil er sich zum Herrn über das ganze Gebiet aufgeschwungen hatte. Seitdem haben die Einwohner von Tiflis ihre Autorität verloren. Die benachbarten Reiche verweigern ihnen den Gehorsam und haben die meisten Dörfer in der Umgebung von Tiflis aus dem Einflußbereich der Stadt gelöst. Um von den islamischen Ländern nach Tiflis zu gelangen, muß man durch die Gebiete aller dieser ungläubigen Völker, die um die Stadt herum leben, hindurch. Trotzdem haben sich die Bewohner von Tiflis ihre Stärke und ihre Tapferkeit bewahrt.
Hätte nicht Gott in seiner gütigen Weisheit, in seiner Allmacht und seiner Barmherzigkeit gegenüber seinen Dienern huldvoll den persischen Königen ihr Unterfangen gelingen lassen, die Stadt Derbend, die erwähnte, über Land, Meer und Berge führende Mauer und die Festungen zu errichten, sowie die Völker dort anzusiedeln und

Herrscher über sie zu ernennen, dann wären gewiß die Könige der Georgier, Alanen, Awaren, Türken und anderer oben erwähnter Völkerschaften in die Gebiete von Bardha'a, Arrân, Bailaqân, Âdharbaidschân, Zandschân, Abhar, Qazwîn, Hamadhân, Dînawar, Nihâwand und andere von Kufa und Basra abhängige Provinzen bis in den Irak eingedrungen. Gott hat sie aber durch die erwähnten Einrichtungen davon abgehalten, und diese sind gerade heute wieder ein großer Segen, da der Islam geschwächt ist und seine Macht schwindet, die Byzantiner die Oberhand über die Muslime gewinnen, die Pilgerfahrt unsicher wird, der Heilige Krieg nicht mehr stattfindet, Wege und Straßen unsicher sind und jeder militärische Führer sich in seinem Gebiet selbständig macht. Letztere tun es den Satrapen gleich, die sich nach dem Weggang Alexanders unabhängig machten und es auch blieben, bis der Sasanide *Ardeschîr,* der Sohn des Bâbak, die Herrschaft übernahm, die Einheit wiederherstellte, die Zerrissenheit beseitigte, den Menschen wieder Sicherheit gab und das Land aufblühen ließ. So blieb es, bis Mohammed von Gott mit seiner Sendung beauftragt wurde und er die Spuren des Unglaubens beseitigte. Bis heute, d. h. bis zum Jahre 332 d. H. (= 943 n. Chr.), blieb der Islam letztlich immer siegreich, auch wenn nun unter dem Kalifat des Beherrschers der Gläubigen, *al-Muttaqî,* die Säulen des Glaubens umzustürzen drohen und sein Fundament zu schwinden beginnt. Nur Gott können wir in unserer Lage um Hilfe bitten.

# *Die sirjanischen Könige*

Diejenigen Gelehrten, die sich besonders mit den Herrscherdynastien der Welt beschäftigen, sagen, daß die *sirjanischen* Könige die ersten Könige nach der Sintflut waren. Über ihr Verhältnis zu den Nabatäern ist man verschiedener Meinung. Einige vertreten die Ansicht, die Sirjaner seien mit den Nabatäern identisch, andere glauben, sie seien die Brüder der Nachkommen des Mâsch ibn Nabît. Und wie nun einmal die Ansichten über die vergangenen Völker und Zeiten auseinander zu gehen pflegen, so gibt es darüber noch weitere verschiedene Meinungen. Nach der Chronik der Sirjaner und Nabatäer war ein gewisser Schûsân der erste, der über sie regierte und sich die Krone aufs Haupt setzte. Ihm unterwarfen sich dann alle anderen Könige der Erde. Während seiner sechzehnjährigen Herrschaft unterdrückte und verdarb er das Land und vergoß viel Blut. Es folgte ihm in der Herrschaft sein Sohn Barbar, der bis zu seinem Tode zwanzig Jahre regierte. Nachdem dann Samâsîr ibn Aut neun Jahre geherrscht hatte, folgte ihm Ahrîmûn für zehn Jahre auf dem Thron. Er plante Städte, legte Provinzen an und bemühte sich, in vollkommener Weise zu herrschen und sein Land gedeihen zu lassen. Als seine Herrschaft gefestigt und geordnet war, erfuhr einer der Könige von Indien, welche Macht, Stärke und Blüte das Reich der Sirjaner besitze und daß diese sich der übrigen Reiche bemächtigen wollten.

Jener indische König hatte alle umliegenden Länder erobert, und diese fügten sich seiner Herrschaft und seinen Gesetzen. Man sagt, seine Macht reichte von den Grenzen Sinds und Indiens bis in die Gebiete von Bust, Ghazna und Baghnîn sowie nach Dâwar am Hilmend, dem Fluß von *Sidschistân,* dessen Lauf vier Parasangen vor der Hauptstadt dieses Landes endet. Gegenwärtig, d. h. im Jahre

332 d. H. (= 943 n. Chr.), liegen an den Ufern dieses Flusses, der auch als »Fluß von Bust« bekannt ist, die Dörfer, Gärten, Palmenhaine und Vergnügungsplätze der Einwohner von Sidschistân. Von Bust fahren Schiffe mit Lebensmitteln und anderen Gütern beladen über eine Strecke von etwa hundert Parasangen bis nach Sidschistân, dem Land der Winde und des Sandes. Es ist ein Charakteristikum dieses Landes, daß man dort mit Hilfe des Windes Mühlen antreibt und Wasser aus den Brunnen schöpft, um die Gärten zu bewässern. Es gibt wohl in der ganzen Welt kein Gebiet, in dem man sich der Kraft des Windes in größerem Maße bedient.
Über den Ursprung des Hilmend-Flusses gibt es wieder verschiedene Meinungen. Die einen glauben, daß er in den Bergen Sinds und Indiens entspringe, andere sind der Ansicht, daß er die gleiche Quelle wie der Ganges, der Fluß Indiens, habe, der an vielen Bergen des Landes Sind vorüberfließt. An diesem reißenden Fluß kasteien sich viele Inder mit dem Schwert und ertränken sich in den Fluten, um der Welt zu entsagen und sie zu verlassen. Sie ziehen den Ganges aufwärts, bis sie inmitten hoher Berge eine Stelle erreichen, wo gewöhnliche Bäume stehen und wo Männer herumsitzen. Auf Holzstücken und an den Bäumen stecken Schwerter. Die Inder kommen aus den entferntesten Ländern und Reichen hierher, um die Worte der am Fluß sitzenden Männer zu hören, die sie zur Entsagung von der Welt auffordern und in ihnen das Verlangen nach einer anderen Welt wecken. Darauf stürzen sie sich von den hohen Bergen auf jene Bäume und in die aufgesteckten Schwerter herab, so daß sie in viele Teile zerstückelt werden, die dann den Fluß hinuntertreiben.
Kehren wir nun zu jenem indischen König zurück, der nach Sidschistân zog, um von dort das Reich der Sirjaner anzugreifen. Der König trug, wie alle Könige dieses indischen Gebietes es bis heute tun, den Titel *Zunbîl.* Zwischen ihm und den Sirjanern kam es dann zu gewaltigen Kämpfen, die sich etwa ein Jahr lang hinzogen. Schließlich fiel der König der Sirjaner, und der indische König nahm die ganze Region und alles, was sich darin befand, in Besitz. Einer der Könige aus dem Westen besiegte ihn aber dann seinerseits, bemächtigte sich des Irak und stellte die Herrschaft der Sirjaner wieder her. Diese wählten sich Tustar, den Sohn des gefallenen Königs, zum neuen Regenten, der acht Jahre regierte, bis er starb. Auf ihn folgte zunächst Ahrîmûn für zwölf Jahre und dann dessen Sohn Hûrijâ, der die Kultivierung

des Landes besonders förderte, Bäume pflanzen ließ und um das Wohl seiner Untertanen bemüht war. Bei seinem Tode hatte er 22 Jahre regiert. Dann bemächtigte sich Mârûb für fünfzehn oder zwanzig Jahre des Thrones. Âzûr und Chalandschâs, von denen man behauptet, daß sie Brüder waren, teilten sich darauf die Herrschaft miteinander, handelten vorbildlich und halfen sich gegenseitig.

Man erzählt, daß einer dieser beiden Könige eines Tages in seinem Palast saß, als er plötzlich oben auf dem Gebäude einen Vogel, der dort sein Nest hatte, aufgeregt schreiend mit den Flügeln schlagen sah. Und als er genauer hinschaute, bemerkte er eine Schlange, die zum Nest hinaufkroch, um die Jungen des Vogels zu fressen. Der König ließ sich einen Bogen reichen, schoß die Schlange von der Mauer herunter und rettete damit die Jungen. Wenig später kam der Vogel mit lauten Flügelschlägen heran und warf drei Körner, die er im Schnabel und in den Krallen gehalten hatte, vor den aufmerksam dreinblickenden König hin. Dieser betrachtete die Körner und sprach:

»Der Vogel hat dies aus einem ganz bestimmten Grund getan. Gewiß wollte er mir vergelten, was ich für ihn getan habe.« Er hob die Körner auf, und als er sie sich näher ansah, bemerkte er, daß er ihresgleichen in seinem Land noch nie gesehen hatte. Als ein Weiser, der zusammen mit anderen beim König saß, dessen Verwirrung über die Körner wahrnahm, sagte er:

»O König! Wir sollten sie dem Schoß der Erde anvertrauen, denn sie wird uns das Wesen der Körner hervorbringen, so daß wir die Absicht des Vogels begreifen und den Nutzen erkennen können, der sich in den Körnern verbirgt.«

Der König ließ Bauern rufen und befahl ihnen, die Körner einzupflanzen und gut darauf zu achten, was sich aus ihnen entwickeln würde. So geschah es. Und aus den Körnern wuchsen Pflanzen, die sich an Bäumen nach oben rankten und dann zunächst unreife Früchte, schließlich aber reife Beeren trugen. Zusammen mit den Bauern hatte der König die Pflanzen sorgfältig beobachtet, bis die Früchte reif waren, doch wagten sie es dann nicht, davon zu kosten, aus Furcht, sie könnten giftig sein. Der König ließ daraufhin die Beeren auspressen und den Saft in Gefäße füllen, nachdem er vorher die Kerne und auch einige unversehrte Beeren zur Seite gelegt hatte.

Als der Saft in den Behältern gärte, Schaum gebildet hatte und ihm köstliche Düfte entstiegen, befahl der König:
»Holt mir einen alten Mann, der schon dem Tode nahe ist!« Man brachte einen Greis und goß ihm etwas von dem gegorenen Saft in ein Gefäß. Die Flüssigkeit hatte eine rubinrote Farbe, sandte funkelnde Strahlen aus und bot einen wunderbaren und vollkommenen Anblick. Dann ließ man den alten Mann davon trinken, und dieser hatte noch nicht ein Drittel gekostet, als er aufsprang, seine Kleider löste, in die Hände klatschte, mit dem Kopf wackelte, von einem Bein auf das andere hüpfte und schließlich verzückt die Stimme erhob, um zu singen. Da sprach der König:
»Dieses Getränk raubt den Verstand und wirkt wahrscheinlich tödlich. Seht doch nur, wie der alte Mann einem Kinde gleich geworden ist und wie das Blut und die Kraft der heranwachsenden Jugend sich wieder seiner bemächtigt haben!« Dann ließ er dem Alten noch mehr von dem Saft zu trinken geben, worauf dieser betrunken einschlief.
»Jetzt ist er tot«, meinte der König, doch bald erwachte der Greis, verlangte noch mehr und sagte:
»Kaum hatte ich von diesem Saft getrunken, da wichen von mir die Sorgen, und Trauer und Kummer entschwanden. Der Vogel wollte dich wirklich mit diesem edlen Getränk belohnen.«
Und nachdem der König gesehen hatte, wie die Gesichtsfarbe des Alten erblühte, wie er sich von Herzen freute, wie Entzücken an die Stelle der natürlichen Traurigkeit und des Phlegmas getreten war, wie sich seine Verdauung gebessert hatte, wie gut er schlafen konnte und welche Ruhe er ausstrahlte, sagte er:
»Dies ist das edelste Getränk für die Männer!«
Doch nachdem er noch mehr Rebstöcke hatte pflanzen lassen, verbot er dem einfachen Volk den Genuß des Weines, indem er sprach:
»Dies ist das Getränk für die Könige. Da ich der Grund für seine Existenz bin, soll ihn auch kein anderer trinken!« Und das ganze Leben, das ihm noch blieb, trank er von diesem Wein. Schließlich aber gelangte der Wein auch in die Hände der anderen Leute und wurde auch von ihnen getrunken.

# *Die Perser*

Über die Abstammung der Perser werden verschiedene Ansichten vertreten. Einige meinen, ihr Stammvater Fâris sei der Sohn des Assur, des Sohnes des Sem, des Sohnes Noes, so wie Nabît, der Sohn des Assur, der Stammvater der Nabatäer sei, d. h. Fâris und Nabît seien Brüder und Söhne des Assur gewesen. Diese Meinung vertritt *Hischâm ibn Mohammed* aufgrund der Überlieferung von seinem Vater und von anderen arabischen Gelehrten. Andere behaupten, die Perser seien die Nachkommen des Joseph, des Sohnes Jakobs, des Sohnes Isaaks, des Sohnes Abrahams. Wieder andere gehen davon aus, daß die Perser von Hidram abstammen, dem Sohn des Arfachschad, des Sohnes Sems, des Sohnes Noes. Hidram soll etwa zehn Söhne gehabt haben, die alle tapfere Ritter waren, und wegen ihrer Furûsîja (Rittertum) seien sie Furs (Perser) genannt worden. Eine weitere Auffassung, die lang und breit von den Juden erörtert wurde, geht dahin, daß die Perser von Rabbâthâ und Za'îrthâ, den Söhnen Lots, abstammen. Andere sehen in den Persern die Nachkommen des Bawwân, des Sohnes des Îrân, des Sohnes des Assur. Der Name Bawwân hat sich in dem persischen Ort Schi'b Bawwân erhalten, der wegen seiner Schönheit, seines reichen Baumbestandes, seiner zahlreichen Quellen und seiner Vielfalt an Vögeln berühmt ist. Und wieder andere schließlich glauben, daß die Perser zu den Nachkommen des Îrân, des Sohnes des Ferîdûn, gehören. Die Perser selbst nennen den Îrân in ihrer eigenen Sprache Îradsch und sind einhellig der Meinung, daß sie von ihm, d. h. also von Îrân ibn Ferîdûn abstammen. Zumindest ist diese Auffassung bei ihnen am weitesten verbreitet.

Abgesehen von dem einen oder anderen Usurpator, der sich widerrechtlich in den Besitz der Macht brachte, lag nach Ansicht der Perser die Herrschaft seit den ältesten Zeiten bis zum Untergang der persischen Monarchie ausschließlich in den Händen von Nachkommen des Ferîdûn. Die alten Perser pflegten noch nach Mekka zu pilgern und dort die Kaaba zu umschreiten, um ihren Ahn Abraham zu ehren, an seiner Rechtleitung festzuhalten und die Erinnerung an ihre Abstammung zu bewahren. Der letzte von ihnen, der die Pilgerfahrt nach Mekka machte, war Sâsân, der Sohn des Bâbek und der Großvater *Ardeschîrs,* des ersten Königs der Dynastie der *Sasaniden.* Die Bezeichnung Sasaniden geht auf diesen Sâsân zurück, so wie die marwanidischen Kalifen sich auf *Marwân ibn al-Hakam* und die abbasidischen Kalifen auf *al-Abbâs ibn Abdalmuttalib* zurückführen. Von Ardeschîr stammen alle persischen Könige der zweiten Epoche, d. h. alle Sasaniden, ab.

Ardeschîr war der erste Herrscher, der seine Vertrauten hierarchisch gliederte. Seinem Beispiel folgten dann alle späteren Könige und auch die Kalifen. Er war der Meinung, daß diese Maßnahme ein wesentlicher Bestandteil einer richtigen Staatsführung sei und der Festigung der Macht diene. Er teilte seinen Hof in drei Klassen. Die erste bestand aus den Rittern und den königlichen Prinzen, die in einer Entfernung von etwa zehn Ellen rechts vom König saßen. In dieser Klasse befanden sich jene Männer, die die engsten und vertrautesten Gefolgsleute des Königs, seine edelsten und gelehrtesten Gesprächspartner waren. Die zweite Klasse, die wiederum zehn Ellen von der ersten entfernt saß, bestand aus den Markgrafen, den an seinem Hof lebenden Kleinkönigen und den Militärgouverneuren, denen damals die Leitung der Provinzen übertragen war. Die dritte Klasse, die wiederum zehn Ellen vom Rand der zweiten Klasse entfernt plaziert war, umfaßte die Hofnarren, Spielleute und Spaßmacher; allerdings wurde niemand von niederer Herkunft und geringem Ansehen, keine Gebrechlichen, keine Hünen- oder Zwerghaften, keine Buckligen, keine Perversen und auch keine solchen Männer aufgenommen, deren Vater einen niederen Beruf, z. B. als Weber oder Bader, ausübte, selbst wenn sie über die verborgenen Dinge Bescheid wußten und alle Wissenschaften beherrschten.

Ardeschîr pflegte zu sagen: »Nichts schadet einem König, einem Anführer oder einem Mann von wahrer Erkenntnis mehr als der Umgang mit Törichten und Gemeinen. Soviel nämlich die Seele aus dem Umgang mit den geachteten und gebildeten Edlen gewinnt, soviel verliert sie im Umgang mit den Niederen, denn dieser erniedrigt die Seele, nimmt ihr die Tugend und führt sie von ihren lobenswerten und edlen Eigenschaften weg. Es verhält sich damit so wie mit dem Wind. Zieht er an Wohlgerüchen vorüber, nimmt er diese auf und belebt damit die Seele und stärkt die Gliedmaßen des Körpers; kommt er dagegen an üblen Gerüchen vorbei, trägt er diese mit sich fort und verletzt damit die Seele und fügt ihren kostbarsten Seiten größten Schaden zu. Das Schlechte wirkt schneller auf die Seele ein als das Gute, denn Zerstören ist leichter als Bauen. Ein Weiser, der sich einen Monat lang in der Gesellschaft eines Törichten befunden hat, findet seinen eigenen Verstand für lange Zeit verdorben.

Ardeschîr schuf sieben staatliche Einrichtungen. Die erste bildeten die Wesire. Die zweite bestand aus den Mûbadhân; der Mûbadh, eigentlich »der oberste Richter«, war für die religiösen Angelegenheiten verantwortlich und war das Oberhaupt der Feuerpriester, die in allen Teilen des Reiches für die religiösen Belange zuständig waren und als Richter Urteile fällten. Weiterhin ernannte er vier Militärgouverneure, nämlich einen für Churâsân, einen für den Westen, einen für den Süden und einen für den Norden. Diese vier waren die obersten Funktionäre des Staates. Jeder von ihnen verwaltete selbständig ein Viertel des Reiches und jeder hatte als Vertreter einen Markgrafen. In diese vier Klassen ordnete Ardeschîr die führenden Staatsfunktionäre, die die Zügel der Herrschaft innehatten, und deren Rat er in allen Fragen der Verwaltung einholte. Darauf schuf er die Klassen der Sänger, der Unterhalter und der Musiker.

Diese staatliche Organisation wurde von allen nachkommenden sasanidischen Königen bis zu Vahrâm Gôr beibehalten. Letzterer bestätigte zwar die Rangordnung der Edlen, der königlichen Prinzen, der Aufseher über die Feuertempel, der Mönche, der Asketen, der Theologen und der Philosophen, doch änderte er die Klassen der Musiker, indem er die mittlere Klasse zur obersten und die unterste zur mittleren Klasse erhob. Zu dieser Änderung der Rangordnung der Unterhalter entschloß er sich, weil er an einem seiner Musiker besonderen Gefallen fand. Die darauffolgenden Könige behielten diese neue Ordnung bei, bis Chosroe Anûschirwân die alte unter Ardeschîr geschaffene Rangordnung wiederherstellte.

Alle persischen Könige seit der Zeit Ardeschîrs pflegten sich vor den Blicken ihrer Umgebung durch einen Vorhang zu verbergen. Der

König saß zehn Ellen hinter dem Vorhang, während die erste Klasse seiner Vertrauten im gleichen Abstand vor dem Vorhang Platz nahm. Das Amt des für den Vorhang Verantwortlichen, der den Titel Chorram Bâsch trug, hatte der Sohn eines Ritters inne. Wenn er starb, übernahm wieder ein erfahrener Rittersohn unter demselben Titel dieses Amt. Dieser Titel, der allen gemein ist, die diesen Rang und diese Stellung bekleiden, bedeutet: »Sei froh und glücklich!« Wenn sich der König mit seinen Vertrauten zusammensetzen wollte, befahl jener Chorram Bâsch einem Mann, oben auf den Königspalast zu steigen, seine Stimme zu erheben und singend, so laut, daß es jeder im Palast hören konnte, zu rufen: »O Zunge, halte deine Spitze in Zaum, denn du wirst heute mit dem König zusammensein!« So machten sie es immer, wenn sich der König mit seinen Vertrauten zusammensetzte, um sich zu unterhalten oder Musik zu hören. Nach diesem Aufruf nahmen die Vertrauten den Rängen entsprechend ihre Plätze ein und verharrten stumm und regungslos, bis der Chorram Bâsch erschien und jemandem befahl, ein bestimmtes Lied zu singen oder eine bestimmte Melodie zu spielen. Die Sitte, sich auch der engeren Umgebung nicht zu zeigen, wurde später auch von den frühen *Omaijaden* und den ersten *Abbasiden* praktiziert [1].
Ardeschîr gründete zahlreiche Provinzen und Städte und hinterließ ein Testament, das bis heute erhalten ist. Als er vierzehn oder fünfzehn Jahre geherrscht hatte, sein Land geordnet war, und die anderen Herrscher sich ihm unterworfen hatten, zog er sich von der Welt zurück. Zu deutlich war ihm geworden, wie unzulänglich die Welt ist, welche Verblendung, welche Vergänglichkeit und welche Unbeständigkeit in ihr herrschen, wie schnell die Enttäuschung jeden überfällt, der auf sie vertraut und sich auf sie verläßt, und wieviel Lug, Trug, Leid und Hinfälligkeit sie über den Menschen bringt, der nichts Angenehmes erleben kann, auf das nicht gleich Bitternis folgt. Er sah, daß alle seine Vorgänger, die Städte erbaut, Festungen angelegt, zahlreiche Völker geführt, gewaltige und mächtige Heere befehligt und viele Untertanen regiert hatten, nun unter der Erde zu Staub zerfallen waren. Deshalb zog er sich von der Leitung des Staates zurück, um in den Feuertempeln zu leben, in Abgeschiedenheit den Allbarmherzigen zu verehren und sich mit der Einsamkeit vertraut zu machen. Herrschaft und Krone übergab er an seinen Sohn Sapor, den er unter allen seinen Söhnen für den sanftmütigsten, kun-

digsten, tapfersten und erfahrensten hielt. Er lebte dann in den Feuertempeln in völliger Zurückgezogenheit, allein mit seinem Herrn, noch ein Jahr oder, nach anderen Aussagen, noch einen Monat bzw. etwas länger als ein Jahr.

Ardeschîr hatte zwölf Jahre gegen die Satrapen gekämpft. Einige von ihnen traten mit ihm in Korrespondenz und unterwarfen sich seiner Herrschaft aus Angst vor einem Angriff. Andere weigerten sich, ihn anzuerkennen, worauf er in ihr Land zog und sie vernichtete. Die beiden letzten, die getötet wurden, waren ein nabatäischer König im Irak namens Bâbâ ibn Bardînâ, der Herr der Festung des Ibn Hubaira, und König Ardawân. Von da an trug Ardeschîr den Titel Schâhân Schâh, d. h. »der König der Könige«.

Über Ardeschîr gibt es ein Buch mit dem Titel Kârnâmagh, in dem seine Taten, seine Kriege, seine Feldzüge und sein Leben beschrieben sind. Unter dem, was sich von ihm erhalten hat, ist der Ratschlag, den er seinem Sohn Sapor gab, als er ihm die Herrschaft übertrug: »Mein lieber Sohn! Die Religion und die Herrschaft sind Schwestern, von denen keine auf die Hilfe der anderen verzichten kann. Die Religion ist nämlich die Grundlage der Herrschaft, und die Herrschaft ist die Hüterin der Religion. Alles, was keine Grundlage hat, wird vernichtet, und alles, was keinen Hüter hat, geht zugrunde.«

Von den Briefen, die Ardeschîr an seine führenden Untertanen und an seine Statthalter schickte, ist der folgende erhalten: »Von Ardeschîr Bahmân, dem König der Könige, an die Staatssekretäre, denen die Verwaltung des Reiches obliegt, an die Gelehrten, die die Stützen der Religion bilden, an die Ritter, die den Staat im Krieg beschützen, und an die Bauern, die das Land bestellen. Friede über euch! Wir sind, Gott sei gelobt, bei guter Gesundheit. Wir haben in unserer Barmherzigkeit und Güte unsere Untertanen von den Abgaben befreit und erteilen euch einen Rat, den ihr wohl im Gedächtnis behalten möget: Seid nicht von Haß erfüllt, denn der Feind wird über euch kommen! Betreibt keine monopolistische Wirtschaft, sonst wird euch Hungersnot befallen! Bietet den Reisenden Zuflucht, damit euch morgen im Jenseits Zuflucht gewährt wird! Heiratet die Nächstverwandten, denn dies verbindet die Blutsbande und festigt die Abstammung! Vertraut nicht auf das Diesseits, denn es ist für keinen beständig, und sorgt euch nicht darum, denn allein der Wille

Gottes wird geschehen! Lehnt es aber auch nicht ab, denn nur über das Diesseits erreicht ihr das Jenseits!«

Nach Ardeschîr regierte sein Sohn Sapor 33 Jahre lang. Er führte Kriege gegen viele Könige der Welt und errichtete Provinzen und Städte, die dann seinen Namen trugen, wie bereits andere Provinzen und Städte den Namen seines Vaters erhalten hatten. Die Araber gaben ihm den Beinamen »der Sapor der Heere«. Unter seiner Herrschaft trat Mani auf und verkündete den Dualismus, worauf Sapor vom Mazdakismus abfiel und zum Manichäismus, der Lehre vom Licht und von der Befreiung von der Dunkelheit, übertrat. Später kehrte er jedoch wieder zum Mazdakismus zurück. Mani aber mußte aus bestimmten Gründen, die ich bereits in meinen früheren Werken dargelegt habe, nach Indien fliehen.

Der König der Römer schrieb einmal an Sapor: »Ich habe erfahren, wie Du Dein Heer führst, wie fest Du Dein Reich in der Hand hast und wie sicher Deine Untertanen unter Deiner Leitung leben, und ich möchte gern Deinem Beispiel folgen.« Darauf schrieb ihm Sapor als Antwort: »Ich habe dies dadurch erreicht, daß ich mir die folgenden sechs Grundsätze zu eigen gemacht habe, nämlich nie zum Scherz einen Befehl oder ein Verbot zu erteilen, nie ein Versprechen oder eine Drohung nicht wahrzumachen, nie aus eigener Leidenschaft, sondern immer nur des Reichtums wegen Krieg zu führen, die Herzen der Menschen durch Vertrauen ohne Unbesonnenheit und durch Furcht ohne Haß zu gewinnen, immer nur zu strafen, um ein Verbrechen zu sühnen und nicht, um eigenen Ärger zu befriedigen, und schließlich allen genügend zu essen zu geben und Überflüssiges wegzunehmen.«

Sapor regierte, so sagen einige, 31 1/2 Jahre und 18 Tage. Sein Nachfolger war sein Sohn Hormizd, der den Beinamen »der Held« erhielt. Er herrschte nur ein Jahr oder, nach anderen Aussagen, 22 Monate und errichtete die Stadt Râm Hurmuz in der Provinz Ahwâz. An einen seiner Statthalter schrieb er einmal: »Um Grenzen zu sichern, Heere zu führen, Dinge festzumachen und Länder zu verwalten, braucht ein Mann fünf Eigenschaften, nämlich erstens die Klugheit, durch die er am Anfang einer Sache ihr Ende voraussehen kann, zweitens das Wissen, das ihn in schwierigen Situationen vor unüberlegtem Handeln bewahrt, ihn aber auch nicht den richtigen Augenblick verpassen läßt, drittens den Mut, der auch von ununterbrochen aufeinanderfolgenden Schicksalsschlägen nicht gebrochen werden kann, viertens die Wahrhaftigkeit, damit sich jeder darauf verlassen kann, daß ein Versprechen ebenso eingehalten wird wie eine Drohung, und fünftens die Großmut, die ihm die richtige Verwaltung der Gelder erleichtert.

Auf Hormizd folgte sein Sohn Bahrâm für drei Jahre auf dem Thron. Er führte Kriege gegen die Könige im Osten. Man berichtet, daß Mani, der Sohn Fataks und der Schüler Kerdons, zu Bahrâm kam und ihm die dualistischen Lehren unterbreitete. Aus List ging Bahrâm darauf ein, bis er alle seine im Land verstreuten Anhänger, die die Leute für den Dualismus zu werben suchten, am Hof zusammengebracht hatte. Dann tötete er Mani und seine führenden Anhänger. In den Tagen des Mani erschien erstmals die Bezeichnung Zanâdiqa, auf die man den Begriff Zandaqa zurückführt. Die Erklärung ist folgende: Zarathustra hatte den Persern das als Avesta bekannte Buch gebracht, das in ihrer alten Sprache geschrieben war. Dazu verfaßte er einen Kommentar, nämlich den Zend, und zum Zend schuf er als Erläuterung den Pazend. Der Zend enthielt die Erklärung des ersten offenbarten Buches. Jeder, der später in ihre Religion etwas Neues einführte, das im Gegensatz zum offenbarten Buch, d. h. zum Avesta, stand, und der sich dem Kommentar, also dem Zend, zuwandte, wurde Zendî genannt, worunter man jemanden verstand, der vom deutlichen Wortsinn des offenbarten Buches abgewichen war und eine Erklärung angenommen hatte, die im Widerspruch zur Offenbarung stand. Als dann die Araber kamen, übernahmen sie diese Bezeichnung von den Persern und arabisierten sie zu Zandîq, im Plural Zanâdiqa, womit sie dann die Dualisten und alle anderen bezeichneten, die an die Ewigkeit der Welt glauben und die Erschaffenheit der Welt ablehnen.

Nach Bahrâm I. herrschte sein Sohn Bahrâm II. siebzehn Jahre; allerdings werden auch andere Zahlen genannt. Bereits zu Beginn seiner Herrschaft gab er sich der Schwelgerei, den Vergnügungen, der Jagd und dem Müßiggang hin, ohne an die Staatsgeschäfte zu denken und sich um seine Untertanen zu kümmern. Die Ländereien verteilte er unter seinen Höflingen und allen jenen, die ihm in seiner Dienerschaft und in seinem Gefolge nahestanden. Die Landgüter verödeten, und die Bauern verließen ihre Dörfer, um sich auf den privilegierten Landbesitzungen niederzulassen, worauf die Landwirtschaft

überall zurückging, mit Ausnahme auf den Domänen der Höflinge. Aufgrund der Unterstützung durch die Wesire, denen die gesamte Verwaltung des Reiches überlassen war, wurden sie auch von den Steuern befreit. Das Land verfiel, und die Landwirtschaft erbrachte immer weniger. Die Staatskassen leerten sich, die Starken im Heer wurden schwach und die Schwachen gingen zugrunde.
Eines Tages nun machte Bahrâm einen seiner Jagdausflüge. Auf dem Rückweg nach Ktesiphon brach eine mondhelle Nacht herein. Wegen irgendeiner Sache, die ihm gerade in den Sinn kam, rief er seinen Mûbadh zu sich. Dieser kam und beantwortete, neben dem König herreitend, seine Fragen zur Geschichte seiner Vorfahren. Während sie so dahinzogen, kamen sie durch große Ländereien, die erst unter seiner Herrschaft verödet waren und wo nur noch Eulen hausten. Als der König plötzlich hörte, wie eine Eule rief und eine andere Eule antwortete, fragte er den Mûbadh:
»Kennst du einen Menschen, dem die Gabe verliehen ist, die Sprache dieser Vögel, die in dieser ruhigen Nacht ihre Stimme erheben, zu verstehen?«
»Ich, o König«, antwortete der Mûbadh, »gehöre zu jenen, die Gott damit ausgezeichnet hat, dies zu verstehen.«
Und nachdem er dem König versichert hatte, daß er die Wahrheit sprach, fragte ihn dieser:
»Was sagt der eine Vogel, und was antwortet ihm der andere?«
»Das Eulenmännchen«, begann der Mûbadh, »wirbt um das Weibchen mit den Worten: ›Gib dich mir hin, damit aus dieser Verbindung Kinder entstehen, die Gott preisen, und damit nach unserem Tode Nachkommen von uns auf der Erde bleiben, die immer wieder Gottes Erbarmen für uns erflehen!‹ Darauf erwiderte das Weibchen: ›Das, was du wünschst, ist für mich das größte Glück und das reichste Lob, jetzt und in der Zukunft. Aber ich werde dir deinen Wunsch nur unter bestimmten Bedingungen erfüllen.‹ Und als sich das Männchen erkundigte, worin diese bestünden, fuhr das Weibchen fort: ›Die erste Bedingung ist die, daß du mir, wenn ich mich dir hingebe und dir zu Willen bin, von den großen Ländereien zwanzig Dörfer schenkst, die in den Tagen dieses glücklichen Königs verödet sind.‹«
»Und was erwiderte ihr das Männchen?« fragte ungeduldig der König, worauf der Mûbadh fortfuhr:

»Das Männchen antwortete ihr: ›Wenn dieser glückliche König lange genug lebt, gebe ich dir sogar tausend verödete Dörfer. Aber was willst du damit tun?‹ Das Weibchen erwiderte: ›Aus unserer Verbindung werden viele Nachkommen entstehen, und ich möchte jedem unserer Kinder eines der verödeten Landgüter schenken.‹ Darauf sprach das Männchen: ›Das ist das einfachste, was du mich fragen, und das leichteste, um das du mich bitten konntest. Ich kann dir dieses Versprechen schon jetzt geben, denn ich habe reichlich solches Land. Sage mir lieber, was du noch verlangst!‹«
Nachdem der König dies von dem Mûbadh gehört hatte, war er tief beeindruckt, erwachte aus seinem Schlaf und dachte über die Worte nach. Sogleich ließ er anhalten, und seine Begleiter stiegen von den Pferden. Dann nahm der König den Mûbadh zur Seite und sprach: »O du, der du über den rechten Glauben wachst, dem König ein aufrichtiger Ratgeber bist und ihn aufmerksam machst auf seine Herrschaft, die er vernachlässigt, und auf sein Land und seine Untertanen, denen er Schaden zugefügt hat. Was bedeuten diese Worte, die du gesagt hast? Du hast in mir etwas geweckt, was geschlafen hat, und hast mich dazu bewegt, etwas wissen zu wollen, von dem ich fern war.«
Da antwortete der Mûbadh: »Ich habe bei dir, o König, einen für die Menschen und das Land glücklichen Augenblick getroffen und habe, als du mir jene Frage stelltest, in die Worte des Vogels ein warnendes Gleichnis gelegt.«
Nun bat ihn der König: »Du rechtschaffener Ratgeber, offenbare mir den Zweck, den du beabsichtigst, und mache mir klar, was du mit deinen Worten sagen wolltest! Was ist deine Absicht, und was ist dein Ziel?«
»O mein König«, sprach der Mûbadh, »ein Reich kann nur seine Stärke bewahren, wenn die offenbarten Gesetze beachtet, Gott Gehorsam geleistet und Sein Wille ausgeführt wird. Nur durch den König selbst kann der Bestand der offenbarten Gesetze gesichert werden. Die Stärke des Königs wiederum beruht auf seinen Männern. Die Männer aber brauchen Geld, um existieren zu können, und Geld läßt sich nur durch die Landwirtschaft erwerben. Eine blühende Landwirtschaft wiederum kann nur auf der Grundlage der Gerechtigkeit entstehen, und die Gerechtigkeit ist gleichsam die Waage, die der Herr unter den Geschöpfen aufgestellt hat und zu deren Hüter Er den König bestimmte.«

Darauf sagte der König: »Was du beschrieben hast, ist richtig. Aber sage mir nun klar und deutlich, worauf du hinaus willst!« Und der Mûbadh erklärte ihm: »Du hast die Ländereien ihren ehemaligen Besitzern und Bauern weggenommen, die Steuern bezahlten und Abgaben entrichteten, und hast sie an dein Gefolge, deine Dienerschaft, deine Unterhalter und andere verteilt. Diese aber waren nur darauf bedacht, möglichst schnell Erträge zu sehen, sie bestellten den Boden nicht mehr richtig, machten sich keine Gedanken über die Folgen und unterließen alles, was für die Ländereien notwendig gewesen wäre. Aufgrund ihrer vertrauten Stellung bei dir wurden sie von den Abgaben befreit, während die noch übriggebliebenen Bauern dermaßen unter der steigenden Steuerlast litten, daß sie ihre Ländereien aufgaben und ihre Häuser verließen, um sich auf den bevorzugten Landgütern niederzulassen. Dadurch ging die Landwirtschaft immer weiter zurück, die Landgüter verödeten, die Einkünfte des Staates wurden immer weniger, Soldaten und Untertanen gingen zugrunde und bei den benachbarten Königen und Völkern erwachte der Wunsch, sich Persiens zu bemächtigen, da sie erfuhren, daß die Grundlagen, auf denen die Säulen der persischen Herrschaft ruhten, zerstört waren.«

Nachdem der König diese Worte des Mûbadh vernommen hatte, blieb er drei Tage an jenem Ort. Er ließ die Wesire, die Staatssekretäre und die obersten Verwaltungsbeamten kommen und die Register herbeischaffen. Dann wurden den Höflingen und Günstlingen die Ländereien wieder weggenommen und den ehemaligen Besitzern zurückgegeben. Die alten Steuersätze wurden wieder inkraftgesetzt, die Bauern begannen erneut ihr Land zu bestellen, die Schwachen gewannen wieder Kraft, der Boden wurde fruchtbar, das Land erblühte, bei den Steuereinnehmern sammelten sich reichliche Abgaben, die Heere erreichten ihre alte Stärke, die Feinde verloren die Grundlagen für ihre Hoffnungen, und die Grenzbefestigungen wurden bewehrt. Der König kümmerte sich ständig selbst um die Angelegenheiten des Staates und achtete auf das Wohl der Edlen ebenso wie des gemeinen Volkes. Seine Herrschaft verlief so gut und das Reich war so geordnet, daß seine Regierungszeit wegen der Fruchtbarkeit, der Wohltaten und der Gerechtigkeit, die allen Untertanen in gleicher Weise zugute kamen, die Bezeichnung »die Festtage« erhielt.

Nach Bahrâm II. herrschte sein Sohn Bahrâm III. vier Jahre und vier Monate lang. Auf diesen folgten Narses für sieben oder sieben und einhalb Jahre, Hormizd II. für sieben Jahre und fünf Monate, und dann dessen Sohn Sapor II., »der mit den Schultern«. Als sein Vater starb, befand er sich noch im Mutterleib. Er regierte dann bis zu seinem Tode 72 Jahre. Als er noch ein Kind war und die Verwaltung des Staates in den Händen der Wesire lag, bemächtigten sich arabische Beduinen der Kernlande des Irak. Den Hauptteil der Eroberer bildete der Stamm *Ijâd* unter seinem damaligen König al-Hârith ibn al-Agharr. Im Alter von sechzehn Jahren rüstete Sapor seine Reiter, um gegen die Araber zu ziehen und sie anzugreifen. Die Ijâd pflegten den Sommer jeweils im oberen Mesopotamien und den Winter im Irak zu verbringen. Ein Angehöriger ihres Stammes namens Laqît befand sich in Sapors Heer und schrieb an seine Stammesgenossen ein Gedicht, in dem er sie warnte und von dem bevorstehenden Angriff der Perser unterrichtete:

»Grüße bestellt euch Laqît mit den Versen,
euch, meinen Brüdern vom Stamme Ijâd:
Treibt eure Herden nicht länger zur Weide,
denn angriffslustig beschreitet der Löwe den Pfad.
Ein Heer von siebzigtausend gewappneten Männern,
vergleichbar den Heuschreckenschwärmen, sich naht.
Wenn diese Ritter den Stamm überfallen,
geht ihr zugrunde wie einst schon die Stämme von Âd.

Die Ijâd beachteten diesen Brief jedoch nicht. Ihre Streifscharen drangen immer wieder in den Irak ein und überfielen plündernd das Land. Nachdem die Perser ihre Vorbereitungen beendet hatten, schrieb Laqît nochmals einen Brief an die Ijâd, in dem er sie davon unterrichtete, daß das Heer sich gesammelt habe und zum Abmarsch gegen sie angetreten sei. Sein Brief begann mit den folgenden Versen:

»Wenn ich mich, Abla, an deine Wohnstatt erinnre,
kann ich von Kummer und Sorgen mich nicht mehr befrein.
Sag doch dem Stamme Ijâd, daß er die Raubzüge läßt,
denn das, was ich sehe, tritt andernfalls ein.
Fallen sie über euch her, dann werden die Düfte
der Palmen Thahlâns für immer Vergangenheit sein.«

Kurz darauf griff Sapor die Ijâd an und vernichtete sie. Die wenigen, die entkommen konnten, flohen ins Land der Byzantiner. Den Gefangenen ließ Sapor die Schultern ausrenken, was ihm den Beinamen »der mit den Schultern« einbrachte.

Sapor gelangte auf seinem Zug auch nach Bahrain, wo der arabische Stamm der *Tamîm* lebte. Viele von ihnen tötete er, und die übrigen flohen. Der Scheich des Stammes, Amr ibn Tamîm, war damals bereits dreihundert Jahre alt und pflegte in einem großen Korb zu sitzen, den man für ihn an einer Zeltstange aufgehängt hatte. Als ihn seine Stammesgenossen nun mit forttragen wollten, weigerte er sich, das Land zu verlassen und sprach:

»Ich sterbe ohnehin heute oder morgen. Es bleibt mir nicht mehr lange Zeit zu leben. Vielleicht wird euch Gott aber durch mich vor dem Angriff dieses Königs schützen, dem die Macht über die Araber gegeben ist.«

Da ließen sie ihn allein in seinem Korb zurück. Am nächsten Morgen kamen Sapors Reiter und fanden die Wohnstätte von den Tamîm verlassen. Nur einen Korb erblickten sie, der an einem Baum hing. Als Amr das Wiehern und Stampfen der Pferde und das Murmeln der Männer hörte, machte er sich mit schwacher Stimme bemerkbar, worauf sie ihn holten und zu Sapor brachten. Nachdem man ihn vor Sapor hingesetzt hatte, sah dieser die deutlichen Zeichen seines hohen Alters und fragte ihn:

»Wer bist du, du vom Tode gezeichneter Greis?«

»Ich bin Amr ibn Tamîm, und du siehst, welches Alter ich erreicht habe. Weil du so maßlos mordest und gewaltige Strafe verhängst, sind meine Leute vor dir geflohen. Ich ziehe es vor, von deiner Hand zu sterben, damit mein Stamm überleben kann. Vielleicht wird ihm Gott, der König des Himmels und der Erde, durch dich einen glücklichen Ausgang verleihen und dich davon abbringen, sie zu töten. Wenn du erlaubst, möchte ich dich etwas fragen.«

»Laß hören!«

»Was treibt dich eigentlich dazu, die Araber, deine Untertanen, zu töten?«

»Ich töte sie für die Freveltaten, die sie gegen mein Land und die Menschen meines Reiches begangen haben.«

»Sie haben dies getan, als du noch nicht über sie herrschtest. Seit du herangewachsen bist, haben sie aus Scheu vor dir damit aufgehört.«

»Ich töte sie, weil wir persischen Könige in unserem geheimen Wissen und in den Berichten über unsere Vorfahren Hinweise darauf gefunden haben, daß die Araber einst die Oberhand über uns gewinnen und sich unseres Reiches bemächtigen werden.«
»Bist du dessen sicher, oder vermutest du das nur?«
»Ich bin dessen ganz sicher und weiß, daß es unausweichlich so kommen wird.«
»Aber wenn du dies weißt, warum mißhandelst du dann die Araber? Bei Gott, wenn du alle Araber verschonst und sie gut behandelst, werden sie es, wenn sie die Oberhand gewonnen haben, deinem Volk mit Gleichem vergelten. Und wenn du lange genug lebst, werden sie dich und dein Volk ebenso schonen, nachdem ihnen die Herrschaft zugefallen ist. Für den Fall, daß wirklich eintritt, was du sagst, ist dies die klügste und für die Zukunft gesehen auch nützlichste Entscheidung; wenn es jedoch nicht so kommt, warum stürzt du dich dann ins Unrecht und vergießt das Blut deiner Untertanen?«
»Was ich gesagt habe, wird eintreten, und ihr werdet die Macht bekommen. Doch deine Meinung ist richtig. Du hast ehrlich gesprochen und hast mir einen guten Rat gegeben.«
Darauf ließ Sapor seinen Herold ausrufen, daß er dem Stamm Straffreiheit zusichere, der Krieg beendet sei und niemand getötet werde. Amr soll danach noch ein Jahr oder etwas weniger gelebt haben. – Aber Gott weiß es am besten.
Sapor zog auch nach Syrien, eroberte die dortigen Städte und tötete viele Byzantiner. Dann überkam ihn der Wunsch, sich unerkannt ins Land der Byzantiner zu begeben, um ihre Geschichte und ihre Sitten kennenzulernen. Er verkleidete sich und reiste nach Konstantinopel. Dort kam er zufällig zu einem Gastmahl des Kaisers, zu dem alle Schichten der Bevölkerung geladen waren. Er mischte sich unter die Leute und nahm an einem der Tische Platz. Nun hatte der Kaiser vorher einmal einen Maler beauftragt, zum Heerlager Sapors zu reisen und von diesem ein Bild anzufertigen. Nachdem er dann dem Kaiser das Bild gebracht hatte, ließ er dieses auf goldene und silberne Trinkgefäße kopieren. Als nun einem der Gäste, der Sapor am Tisch gegenüber saß, ein solcher Becher gereicht wurde, wunderte er sich über die Ähnlichkeit des Bildes auf dem Gefäß mit dem Gesicht seines Gegenübers. Er ging sofort zum Kaiser und erzählte es ihm,

worauf dieser Sapor zu sich holen ließ und ihn fragte, wer er sei. Sapor behauptete:
»Ich bin ein Ritter Sapors. Wegen einer bestimmten Sache habe ich jedoch von ihm Strafe zu erwarten, weshalb ich in euer Land gekommen bin.«
Der Kaiser nahm aber diese Erklärung nicht an, und Sapor mußte, als man ihm mit Enthauptung drohte, bekennen, wer er wirklich war. Darauf wurde er in eine Kuhhaut gesteckt, und der Kaiser nahm ihn mit auf einen Feldzug quer durch den Irak, wo er die Städte eroberte, das Land verheerte und die Palmen niederhauen ließ. Schließlich gelangte er nach Dschundaisâbûr, wo sich die Führer der Perser verschanzt hatten, und belagerte die Stadt. In der Nacht vor dem Morgen, an dem die Byzantiner die Stadt erobern wollten, feierten sie einen Festtag. Die Wachen kümmerten sich nicht um Sapor und gaben sich dem Wein hin. Sapor aber redete auf eine Gruppe persischer Gefangener, die sich in seiner Nähe befanden, ein, sich gegenseitig von den Fesseln zu lösen. Er spornte sie an und befahl ihnen, dort herumliegende Schläuche mit Olivenöl über ihm auszuschütten. Dadurch wurde die Rinderhaut, in der er steckte, weich, und er konnte sich befreien. Er begab sich zu den Mauern der Stadt und sprach mit den Wächtern, worauf diese ihn erkannten und an Stricken zu sich hochzogen. Sogleich ließ er die Waffenkammern öffnen, zog mit seinen Leuten vor die Stadt und verteilte sie rings um das byzantinische Heer, das sich in Sicherheit wiegte. Dann wurde mit Holzklappern ein Signal gegeben, worauf sie sich auf die Byzantiner stürzten und den Kaiser gefangennahmen. Sapor schenkte ihm gnädig das Leben und reihte ihn unter die anderen Byzantiner ein, die dem Tode entronnen waren und die nun im Irak Olivenbäume an die Stelle jener Palmen pflanzen mußten, die sie zuvor umgehauen hatten. Olivenbäume waren bis dahin im Irak unbekannt gewesen. Erst nachdem der Kaiser mit seinen Leuten alle von ihnen verursachten Schäden wieder behoben hatte, durfte er nach Byzanz zurückkehren.
Sapor II. erbaute Nîsâbûr in Churâsân und weitere Städte in Fârs und im Irak. In der Herrschaft folgte ihm sein Bruder Ardeschîr II., der bis zu seiner Absetzung vier Jahre regierte. Sein Nachfolger wurde für fünf Jahre oder fünf Jahre und vier Monate der Sohn Sapors II., Sapor III. Danach hatten den Thron inne: Bahrâm IV., der

Sohn Sapors II., für zehn oder elf Jahre, Jezdegird I., »der Frevler«, für 21 Jahre, fünf Monate und achtzehn Tage, oder 22 Jahre weniger zwei Monate, und dann Bahrâm V., genannt Bahrâm Gôr, für 23 Jahre. Letzterer übernahm die Herrschaft im Alter von zwanzig Jahren. Er starb, als er auf einem Jagdausflug mit seinem Pferd in ein Schlammloch stürzte und darin versank. Ganz Persien trauerte um ihn wegen der Gerechtigkeit, den Wohltaten, der Güte und der Ordnung, die er allen seinen Untertanen in gleicher Weise hatte zugute kommen lassen. Während seiner Herrschaft drang der Châqân, der König der Türken, nach Sogdien ein, verwüstete die Länder Bahrâm Gôrs und gelangte bis in das Gebiet von Rajj. Darauf hob Bahrâm Gôr seine Truppen aus, wählte mit seiner Reiterschar einen Umweg, überraschte den Châqân mitsamt seinem Heer und brachte seinen Kopf mit in den Irak. Darauf fürchteten ihn alle Könige der Erde, und der byzantinische Kaiser schloß mit ihm Frieden und machte ihm reiche Geschenke. Zuvor hatte sich Bahrâm Gôr verkleidet ins Land der Inder begeben, um die dortigen Verhältnisse kennenzulernen. Er gelangte an den Hof des Schubrama, einem der indischen Könige, bewährte sich in einem seiner Kriege und verhalf ihm zum Sieg über seinen Feind. Da gab ihm der König, in der Annahme, er sei ein persischer Ritter, seine Tochter zur Frau.
Bahrâm Gôr war bei den Arabern in *Hîra* aufgewachsen, verfaßte arabische Gedichte und sprach auch alle anderen Sprachen. Sein Siegelring trug die Aufschrift: »Gedanken werden mächtig durch Taten.« Zu den Gedichten, die sich von ihm erhalten haben, gehören die folgenden Verse, die er sprach, nachdem er den Châqân besiegt und getötet hatte:

»Als ich all seine Heere zerstreute, sprach ich zu ihm:
Hörtest du nichts von Bahrâms gewaltigen Taten?!
Ich bin der Beschützer des riesigen persischen Reiches.
Und ins Unheil kann ein Reich ohne Schutz nur geraten.«

Auch die folgenden Verse stammen von ihm:

»Alle Menschen auf der Erde wissen es:
Ich habe sie zu Sklaven mir gemacht.
Ich habe alle ihre Könige besiegt
und Herr und Untertan mit Schmach bedacht.

Selbst die Löwen unter ihnen sind entmutigt,
fürchten sich und nehmen sich vor mir in acht.
Wenn die Könige der Erde sich erheben,
schicke ich die großen Heere in die Schlacht,
und wenn sie sich nicht meiner Herrschaft beugen,
werden sie von mir in Ketten hergebracht.

Es gibt noch zahlreiche andere persische und arabische Gedichte von ihm, auf deren Wiedergabe ich jedoch hier verzichten muß, um nicht über den Rahmen des Buches hinauszugehen.

Nach Bahrâm Gôr regierte sein Sohn Jezdegird II. neunzehn Jahre, oder achtzehn Jahre, vier Monate und achtzehn Tage. Er ließ in der Gegend von *Derbend* aus Ziegeln und Lehm jene berühmte Mauer errichten, von der ich bereits in dem Kapitel über Derbend und den Kaukasus gesprochen habe.

Jezdegird holte einen der Weisen seiner Zeit, der in einem der fernsten Teile seines Reiches lebte, an seinen Hof, um aus seinem Charakter zu lernen und sich sein Urteil bei der Lenkung der Untertanen zu Nutzen zu machen. Eines Tages ließ er ihn zu sich kommen und fragte ihn:

»Du trefflicher weiser Mann, sage mir, wann gedeiht ein Staat?«

Der Weise erwiderte: »Ein Staat gedeiht, wenn die Untertanen mit Güte behandelt werden, wenn sie ihren Pflichten nicht unter Druck nachkommen, wenn sie ihren Herrscher aufgrund seiner Gerechtigkeit lieben, wenn die Wege sicher sind und wenn dem Unterdrückten gegenüber dem Unterdrücker Gerechtigkeit zuteil wird.«

»Und wovon hängt die rechte Regierungsweise des Herrschers ab?« fragte Jezdegird weiter, worauf ihm der Weise antwortete: »Von seinen Wesiren und seinen Helfern, denn je nachdem, ob sie recht oder unrecht handeln, tut er es auch.«

»Über die Ursachen von Aufruhr und Bürgerkrieg«, so fuhr Jezdegird fort, »gibt es viele Theorien. Sage mir nun du, wie es zum Aufruhr kommt und wie man ihn wieder beruhigt!«

Der Weise kam seiner Bitte nach und sprach: »Aufruhr entsteht durch Haß und durch eine allgemeine Dreistigkeit, hervorgerufen durch die Verachtung gegenüber den Mächtigen und verstärkt durch die Leichtigkeit, mit der die Zungen die Gefühle des Herzens aussprechen, sowie durch die Furcht der Reichen und die Hoffnungen der Armen und durch die Unachtsamkeit derer, die sich dem Genuß hingeben, und die Wachsamkeit derer, die davon ausgeschlossen sind. Erstickt werden kann der Aufruhr dadurch, daß man sich auf das, was man fürchtete, vorbereitet, bevor es eintritt, daß man den ernsten Dingen den Vorzug vor den Vergnügungen gibt und daß man trotz Ärger oder Freude stets besonnen handelt.«

Nach Jezdegird II. regierte sein Sohn Hormizd III. Sein eigener Bruder Fîrûz setzte ihn jedoch ab, tötete ihn und bemächtigte sich des Thrones. Nach siebenundzwanzigjähriger Herrschaft fiel er in Marwarrûdh in der Provinz Churâsân durch die Hand des Achschunwâz, des Königs der Hephtaliten, die mit den Sogdiern zwischen Buchârâ und Samarqand identisch sind.

Auf Fîrûz folgten seine Söhne Balâsch, der vier Jahre regierte, und Qubâdh. Unter der Herrschaft des letzteren trat der Ketzer Mazdak auf, von dem die Mazdakiten ihren Namen herleiten. Über seine Beziehungen zu Qubâdh und seine neuen Gesetze und Rechtskniffe, die er im Volk einführte, ist viel berichtet worden. Qubâdh starb, nachdem er 43 Jahre geherrscht hatte. Nach ihm regierte sein Sohn Anûschirwân 48 Jahre oder 47 Jahre und acht Monate. Er tötete Mazdak mit 80 000 seiner Anhänger, einte sein Reich wieder unter dem mazdaitischen Glauben und verbot alle sektiererischen Diskussionen und Dispute.

Wegen der zahlreichen Überfälle, die die Könige der benachbarten Länder in das Gebiet von Derbend und ins Kaukasusgebirge unternahmen, zog er dorthin und errichtete im Meer auf aufgeblasenen Rinderhäuten mit Steinen, Eisen und Blei eine Mauer[2]. Je höher die Mauer wuchs, desto tiefer sanken die Häute nach unten. Als sie den Grund des Meeres erreichten, tauchten Männer mit Dolchen und Messern hinab und schlitzten die Häute auf, worauf die Mauer fest auf dem Boden des Meeres stand. Sie hat sich bis heute, d. h. bis zum Jahre 932 d. H. (= 943 n. Chr.), erhalten, und die Stelle, an der sie im Meer steht, heißt »die Fessel«, weil sie feindliche Schiffe daran hindert, an die Küste zu kommen, und sie im Meer festhält.

Danach zog Anûschirwân in den Irak zurück, wo er die Boten der Könige mit ihren Geschenken und die Gesandtschaften aus den verschiedenen Reichen empfing. Darunter befand sich auch ein Gesandter des byzantinischen Kaisers mit erlesenen Gaben. Als dieser die wunderbare Architektur des Palastes von Ktesiphon betrach-

tete und bemerkte, daß der Platz vor dem Palast eine asymmetrische Krümmung aufwies, sprach er:
»Der Platz sollte doch eigentlich quadratisch sein.«
Da erklärte man ihm: »Dort, wo sich jene Einbuchtung befindet, stand einmal das Haus einer alten Frau, die sich trotz aller Angebote des Königs weigerte, ihr Haus zu verkaufen. Deshalb hat der Platz jetzt diese asymmetrische Form.«
»Aber so ist er doch schöner, als wenn er symmetrisch wäre!« erklärte daraufhin der Byzantiner.
Während dann Anûschirwân in seinem Land und in seiner Hauptstadt Ktesiphon war, ließ er zahlreiche Bauwerke errichten, Festungen und Burgen anlegen und mit Soldaten besetzen. Dann brach er den Frieden mit dem byzantinischen Kaiser, zog nach Mesopotamien, eroberte die dortigen Städte und überquerte schließlich den Euphrat nach Syrien. Unter den Städten, die er dort einnahm, waren Aleppo, Chalkis, Emesa und Apamea zwischen Antiochia und Emesa. Dann belagerte er Antiochia, wo sich ein Schwestersohn des Kaisers befand, und eroberte es. Auch Seleukia, an der Küste von Antiochia, fiel ihm in die Hände, damals eine mächtige Stadt mit einer großen Bevölkerung und prächtigen Bauwerken. Ihre Ruinen sind bis heute zu sehen. Aber nicht nur in Syrien, sondern auch in Kleinasien eroberte er Städte, erbeutete er Edelsteine und andere Schätze, ließ er das Schwert walten und schickte er seine Truppen und Streifscharen in alle Richtungen. Schließlich schloß er mit dem Kaiser Frieden unter der Bedingung, daß dieser Abgaben und Kopfsteuern an ihn entrichtete. Aus Syrien brachte er Marmor, verschiedene Arten von Mosaiken und bunte Steine mit in den Irak, wo er in der Nähe von Ktesiphon eine neue Stadt errichtete, die er Rûmîja, »die Byzantinische«, nannte. Ihre Bauwerke verzierte er mit den erwähnten kostbaren Steinen, um damit Antiochia und andere syrische Städte nachzuahmen. Die Lehmziegelmauern der Stadt sind bis heute als Ruinen zu sehen, und ihre Existenz bestätigt, was ich gesagt habe. Der Châqân, der König der Türken, gab ihm seine eigene Tochter und die Tochter seines Bruders in die Ehe. Die Könige Indiens und Sinds, des Nordens und des Südens, und die Herrscher aller übrigen Reiche schlossen mit ihm Frieden und schickten Geschenke und Gesandtschaften, da sie seine Angriffsstärke, seine gewaltigen Heere und die Größe seines Reiches fürchteten und weil sie gesehen hatten,

wie er mit den anderen Ländern verfahren war, wie er die Könige getötet hatte und wie er sich von der Gerechtigkeit leiten ließ. Der König von China schrieb ihm: »Von Faghfûr, dem König von China, dem Herrn des Perlen- und Edelsteinpalastes, durch dessen Schloß zwei Flüsse mit Aloe und Kampfer fließen und über zwei Parasangen weit ihren Duft verströmen, dem die Töchter von tausend Königen dienen und der in seinen Ställen tausend weiße Elefanten besitzt, an seinen Bruder Chosroe Anûschirwân ...« Er schenkte ihm ein Reiterstandbild, das gänzlich mit Perlen bedeckt war, während die Augen von Pferd und Reiter aus Rubinen bestanden und der Griff des Schwertes von einem mit Edelsteinen besetzten Smaragden gebildet wurde. Weiterhin schenkte er ihm ein mit Gold durchwirktes chinesisches Seidengewand, auf das auf lasurblauem Hintergrund das Bild des Königs mit Gold aufgestickt war, wie er mit Krone und Schmuck in seinem Palast saß, umgeben von seinen Dienern mit den Fliegenwedeln. Ein leuchtend schönes Mädchen, dessen Haupthaar sein Gesicht verhüllte, überreichte das Gewand in einem Korb aus Gold. Hinzu kamen noch zahlreiche andere wundersame Dinge, die die chinesischen Könige ihresgleichen zu schenken pflegten.

Der König von Indien schrieb ihm: »Vom König der Inder, dem mächtigsten Fürsten des Ostens, dem Herrn des goldenen Schlosses mit Türen aus Rubinen und Perlen, an seinen Bruder Chosroe Anûschirwân, den König von Persien, den Herrn der Krone und der Fahne.« Er schenkte ihm tausend Pfund indische Aloe, die im Feuer wie Wachs schmolz und auf der man dann ebenfalls wie auf Wachs Schriftzeichen eindrücken konnte; ein eine Spanne breites und mit Perlen gefülltes Gefäß aus Rubinen, weiterhin zehn Pfund Kampfer, so groß wie Pistazien und noch größer, und eine sieben Spannen große Sklavin, deren Wimpern, wenn sie sie niederschlug, bis auf die Wangen reichten und deren Pupillen so hell wie zwei Blitze aufleuchteten, wenn sie die Lider hob; sie hatte einen reinen Teint und feine Gesichtszüge, sie war von vollkommener Gestalt, ihre Augenbrauen berührten sich und ihre Haarflechten reichten bis auf den Boden. Ferner schenkte er ihm einen Teppich aus Schlangenhaut, der weicher war als Seide und schöner als bestickte Stoffe. Sein Brief war mit rotem Gold auf Bast vom Pandanusbaum geschrieben. Dieser Baum wächst in Indien und China und ist eine wundersame Pflanzenart von schöner Farbe und wohlriechendem Duft. Sein Bast

ist feiner als chinesisches Papier und wird von den indischen und chinesischen Königen für ihre Korrespondenz benutzt.
Als sich Anûschirwân auf einem Feldzug gegen einen seiner Feinde befand, erreichte ihn auch folgender Brief des Königs von Tibet: »Vom Châqân, dem König Tibets und der Länder des Ostens, die an Indien und China grenzen, an seinen Bruder, den gepriesenen und mächtigen König des in der Mitte der sieben Klimata liegenden Reiches.« Er machte ihm verschiedene wunderbare Dinge aus Tibet zum Geschenk, darunter hundert tibetanische Panzer, hundert Reiterrüstungen, hundert vergoldete tibetanische Schilde und vierhundert Pfund Königsmoschus in den Moschusblasen der ihn erzeugenden Tiere.
Zuvor war Anûschirwân nach Transoxanien bis nach Chuttalân gezogen, hatte dort aus Rache für seinen Großvater Fîrûz den König der Hephtaliter, Achschunwâz, getötet, das Land erobert und seinem Reich eingegliedert. Aus Indien hatte man ihm das Buch »Kalîla und Dimna«, das Schachspiel und das sogenannte »indische« Haarfärbemittel gebracht. Letzteres verleiht den Haaren bis zu den Wurzeln eine unauslöschbare glänzend schwarze Farbe, und man erzählt, daß später auch der Kalif *Hischâm* ibn Abdalmalik dieses Mittel benutzt habe.
Anûschirwân besaß einen mächtigen Tisch aus Gold, der mit verschiedenen Arten von Edelsteinen verziert war und an den Seiten die folgende Inschrift trug: »Munden möge das Mahl dem, der es rechtmäßig verdient hat und der, was übrig ist, den Armen gibt. Das, was du aus Hunger ißt, ißt du selbst; das, was du nicht aus Hunger ißt, frißt dich!«
Er hatte vier Siegelringe, einen für die Steuern mit einem Stein aus Karneol und mit der Aufschrift »Gerechtigkeit«, einen für die Staatsdomänen mit einem Stein aus Türkis und mit der Aufschrift »Landwirtschaft«, einen für die Truppen mit einem Stein aus Karfunkel und mit der Aufschrift »Geduld« und einen für die Post mit einem Stein aus rotem, wie Feuer leuchtendem Rubin mit der Aufschrift »Treue«.
Für den Irak legte Anûschirwân die folgenden Steuersätze fest: Für jeden mit Weizen oder Gerste bebauten Morgen Landes einen Dirham, für Reis einen halben und einen drittel Dirham, für vier »persische« Palmen einen Dirham, für sechs Palmen der gewöhnlichen Art

einen Dirham, für sechs Olivenbäume einen Dirham, für einen Weingarten acht Dirham und für eine Palme der obersten Qualität sieben Dirham. Dies waren die sieben Arten der Staatseinkünfte aus der Landwirtschaft. Alle übrigen landwirtschaftlichen Erzeugnisse wurden nicht besteuert, da sie den Menschen und Tieren in gleicher Weise zugute kommen.
Anûschirwân wurde Chosroe der Gute genannt. Viele Dichter haben ihn in ihren Versen erwähnt, darunter auch Adî ibn Zaid in den folgenden Worten:

Wo ist der beste der Könige, Anûschirwân?
  Was ist mit ihm und vor ihm mit Sapor geschehen?
Ohne Ehrfurcht entriß ihm das Schicksal die Macht,
  und vor seinem Hause bleibt niemand mehr stehen.
Alle die Könige schieden dahin, wie trockene
  Blätter im Ost- und im Westwind sich drehen.

Eines Tages setzte sich Anûschirwân mit den Weisen zusammen, um ihre Ansichten zu erfahren. Nachdem sie sich ihren Rängen entsprechend niedergesetzt hatten, bat er sie:
»Gebt mir einen weisen Rat, der sowohl für mich selbst als auch für meine Untertanen nützlich ist!«
Nun brachte ein jeder von ihnen die Meinung vor, die ihm gerade einfiel, während der König gesenkten Hauptes über ihre jeweiligen Worte nachdachte. Schließlich kam die Reihe an Buzurgmihr, und dieser sagte:
»Ich werde dir alles in zwölf Grundregeln zusammenfassen.«
»Laß hören!« forderte ihn der König auf, und Buzurgmihr erklärte:
»Erstens: Fürchte Gott in der Leidenschaft, in der Begierde, im Zorn und in der Liebe und verantworte die Folgen daraus vor Gott, nicht vor den Menschen! Zweitens: Sage die Wahrheit und halte Versprechungen, Abmachungen und Verträge! Drittens: Berate dich in allen Dingen mit den Gelehrten! Viertens: Ehre die Gelehrten, die Edlen, die Grenzkämpfer, die Heerführer, die Sekretäre und die Bediensteten entsprechend ihren Rängen! Fünftens: Kümmere dich um die Richter und überprüfe genau die Rechnungen der Finanzbeamten, wobei du dann jene von ihnen belohnst, die ihre Aufgabe gut verrichtet haben, und die anderen bestrafst! Sechstens: Kümmere dich durch häufige Besuche um die Gefangenen, damit du dich des

wahren Übeltäters vergewisserst und den Unschuldigen freiläßt! Siebtens: Kümmere dich um die Wege, die Märkte, die Preise und den Handel! Achtens: Züchtige die Untertanen je nach der Schwere ihrer Verbrechen und wende die gesetzlichen Strafen an! Neuntens: Halte die Waffen und alles andere Kriegsgerät bereit! Zehntens: Ehre deine Familie, deine Kinder und deine Vertrauten und prüfe, was ihnen förderlich ist! Elftens: Achte genau auf die Grenzen, damit du Vorbereitungen treffen kannst, bevor du einen Angriff zu fürchten hast! Zwölftens: Überprüfe deine Wesire und Bediensteten und wechsle die treulosen und unfähigen unter ihnen aus!«

Anûschirwân befahl, diese Grundsätze mit goldenen Lettern aufzuschreiben und sprach:

»Diese Worte enthalten alle Regeln königlicher Staatsführung.«

In meinem früheren »Buch der Ränge« habe ich alle Eigenschaften aufgeführt, die ein Mann in sich vereinigen muß, um der Herrschaft würdig zu sein, und ich habe dort auch die betreffenden Meinungen aufgeführt, die die alten persischen Weisen, die griechischen Philosophen, wie z. B. Platon in seinem Buch über den Staat, und die nach ihnen lebenden Gelehrten vertraten. Von den entsprechenden Aussprüchen Anûschirwâns haben sich unter anderem die folgenden erhalten:

- Die Herrschaft ist abhängig vom Heer, das Heer vom Geld, das Geld von den Steuern, die Steuern von einer blühenden Landwirtschaft, eine blühende Landwirtschaft von der Gerechtigkeit, die Gerechtigkeit von der Rechtschaffenheit der Beamten und die Rechtschaffenheit der Beamten von der Redlichkeit der Wesire. Über allem aber stehen die Wachsamkeit des Königs gegenüber sich selbst und seine Fähigkeit zur Selbstkontrolle, damit er seine Gefühle beherrscht und nicht umgekehrt.
- Das Wohl des Volkes ist hilfreicher als ein zahlreiches Heer, und die Gerechtigkeit des Königs ist nützlicher als Zeiten des Überflusses.
- Die Tage des Glücks sind wie flüchtige Augenblicke, die Tage der Sorge erscheinen beinahe wie Monate.

Nach ihm regierte sein Sohn Hormizd IV., dessen Mutter Fâqum eine Tochter des Châqân, des Königs der Türken, oder, nach anderen Berichten, die Tochter eines Königs jener bei Derbend lebenden

Chazaren war. Während seiner zwölfjährigen Herrschaft zeigte er eine starke Abneigung gegenüber den Vornehmen und war den Angehörigen des gewöhnlichen Volkes sehr zugetan. Er nahm sie in seine Umgebung auf und schätzte besonders die Bewohner der Vorstädte und die Angehörigen der unteren Schichten, die er gegen die Vornehmen aufhetzte. Er soll im Verlauf seiner Herrschaft 13 000 der vornehmsten Männer Persiens haben umbringen lassen. Nach zwölf Jahren seiner Regierung wurden die Säulen seiner Herrschaft morsch und drohten zusammenzubrechen. Die Feinde zogen gegen ihn, und die Aufstände häuften sich. Er hatte die Entscheidungsbefugnisse der Mûbadhân aufgehoben und damit das religiöse Recht und die anerkannte Tradition zerstört; er änderte die Gesetze und brach mit den Grundregeln der Herrschaft.

Unter denen, die gegen ihn zogen, war Schâbah, der Sohn des Schab, einer der mächtigsten türkischen Könige. Mit 400 000 Mann kam er nach Herât, Bâghîs und Bûschandsch in Churâsân. Mit einem umfangreichen Heer rückten auch Führer der Chazaren an die Grenzen des Reiches heran und machten mit ihren Reiterscharen Überfälle in die benachbarten Gebiete. In der Umgebung des Kaukasus schlossen die Könige Friedensverträge miteinander und zahlten sich gegenseitig die geforderten Blutgelder. Ein Patricius des byzantinischen Kaisers näherte sich mit 80 000 Mann Mesopotamien, und aus dem Jemen kam ein gewaltiges arabisches Heer der Stämme *Qahtân* und *Ma'add* unter Führung Abbâs' des Schielenden und Amrs des Breitmauls. Als die Lage für Hormizd immer schwieriger wurde, ließ er die Mûbadhân und die Berater, die er bislang unbeachtet gelassen hatte, zu sich kommen und beriet sich mit ihnen. Das Ergebnis ihrer Überlegungen war der Entschluß, mit drei feindlichen Seiten einen für diese zufriedenstellenden Waffenstillstand zu schließen und nur gegen Schâbah militärisch vorzugehen. Den Oberbefehl erhielt der Markgraf von Rajj, Bahrâm Dschûbîn, der mit 12 000 Mann aufbrach, während Schâbah 400 000 Mann unter sich hatte. Nach zahlreichen Verhandlungen und Botschaften, die den Feind teils lockten, teils abschreckten, und nach der Anwendung von Kriegslisten tötete ihn Bahrâm, vernichtete sein Heer, bemächtigte sich seiner Schätze und Reichtümer und schickte seinen Kopf an Hormizd. Dann belagerte er Barmûdah, einen Sohn Schâbahs, der sich in einer der Festungen vor ihm verschanzt hatte, bis dieser die

Oberherrschaft Hormizds anerkannte und sich zu ihm begab. Bahrâm aber brachte reiche Beute und die Hinterlassenschaften der alten Könige, die Schâbah in die Hände gefallen waren.
Als alle diese Reichtümer, Edelsteine und sonstigen Beutestücke am Hof anlangten, wurde Arîchsîs, der Wesir Hormizds, von Neid gegen Bahrâm ergriffen, da er sah, welche Bewunderung und welche Freude alle diese Schätze bei Hormizd hervorriefen. Arîchsîs sprach: »Schlimm für ein Pferd, wenn es so strauchelt!« und hetzte Hormizd gegen Bahrâm auf, indem er behauptete, daß Bahrâm ihn getäuscht und sich der meisten Edelsteine, Reichtümer und Beutestücke selbst bemächtigt habe. Bahrâm lehnte sich deshalb gegen den König auf. Er ließ Dirhams mit dem Namen »Chosroe Parwîz« prägen und brachte einige Händler dazu, dieses Geld am Hofe auszugeben, worauf es in großer Menge in Umlauf kam. Als Hormizd davon erfuhr, zweifelte er nicht daran, daß sein eigener Sohn Parwîz die Münzen geprägt habe, um damit seiner Forderung nach der Herrschaft Ausdruck zu verleihen. Er ahnte nicht, daß es nur eine List Bahrâms war.
Parwîz floh vor dem Mißtrauen seines Vaters und begab sich nach Âdharbaidschân, Armenien, Arrân und Bailaqân. Hormizd ließ daraufhin zwei Oheime aus der mütterlichen Linie Parwîz', nämlich Bistâm und Bindawaih, einsperren, doch konnten sie durch eine List aus dem Gefängnis entkommen. Nachdem sich ihnen ein Teil des Heeres angeschlossen hatte, gingen sie zu Hormizd, rissen ihm die Augen aus und ließen ihn somit erblinden. Als Parwîz davon erfuhr, kehrte er zu seinem Vater zurück und erklärte ihm, daß ihn bei all dem keine Schuld treffe und er nur aus Angst vor ihm geflohen sei. Da übergab ihm Hormizd Krone und Herrschaft. Auf diese Nachricht hin machte sich Bahrâm Dschubîn auf den Weg zur Hauptstadt. Parwîz zog ihm entgegen, bis sich beide Heere, nur noch durch den Nahrawân-Fluß getrennt, gegenüberstanden. Nach langen gegenseitigen Beschimpfungen und Schmähungen kam es dann zwischen den beiden Heeren zu Kämpfen, in deren Verlauf Parwîz von seinen Gefolgsleuten verlassen wurde und diese zu Bahmân übergingen. Parwîz blieb allein auf seinem Pferd Schabdâz zurück. Es ist dieses Pferd, das später zusammen mit Parwîz an jenem Berg in der Gegend von Qarmâsîn im Gebiet von Dînawar in der Provinz Mâh al-Kûfa neben anderen Bildern in Stein gehauen wurde. Die

Stelle gilt wegen ihrer erstaunlichen Felsreliefs als eines der Wunder der Erde.

Parwîz begab sich nach dieser Niederlage zu seinem Vater Hormizd, und dieser riet ihm, zum byzantinischen Kaiser zu ziehen und ihn um Hilfe zu bitten, da die Könige sich in solchen Situationen gegenseitig beistünden, wenn sie darum gebeten würden. Nachdem sich Parwîz lange mit seinem Vater unterhalten hatte, machte er sich zusammen mit einigen Gefolgsleuten und seinen beiden Oheimen Bistâm und Bindawaih auf den Weg. Er überquerte den Tigris, zerstörte aus Furcht vor den Reitern Bahrâms die Brücke hinter sich und bemerkte an dem nämlichen Tag, daß seine beiden Oheime mit ihren Leuten zurückblieben. Er schöpfte Argwohn und fragte sie nach dem Grund ihres Verhaltens, worauf sie ihm erklärten:

»Wir sind uns nicht sicher, daß Bahrâm nicht zu deinem Vater Hormizd geht, ihm trotz seiner Blindheit wieder die Krone aufsetzt, selbst dann die Stellung des Farmâdhâr, d. h. des obersten Heerführers oder, nach byzantinischer Terminologie, des Domesticus, einnimmt und im Namen deines Vaters an den Kaiser schreibt, du habest ihn mit einer Gruppe von Anhängern angegriffen und ihm die Augen ausgerissen, weshalb der Kaiser uns an ihn ausliefern solle. Der Kaiser wird dies dann tun, und Bahrâm wird uns vernichten. Daher müssen wir unbedingt zu deinem Vater zurückkehren und ihn töten.«

Parwîz beschwor sie bei Gott, davon Abstand zu nehmen, und erklärte, so sagt man, daß er, wenn sie seinen Vater umbrächten, unschuldig sei. Seine beiden Oheime aber kehrten auf dem schnellsten Weg die wenigen Meilen nach Ktesiphon zurück, drangen bei Hormizd ein und erdrosselten ihn. Nachdem sie Parwîz wieder eingeholt hatten, wurden sie von Bahrâms Reiterei an mehreren Orten angegriffen, konnten sie aber schließlich abschütteln und ihren Weg fortsetzen.

Über Hormizds Schicksal sprach *Waraqa ibn Naufal* die folgenden Verse:

Nichts nützten dem Hormizd all seine Schätze, und auch
die Stämme von Âd sind nicht unsterblich geworden,
Und auch nicht Salomo, dem als Boten dienten
die Winde, die Menschen und ganze Geisterhorden.

Auf die Nachricht von der Ermordung Hormizds hin zog Bahrâm Dschubîn eiligst von Nahrawân nach Ktesiphon und bemächtigte sich der Herrschaft. Parwîz dagegen erreichte Edessa und schickte von dort mit seinem Oheim Bistâm und einigen anderen Gefolgsleuten eine Botschaft an den byzantinischen Kaiser Mauricius, in der er ihn um Unterstützung gegen seinen Feind bat und ihm die Bezahlung aller Unkosten, gute Behandlung seiner Truppen und die Entrichtung des Blutgeldes für alle seine Soldaten versprach, die in den Kämpfen fallen würden. Außerdem sandte er ihm zahlreiche Geschenke, darunter hundert Sklaven, Söhne türkischer Führer von höchster Schönheit und vollkommenem Aussehen, die goldene Ohrgehänge mit Perlen und Rubinen trugen. Er schenkte ihm auch einen Tisch aus Ambra mit einem Durchmesser von drei Ellen, dessen Beine aus Gold bestanden und mit verschiedenen Arten von Edelsteinen besetzt waren; das eine Bein stellte den Vorderfuß und die Pfote eines Löwen dar, das zweite den Fuß und den Huf einer Bergziege und das dritte den krallenbewehrten Greifarm eines Adlers; in der Mitte des Tisches befand sich ein herrlicher jemenitischer Onyxbecher, der eine Spanne breit und mit Rubinen gefüllt war. Ferner befand sich unter den Geschenken ein goldenes Kästchen mit hundert erlesensten Perlen, von denen jede ein *Mithqâl* wog.
Mauricius, der Kaiser der Byzantiner, schickte ihm seinerseits 2000 Golddinare und 100 000 Reiter. Als Geschenk ließ er ihm tausend mit Gold und anderen Farben durchwirkte Gewänder aus königlichem Brokat überbringen und ferner 120 Sklavinnen, die die Töchter burgundischer, galicischer, slawischer, vasconnischer und anderer den Byzantinern benachbarter Könige waren und auf ihren Häuptern mit Edelsteinen besetzte Diademe trugen. Außerdem schickte er ihm in Begleitung seines Bruders Theodosius seine Tochter Maria, damit er sie heirate. Für all dies verlangte der Kaiser von Parwîz die Erfüllung zahlreicher Bedingungen, darunter die völlige Aufgabe Syriens und Ägyptens, jener beiden Länder, die einst Anûschirwân erobert hatte[3]. Parwîz stimmte diesen Bedingungen zu.
Nachdem Parwîz dies alles erhalten hatte, zog er nach Âdharbaidschân, wo sich ihm die dort stationierten Truppen und zahlreiche andere Heere und Völker anschlossen. Bahrâm Dschubîn erfuhr von der Absicht Parwîz' und marschierte mit seinen eigenen Truppen gegen ihn. Als die beiden Heere aufeinanderstießen, wandten sie

sich gemeinsam gegen Bahrâm, worauf diesem nur noch wenige seiner Anhänger blieben und er bis zu den Grenzen Churâsâns fliehen mußte. Von dort schrieb er an den Châqân, den König der Türken, und nachdem dieser ihm ein Sicherheitsversprechen gegeben hatte, zog er mit seinen wenigen Gefolgsleuten und seiner Schwester Gurdijja, die ihm an Mut und Ritterlichkeit in nichts nachstand und ihm in vielen seiner Kriege eine große Stütze gewesen war, ins Reich der Türken.

Chosroe Parwîz kehrte in die Hauptstadt zurück und verteilte dort an die Truppen des Kaisers Gelder, Reittiere und Kleider, belohnte sie für die Hilfe, die er von ihnen erhalten hatte, und ließ dem Kaiser mit zahlreichen Geschenken und wertvollen goldenen und silbernen Gerätschaften zwei Millionen Golddinare überbringen. Er hielt alle Abmachungen, die er mit ihm getroffen hatte, und erfüllte alle Bedingungen, auf die er eingegangen war. Gegen Bahrâm griff er zu einer List, und dieser wurde im Reich der Türken meuchlings ermordet. Sein Kopf, so sagt man, wurde zu Parwîz nach Ktesiphon gebracht und dort am Tor zum Hof des Schlosses zur Schau gestellt. Bahrâms Schwester verließ daraufhin mit den Gefährten ihres Bruders das Land der Türken. Unterwegs kam es zwischen ihr und dem Sohn des Châqân zu Auseinandersetzungen, und Parwîz schrieb an sie, sie solle seinen Oheim Bistâm, der zu diesem Zeitpunkt Markgraf über das Land der Dailam und die Provinz Churâsân war, töten, was diese auch tat. Seinen zweiten Oheim brachte Parwîz aus Rache für seinen Vater selbst um. Gurdijja aber kam dann zu Parwîz, und dieser heiratete sie.

Parwîz hatte als Wesir einen der Weisen Persiens namens Buzurgmihr, der großen Einfluß auf ihn ausübte und sein ganzes Handeln bestimmte. Nach dreizehnjähriger Herrschaft aber beschuldigte ihn Parwîz manichäisch-dualistischer Tendenzen, ließ ihn einsperren und schrieb ihm:

»Dein Wissen und Dein Verstand haben Dich nun so weit gebracht, daß Du die Todesstrafe verdienst.«

»Wenn ich ein glücklicheres Schicksal hätte«, so schrieb ihm Buzurgmihr zurück, »würde ich die Früchte meines Verstandes genießen. Da dies aber nicht der Fall ist, genieße ich jetzt die Früchte der Geduld. Und wenn ich auch viel Gutes verliere, so werde ich doch auch von vielem Schlechten befreit.«

Gereizt ließ Parwîz ihn holen und befahl, ihm Nase und Mund zu zerschlagen. Da sprach Buzurgmihr:
»Ich habe Schlimmeres verdient.«
»Und warum, du widerspenstiger Feind Gottes?« fragte Parwîz, worauf Buzurgmihr erwiderte:
»Weil ich dir sowohl vor den Vornehmen als auch vor dem gemeinen Volk Eigenschaften zugeschrieben habe, die du gar nicht besitzt, und weil ich dir ihre Herzen nahegebracht habe, indem ich dir Vorzüge nachsagte, die du nicht hast. Höre mir zu, du König, der dir von allen Königen die schlechteste Seele, die übelsten Handlungsweisen und der schlimmste Umgang eigen sind: Willst du mich auf einen bloßen Verdacht hin töten und damit all das verwerfen, von dem du mit Sicherheit weißt, daß ich mich darin in Übereinstimmung mit den offenbarten Gesetzen befinde? Wer wird dann noch auf deine Gerechtigkeit hoffen, deinen Worten vertrauen und sich vor dir sicher fühlen?«
Wütend ließ Parwîz Buzurgmihr enthaupten. Als er dann den Mord an ihm bereute, rief er Chabrârîs, seinen zweiten Wesir, der im Rang unter Buzurgmihr stand. Angesichts des Toten zeigte er Mitleid mit ihm und richtete, da er wußte, daß es auch für ihn keine Rettung mehr gab, barsche Worte an Parwîz, der ihn daraufhin ebenfalls umbringen und seinen Leichnam in den Tigris werfen ließ. Nach dem Tode dieser beiden Männer, auf deren Fähigkeiten in der Lenkung des Staates er sich bislang gestützt hatte, entfremdete er sich gänzlich der Gerechtigkeit und der Wahrheit, errichtete über alle Schichten seiner Untertanen eine grausame Zwangsherrschaft und unterwarf sie einer bislang unbekannten Tyrannei.
Ein byzantinischer Patricius namens Phokas erhob sich mit einigen Anhängern gegen Kaiser Mauricius, den Schwiegervater und Beistand des Parwîz. Sie töteten Mauricius und machten Phokas zum neuen Herrscher. Als Parwîz davon erfuhr, entsandte er aus Zorn über die Ermordung seines Schwiegervaters seine Heere unter Führung des Markgrafen des Westens, Schahrbarâz, gegen die Byzantiner. Schahrbarâz errichtete sein Lager in Antiochia, schickte zahlreiche Briefe an Phokas und an Parwîz und wandte vielerlei Kriegslisten an, bis Phokas schließlich zum Krieg gegen ihn auszog. Seine Schätze schickte er zur See auf tausend Schiffen voraus, doch warf sie ein Sturm an die Küste von Antiochien. Schahrbarâz erbeutete die

Schätze, die fortan »Schätze des Windes« genannt wurden, und ließ sie zu Parwîz bringen. Danach trübte sich jedoch das Verhältnis zwischen Parwîz und Schahrbarâz, worauf letzterer die Partei des byzantinischen Herrschers ergriff und ihm den Weg in den Irak bis nach Nahrawân öffnete. Mit fingierten Briefen, die Parwîz mit Hilfe eines unter seiner Schutzherrschaft stehenden christlichen Bischofs verfaßte, gelang es ihm aber, Phokas zur Rückkehr nach Konstantinopel zu bewegen und ihn auch mit Schahrbarâz zu entzweien. Diese und andere Vorgänge habe ich ausführlich bereits früher in meinem »Mittleren Buch« geschildert.

Parwîz hatte in seinen Ställen 50 000 Reittiere und besaß für alle jene Pferde, die er selbst ritt, goldene, mit Edelsteinen und Perlen besetzte Sättel. Weiterhin hatte er tausend Elefanten, darunter solche, die weißer waren als der Schnee, und solche, die eine Höhe von über zwölf Ellen erreichten. Kriegselefanten dieser Größe sind sehr selten; die meisten sind nur zwischen neun und zehn Ellen hoch.

Nach einer Regierungszeit von 38 Jahren wurde Parwîz abgesetzt; man riß ihm die Augen aus und tötete ihn. Nach ihm herrschte sein Sohn Qubâdh II. Schîrwaih, der selbst Hand an seinen Vater gelegt und ihn in verbrecherischer Weise getötet hatte. Die Perser nennen ihn den »Ungerechten«. In seinen Tagen wurden der Irak und andere Gegenden des alten Babylonien von einer Pest heimgesucht, an der Hunderttausende starben; die höchsten Schätzungen sprechen sogar davon, daß die Hälfte der Bevölkerung zugrunde ging, und die niedrigsten nennen immer noch ein Drittel. Schîrwaih herrschte bis zu seinem Tode ein Jahr und sechs Monate oder etwas weniger.

Auf ihn folgte im Alter von sieben Jahren sein Sohn Ardeschîr III. Gegen diesen zog von Antiochia in Syrien der bereits erwähnte Markgraf des Westens, Schahrbarâz, und tötete ihn nach einer Regierungszeit von fünfzehn Monaten. Schahrbarâz seinerseits wurde nach einer Herrschaftsdauer von etwa zwanzig Tagen oder zwei Monaten (daneben gibt es noch andere Zahlenangaben) von einer Tochter des Chosroe Parwîz meuchlings ermordet. Dann übernahm Chosroe III., ein Enkel oder Sohn des Parwîz, die Macht, wurde aber, als er aus dem Gebiet der Türken zur Hauptstadt ziehen wollte, unterwegs getötet. Seine Regierungszeit wird mit drei Monaten angegeben. Ihm folgte zunächst Pûrân, eine Tochter des Chosroe Parwîz, für ein Jahr und sechs Monate, und dann für zwei Monate

ein gewisser Fîrûz Dschuschnandah, der dem Königshaus angehörte und ein Nachkomme Sapors, des Sohnes Jezdegirds, »des Frevlers«, war.
Nach ihm regierte eine Tochter des Chosroe Parwîz namens Âzarmîducht, für ein Jahr und vier Monate, und danach ein noch kindlicher Sohn des Chosroe Parwîz, namens Farrûchzâdh-Chusrau, für ein oder mehrere Monate. Schließlich folgte als letzter König der Sasaniden ein Enkel des Chosroe Parwîz und ein Sohn des Schahrijâr, nämlich Jezdegird III. Er hatte zwanzig Jahre regiert, als er im Jahre 31 d. H. (= 651 n. Chr.), siebenundeinhalb Jahre nach dem Amtsantritt des Kalifen *Othmân,* in Marw in der Provinz Churâsân getötet wurde.
Man sagt, daß von Gajômarth bis Jezdegird III. achtzig persische Könige herrschten. Bei mehreren Geschichtsschreibern, Biographen, Verfassern chronologischer Abhandlungen und anderen habe ich festgestellt, daß diese für die Dauer des Persischen Reiches bis zur Hidschra des Propheten 3690 Jahre annehmen, und zwar rechnen sie von Gajômarth bis zur Machtübernahme durch Manûschihr 1922 Jahre, von Manûschihr bis Zarathustra 583 Jahre, von Zarathustra bis Alexander dem Großen 258 Jahre, für die Herrschaft Alexanders sechs Jahre, von Alexander bis Ardeschîr I. 517 Jahre, und von Ardeschîr bis zur Hidschra des Propheten 404 Jahre.
Nachdem ich nun einen Überblick über die Geschichte und die Dynastien der Perser gegeben habe, will ich im Folgenden in knapper Form die Geschichte der griechischen Könige und die verschiedenen Meinungen, die über ihre Abstammung geäußert wurden, behandeln. – Gott verleiht den Erfolg!

# *Die Griechen*

Über die Zuordnung der Griechen bestehen verschiedene Ansichten: Einige gehen davon aus, daß sie wie die Römer zu den Nachkommen Isaaks gehören. Andere meinen, ihr Stammvater Jûnân sei ein Sohn des Japhet, des Sohnes Noes, gewesen. Und wieder andere vertreten die Auffassung, daß sie von den Nachkommen des Arâsch, des Sohnes Jâwâns, des Sohnes Japhets, abstammen. Schließlich behaupten auch einige, sie seien einfach ein uralter Stamm aus ältester Zeit. Diejenigen, die die Griechen und Römer auf Abraham als ihren gemeinsamen Stammvater zurückführen, weil sie dieselben Siedlungsgebiete hätten, die gleichen Charaktereigenschaften aufwiesen und derselben Religion angehörten, irren sich. In Wirklichkeit gilt nämlich bei allen jenen, die nach der Wahrheit suchen und forschen, das Folgende als richtig: Die Römer ahmten in ihrer Sprache und ihrer Literatur die Griechen lediglich nach und haben sie in der Reinheit der Sprache und in der Beredsamkeit nie erreicht. Ihre Sprache ist ärmer als die der Griechen, und in ihrer Ausdrucks- und Redeweise sind sie unbeholfener.

Diejenigen, die sich eingehend mit der Geschichte der Alten beschäftigt haben, gehen davon aus, daß Jûnân ein Bruder *Qahtâns* und ein Nachkomme Hebers, des Sohnes Schelachs, war und daß der Grund für alle Zweifel an ihrer gemeinsamen Abstammung darin liegt, daß sich Jûnân aus den Wohngebieten seines Bruders entfernte. Jûnân verließ nämlich mit einigen seiner Kinder, seinen Angehörigen und anderen, die sich ihm anschlossen, den Jemen und zog in die entferntesten Gebiete des Westens. Dort ließ er sich nieder und zeugte viele Nachkommen. Seine Sprache wurde unarabisch und glich sich der barbarischen Zunge der dort lebenden Franken und Römer an. Die Kenntnis über seine Herkunft ging verloren, die

Verbindungen brachen ab, und im Jemen erinnerte man sich nicht mehr an ihn, weshalb die dortigen Genealogen auch heute nichts mehr von ihm wissen. Jûnân war ein starker und gewaltiger Hüne von anziehendem Äußeren, intelligent und klug, von hohem Sinn und großem Ansehen.

Als seine Nachkommen herangewachsen und zahlreich geworden waren, zog er mit ihnen über die Erde, um eine geeignete Wohnstatt zu suchen. Schließlich gelangte er im Westen zur Stadt Athen, die in alter Zeit in jenem Teil der Welt als »die Stadt der Weisen« bekannt war, und ließ sich dort mit seinen Kindern, die ihn begleitet hatten, nieder. Seine Nachkommenschaft vermehrte sich, und er errichtete in der Stadt großzügige Bauwerke. Nach seinem Tode nahm sein Sohn Kekrops seine Stelle ein, scharte seine Familie und seine Nachkommen um sich, mehrte ihre Stärke und führte aus, was sein Vater ihm in seinem Letzten Willen aufgetragen hatte. Seine Nachkommen mehrten sich und unterwarfen sich die Länder der Franken und der Langobarden im Westen sowie die verschiedenen slawischen und anderen Völker. Ihr erster König, den Ptolemäus in seinem Buch nennt, war Philippus, der sieben Jahre regierte.

Man sagt, daß die Griechen, als Nebukadnezar von Osten nach Syrien, nach Ägypten und in den Westen zog und dort das Schwert walten ließ, sich den Persern unterwarfen und Tribut an sie entrichteten. Dieser Tribut bestand aus goldenen Eiern, deren Zahl und Gewicht genau festgelegt waren. Als dann Alexander, der Sohn jenes Philippus, der nach den Angaben des Ptolemäus der erste König der Griechen war, mit seinen weitgesteckten Plänen auftrat, schrieb ihm Darius, der König der Perser, und forderte den üblichen Tribut. Alexander antwortete ihm darauf, er habe alle die Hühner, die die goldenen Eier zu legen pflegten, geschlachtet und gegessen. Darauf folgten die Kriege, die Alexander bewogen, nach Syrien und in den Irak zu ziehen, wo er alle Könige vernichtete und auch Darius, den König der Perser, tötete. Er bemächtigte sich seines Reiches, heiratete seine Tochter und zog weiter nach Sind und Indien, wo er sich auch alle Könige unterwarf, so daß diese ihm Geschenke und Tribut bringen ließen. Nur Porus, der mächtigste König von Indien, widersetzte sich, wurde aber nach langen Kriegen von Alexander im Zweikampf getötet. Dieser zog daraufhin weiter nach China und Tibet, wo sich ihm ebenfalls die Könige unterwarfen und Tribute und

Steuern an ihn entrichteten. Nachdem er dann in allen eroberten Reichen Soldaten und Heerführer stationiert hatte, so auch in Tibet und China, durchquerte er die Wüsten der Türken, um nach Churâsân zu gelangen. Dort legte er Provinzen an, und überall, wo er durchkam, errichtete er Städte.

Der Erzieher Alexanders war Aristoteles, der größte Weise der Griechen und der Verfasser der beiden Bücher über Logik und Metaphysik; er war ein Schüler Platons, so wie dieser wieder ein Schüler des Sokrates war. Diese Weisen richteten ihre ganze Aufmerksamkeit darauf, die Wissenschaften von den physischen und psychischen Dingen und die anderen Bereiche der Philosophie genau zu definieren und sie zur Theologie in Beziehung zu setzen. Sie erklärten das Wesen der Dinge, brachten Beweise für die Richtigkeit ihrer Theorien herbei und erläuterten sie jenen, denen sie unverständlich waren.

Als Alexander auf seinem Rückzug nach Westen die Stadt Schahrazûr erreichte (andere Berichte sprechen von Nisibis oder vom Irak), erkrankte er schwer und ernannte Ptolemäus, seinen Heerführer und Stellvertreter, zum Nachfolger. Nachdem er gestorben war, versammelten sich an seinem Totenbett alle griechischen, persischen, indischen und sonstigen Weisen, die sich bei ihm befanden; sie hatte er stets zur Beratung zusammengerufen, hatte ihren Worten vertraut und hatte keine Entscheidung gefällt, ohne zuvor ihre Meinung gehört zu haben. Sein Leichnam wurde mit bestimmten Stoffen, die den Zerfall des Körpers verhinderten, einbalsamiert und in einen mit Edelsteinen besetzten goldenen Sarg gelegt.

Alexander starb im Alter von 36 Jahren. Bevor er Darius tötete, hatte er neun Jahre geherrscht. Danach und nach der Unterwerfung aller übrigen Könige regierte er noch sechs Jahre. Seine Herrschaft hatte er im Alter von 21 Jahren in Macedonien, d. h. in Ägypten [1], angetreten. Vor seinem Tode gab er seinem Nachfolger Ptolemäus, dem Sohn »des Hasen« [2], den Auftrag, den Sarg zu seiner Mutter nach Alexandria bringen zu lassen und ihr zu schreiben, sie solle, sobald sie die Todesnachricht erhalte, ein Festmahl vorbereiten und in ihrem gesamten Herrschaftsbereich verkünden, daß niemand diesem Festmahl fernbleiben dürfe, es sei denn, er habe selbst einen geliebten Menschen oder einen Freund verloren. So solle die Totenfeier für ihn in Freude begangen werden im Gegensatz zu den Totenfeiern für andere Menschen, die man in Trauer begehe.

Als dann die Todesnachricht zu ihr kam und sein Sarg vor ihr aufgestellt wurde, ließ sie in ihrem Herrschaftsbereich verkünden, worum er sie gebeten hatte. Niemand traf jedoch Anstalten, ihrer Aufforderung nachzukommen. Da fragte sie ihre Dienerschaft:
»Was ist mit den Leuten, daß sie meiner Einladung nicht folgen?«
»Du hast es ihnen selbst verboten«, antwortete man ihr.
»Wieso denn?« fragte sie weiter, worauf man ihr erklärte:
»Du hast befohlen, daß niemand kommen solle, der einen geliebten Menschen oder einen Freund verloren hat. Doch gibt es ja niemanden, der nicht schon einmal von einem solchen Schicksal getroffen worden ist.«
Als sie diese Worte vernahm, erwachte sie und bemerkte, wie sie dadurch getröstet wurde. Und sie sprach:
»Du, mein Sohn, hast mir den schönsten Trost gespendet. O Alexander, wie gleicht doch dein Ende deinem Anfang!«
Dann befahl sie, den Leichnam aus dem goldenen Sarg zu nehmen, da sie wußte, daß keiner der späteren Könige der Völker ihn darin liegen lassen würde. Sie bettete ihn in einen Marmorsarg, nachdem er mit Stoffen einbalsamiert worden war, die den Zerfall seines Körpers verhindern sollten. Der Marmorsarg wurde auf übereinandergeschichteten Steinen und festgefügten Marmorblöcken aufgestellt. Diese Stelle aus weißem und anderem Marmor ist bis heute, d. h. bis zum Jahre 332 d. H. (= 943 n. Chr.) in Alexandria in Ägypten zu sehen und als »das Grab Alexanders« bekannt.
Nach Alexander regierte sein Vertreter Ptolemäus zwanzig oder vierzig Jahre. Er war weise und gelehrt, ein guter Staatsmann und Verwalter. Er führte Krieg mit den Kindern Israels und anderen Königen Syriens. Auf ihn folgte Philadelphus für 38 oder 40 Jahre. Er war ein tyrannischer Herrscher. In seiner Zeit begann man, Talismane herzustellen, und Götzenbilder und -statuen zu verehren, da sich unter ihnen der falsche Glaube verbreitet hatte, daß diese Bilder Vermittler zwischen ihnen und ihrem Schöpfer seien und sie diesem nahebrächten. Einige behaupten, der Nachfolger des Ptolemäus sei Ptolemäus II., »der den Bruder Liebende«[3], gewesen. Gegen die Kinder Israels unternahm er einen Feldzug nach Palästina und Jerusalem im Lande Syrien und führte diejenigen von ihnen, die er nicht getötet hatte, als Gefangene mit sich fort. Er strebte nach den Wissenschaften und schickte dann die Kinder Israels mit Edelsteinen,

Reichtümern und Gold- und Silbergerät für den Tempel von Jerusalem nach Palästina zurück.

Die folgenden Könige der Griechen waren: Ptolemäus der Wohltäter, 26 Jahre; Ptolemäus, der den Vater Liebende, 17 Jahre; Ptolemäus, der Astronom und Verfasser des Almagest sowie anderer Werke, 24 Jahre; Ptolemäus, der die Mutter Liebende, 35 Jahre; Ptolemäus II. der Wohltäter, 27 Jahre; Ptolemäus die Kichererbse, 17 Jahre; Ptolemäus Alexandrus, 12 Jahre; Ptolemäus der Neue, acht Jahre; Ptolemäus Auletes, acht Jahre und Ptolemäus das Kind, 30 Jahre[4].

Danach regierte seine Tochter Kleopatra 22 Jahre lang. Sie war eine weise Frau, die sich mit Philosophie befaßte, die Gelehrten und Weisen in ihre Umgebung aufnahm und sie hochschätzte. Sie schrieb Bücher über Heilkunde, Zaubermittel und andere Gebiete der Medizin. Diese Werke hat sie selbst verfaßt, sie werden ihr eindeutig zugeschrieben und sind bei denen, die sich mit Heilkunde befassen, wohlbekannt. Sie war die letzte in der Reihe der griechischen Könige. Danach war die Herrschaft der Griechen für immer zu Ende, die Erinnerung an ihre Zeit wurde ausgelöscht, ihre Spuren wurden verwischt und ihre Wissenschaften mit Ausnahme dessen, was in den Händen ihrer Weisen blieb, vergessen.

Ungewöhnliches erzählt man darüber, wie Kleopatra sich selbst tötete: Sie hatte einen Ehemann namens Antonius, mit dem sie sich die Herrschaft über Macedonien, d. h. Ägypten mit Alexandria und anderen Städten, teilte[1]. Gegen die beiden zog der zweite römische König zu Felde, nämlich Augustus, der als erster den Titel »Cäsar« trug und auf den sich alle folgenden »Cäsaren« (Kaiser) zurückführen. Wir werden im Kapitel über die römischen Könige noch von ihm sprechen. In Syrien und in Ägypten führte er Krieg gegen Kleopatra und ihren Gemahl Antonius, bis er diesen tötete und Kleopatra keine Möglichkeit mehr hatte, ihn davon abzuhalten, sich Ägyptens zu bemächtigen. Da Augustus wußte, welches medizinische Wissen sie besaß und daß sie die letzte von allen griechischen Weisen war, wollte er sie durch eine List in seine Hände bringen, um von ihr zu lernen und sie danach töten. Deshalb schrieb er an sie, doch sie durchschaute seine Absicht und erinnerte sich an all das Leid, das er mit der Ermordung ihres Gatten und der Vernichtung ihrer Truppen über sie gebracht hatte.

Kleopatra ließ sich nun eine jener Schlangen bringen, die zwischen dem Hedschas, Ägypten und Syrien vorkommen und die einen Menschen so lange beobachten, bis sie, wenn sie eines seiner Glieder genau sehen können, so schnell wie der Wind mehrere Ellen weit springen und, ohne ihr Ziel jemals zu verfehlen, den Betreffenden mit einem Gift bespritzen, das sofort zum Tode führt; die Erstarrung tritt so schnell ein, daß man sich der Schlange gar nicht bewußt wird und die anderen Leute meinen, der Betreffende sei plötzlich eines natürlichen Todes gestorben. Als dann der Tag gekommen war, an dem Augustus in das Schloß Kleopatras kommen sollte, befahl sie einer ihrer Sklavinnen, die vor ihr sterben wollte, um den späteren Qualen zu entgehen, ihre Hand in das Gefäß mit der Schlange zu stecken. Die Sklavin tat es und erstarrte auf der Stelle. Kleopatra aber ließ sich auf ihrem Königsthron nieder und setzte sich die Krone aufs Haupt. Sie trug ihre herrschaftlichen Gewänder und die königlichen Insignien. Im Empfangsraum und vor ihrem Thron ließ sie überall verschiedene Arten wohlriechender Pflanzen, Blumen, Früchte, Parfums und andere wunderbar duftende Kräuter, die man in Ägypten sammelt, verteilen. Schließlich traf sie ihre letzten Anordnungen und schickte ihre Diener und Dienerinnen weg. Diese vergaßen ihre Königin und waren nur noch um sich selbst besorgt, seit sie gehört hatten, daß der Feind zu ihnen in den Königspalast gekommen sei. Dann näherte Kleopatra ihre Hand der Öffnung des Glasgefäßes, in dem sich die Schlange befand. Sogleich spie die Schlange ihr Gift auf sie, und die Königin verschied auf der Stelle. Die Schlange kroch aus dem Gefäß heraus und verbarg sich in den wohlriechenden Pflanzen, nachdem sie in den aus Marmor festgefügten und mit Farbe überdeckten Wänden des Raumes weder ein Loch noch einen Spalt gefunden hatte, wodurch sie hätte entweichen können.

Als Augustus den Raum betrat, sah er Kleopatra mit der Krone auf dem Haupt dasitzen und zweifelte nicht daran, daß sie ihn sogleich ansprechen würde. Beim Nähertreten wurde ihm jedoch klar, daß sie tot war. Verwundert über die wohlriechenden Pflanzen, betastete er sie alle und roch an ihnen. Die Männer seiner Umgebung, die ihn begleiteten, waren ebenso erstaunt. Da er die Ursache für den Tod Kleopatras nicht kannte, trauerte er sehr um das, was er mit ihr verloren hatte.

Während er noch die Pflanzen befühlte und ihren Duft genoß,

sprang plötzlich die Schlange auf ihn zu und traf ihn mit ihrem Gift, worauf im selben Augenblick seine rechte Seite gelähmt, sein rechtes Auge blind und sein rechtes Ohr taub wurde. Nun war Augustus noch mehr überrascht, da er merkte, daß die Königin sich selbst getötet und den Tod einem schmachvollen Leben vorgezogen hatte, und daß es ihr gelungen war, ihn zu überlisten, indem sie die Schlange in die Pflanzen kriechen ließ. Er verfaßte in lateinischer Sprache einige Verse, in denen er seine Lage, das, was ihm widerfahren war, und die Geschichte der Königin beschrieb. Er lebte danach nur noch einen Tag. Hätte die Schlange ihr Gift nicht vorher schon auf die Sklavin und dann auf Kleopatra verspritzt gehabt, wäre auch Augustus auf der Stelle gestorben, und es wäre ihm diese Frist nicht mehr geblieben.

Jeder König, der nach Alexander, dem Sohn Philipps, über die Griechen herrschte, wurde Ptolemäus genannt. Der Name wurde zum Titel für alle ihre Könige, so wie die persischen Könige »Chosroe«, die römischen Könige »Cäsar«, die jemenitischen Könige »*Tubba'*«, die abessinischen Könige »Negus« und die Könige der *Zandsch* »Mfalme« als Titel trugen.

# *Die Römer*

Über die Herkunft der Römer und den Ursprung ihres Namens werden verschiedene Ansichten vertreten. Die einen behaupten, ihr Name sei von der Stadt Rom abgeleitet, deren Einwohner »Römer« hießen. In ihrer eigenen Sprache nennen sie sich jeweils »Romanus«, und ebenso heißen sie bei den Bewohnern der Grenzregionen. Andere sind der Meinung, Rûm sei der Name ihres Stammvaters, nämlich Rûm, der Sohn des Samâhalîq, des Sohnes des Harajân, des Sohnes des Aifâ', des Sohnes des Îs, des Sohnes des Isaak, des Sohnes des Gottesfreundes Abraham. Wieder andere gehen ebenfalls davon aus, daß die Römer ihren Namen nach ihrem Stammvater Rûm tragen, geben seine Genealogie jedoch folgendermaßen an: Rûm, der Sohn des Labt, des Sohnes des Jûnân, des Sohnes des Japhet, des Sohnes des Thûnah, des Sohnes des Sarhûn, des Sohnes des Rûmîja, des Sohnes des Barbat, des Sohnes des Taufil, des Sohnes des Rûman, des Sohnes des Asfar, des Sohnes des Alîfaz, des Sohnes des Îs, des Sohnes des Isaak. Darüber hinaus werden auch noch andere Vorstellungen vertreten.

Îs hatte dreißig männliche Nachkommen. Die Römer der letzten Generation sind die Nachkommen des Asfar, des Sohnes des Alîfaz, des Sohnes des Îs. Zahlreichen arabischen Dichtern der vorislamischen Zeit war diese Abstammung der Römer wohlbekannt. So sagte etwa Adî ibn Zaid al-'Ibâdî:

> Keiner von den edlen Söhnen Asfars,
> jenen Herren Roms, ist heute noch bekannt.

Îs, d. h. Esau, der Sohn Isaaks, hatte Töchter der Kanaaniter geheiratet, und die meisten seiner Kinder stammen aus diesen Verbindungen. Man sagt, daß die Amalekiter, d. h. jene untergegangenen Araber, die einst in Syrien lebten, Nachkommen des Alîfaz, des Sohnes Esaus gewesen seien. Die arabischen Gelehrten folgen dieser Abstammung jedoch nur, soweit sie die Römer und nicht die Amalekiter und andere betrifft. Alle diese genealogischen Theorien hängen von der Thora und anderen hebräischen Büchern ab.

Aufgrund von bestimmten Ereignissen, deren Darstellung hier zu weit führen würde und deren Erläuterung mir in diesem Buch unmöglich ist, bemächtigten sich die Römer der Herrschaft der Griechen. Der erste König der Römer war *Mâsâtûchâs,* der niemand anderes ist als Gajus der Jüngere, der Sohn des Rûm, des Sohnes des Samâhalîq. Seine Herrschaft dauerte 22 Jahre. Andere meinen, der erste König der Römer sei Cäsar gewesen, dessen eigentlicher Name Gajus Julius war, und er habe achtzehn Jahre regiert. In einer anderen Handschrift habe ich die Angabe gefunden, daß nach den Griechen in Rom als erster römischer König Julius siebeneinhalb Jahre geherrscht habe, nachdem die Stadt Rom bereits 400 Jahre bestand. Nach ihm regierte Augustus Cäsar 56 Jahre. Er war der zweite römische König und der erste, der den Titel »Cäsar« annahm. »Cäsar« bedeutet eigentlich »es wurde aufgeschnitten, um ihn herauszuholen«, d. h. seine Mutter starb, als sie mit ihm schwanger ging, und ihr Leib mußte aufgeschnitten werden, um das Kind zur Welt zu bringen. Jener König war damals stolz darauf, daß ihn nicht eine Frau geboren hatte. Die folgenden römischen Könige, die von ihm abstammten, rühmten sich weiterhin dieser Tatsache, weshalb sie alle »Cäsar« als Titel annahmen. – Aber Gott weiß am besten, wie es sich damit wirklich verhält!

Augustus zog gegen Syrien, Ägypten und Alexandria zu Felde und vernichtete die letzten Könige von Alexandria und Macedonien, d. h. von Ägypten [1], jene Könige, die, wie ich bereits dargelegt habe, alle Ptolemäus genannt wurden. Augustus bemächtigte sich der Schätze der Könige von Alexandria und Macedonien und brachte sie nach Rom. Die anderen Kriege, die er überall auf der Erde führte, habe ich schon in meinen früheren Werken abgehandelt. Er war ein Götzendiener. Im römischen Herrschaftsbereich legte er Verwaltungsdistrikte an und gründete Städte, die nach ihm benannt wurden, wie z. B. Cäsarea in Kappadokien und Cäsarea in Syrien an der palästinensischen Küste.

Der Messias Îsâ, der Sohn der Maria, d. h. Jesus von Nazareth, wurde im 42. Jahr der Regierung des Kaisers Augustus geboren. Seit der Herrschaft Alexanders waren damals 399 Jahre vergangen. In der Stadt Antiochia, in der Kirche von al-Qusjân, fand ich in einer Chronik der melkitischen Griechen dagegen die Angabe, daß von Alexander bis zur Geburt des Messias 369 Jahre verstrichen waren. Jesus wurde im 21. Jahr der Herrschaft des damaligen Königs der Kinder Israels, Herodes, in Jerusalem geboren. Nach den Chroniken jener Religionsgemeinschaften, denen eine Heilige Schrift geoffenbart worden ist, betrug der Zeitraum zwischen Adam und der Geburt Jesu 5500 Jahre.

Augustus regierte nach der Geburt Jesu noch 14½ Jahre. Insgesamt herrschte er über die Römer, ob er sich nun in der Stadt Rom selbst aufhielt oder sich auf einem Kriegszug befand, 56 Jahre lang. Die Umstände seines Todes, wie ihn in Macedonien [1] eine Schlange biß, wie seine rechte Seite gelähmt wurde und wie er das Augenlicht und den Gehörsinn verlor, sowie die Art und Weise, wie sich Kleopatra selbst tötete, habe ich bereits im vorangegangenen Kapitel behandelt.

Nach Augustus regierte Tiberius für 22 Jahre. Drei Jahre vor dem Ende seiner Herrschaft starb der Messias. Nach dem Tod des Tiberius zerfielen die Römer in Zwietracht und Parteienstreit. Diese Auseinandersetzungen und Thronkämpfe währten 298 Jahre [2], in deren Verlauf die Römer keine Ordnung und keinen König hatten, der sie alle unter seiner Herrschaft hätte vereinigen können. Nach Ablauf dieser Zeit machten sie in Rom einen Nachkommen des Tiberius, nämlich Gajus (Caligula), zum König, und dieser regierte vier Jahre. In seiner Zeit hing das Volk noch immer dem Götzenkult an.

Ihm folgte in Rom Claudius für vierzehn Jahre. Er war der erste römische König, der damit begann, die Christen und die Anhänger des Messias zu töten. Man sagt, unter seiner Herrschaft sei in Rom Petrus umgebracht worden, der auf syrisch Schim'ûn hieß und den die Araber Sim'ân nennen. Zusammen mit Paulus wurde er mit dem Kopf nach unten gekreuzigt. Die beiden gehörten zu jenen, die nach Antiochia kamen, und Gott hat sie in der Sure Jâsîn (= Sure 36) erwähnt. Nachdem sich später das Christentum in Rom durchgesetzt hatte, wurden sie dort sehr verehrt. Ihre Leichname legte man in kristallene Becken, worin sie sich noch heute in einer der Kirchen Roms

befinden. Die meisten derer, die sich mit der Geschichte der Welt, den Biographien der Könige und ihrer Chronologie beschäftigt haben, gehen davon aus, daß Petrus und Paulus unter der Herrschaft des fünften Königs der Römer getötet wurden.
Die Jünger Jesu verstreuten sich über die Erde. Mârî zog in die Nähe des Irak und starb in der Stadt Dair Qunnâ as-Sâfija am Ufer des Tigris zwischen Bagdad und Wasit. Bis heute, d. h. im Jahre 332 d. H. (= 943 n. Chr.), verehren die Christen dort in einer Kirche sein Grab. Thomas, einer der Zwölf Jünger begab sich nach Indien, wo er zum Glauben an das Gesetz des Messias aufrief und wo er starb. Ein anderer zog bis an die äußersten Grenzen Churâsâns, wo er starb und die Christen sein Grab hoch in Ehren halten.
Markus, einer jener vier Jünger, die das Evangelium verfaßten, starb in Alexandria in Ägypten. Darüber, was sich zwischen ihm und den Ägyptern zutrug und wie es dann zu seiner Ermordung kam, habe ich ausführlich in meinem »Mittleren Buch«, das ich vor dem vorliegenden Werk verfaßt habe, gesprochen. Dort habe ich erzählt, wie er, als er nach Westen ziehen wollte, zu den Ägyptern sprach:
»Wenn jemand zu euch kommt, der so aussieht wie ich und sich für mich ausgibt, dann tötet ihn! Denn nach mir werden Männer zu euch kommen, die mir ähnlich sehen. Tötet sie schnellstens und glaubt nicht, was sie sagen!«
Dann zog er weg und blieb einige Zeit fort. Nachdem er aber nicht dorthin hatte gelangen können, wohin zu gehen er geplant hatte, kehrte er zu ihnen zurück. Und als sie ihn töten wollten, sprach er:
»Wehe euch! Ich bin Markus!«
»Nein, du bist nicht Markus«, entgegneten sie, »und unser Vater Markus hat uns aufgetragen, jeden zu töten, der sich für ihn ausgibt.«
»Aber ich bin wirklich Markus!« beteuerte er, doch sie sprachen:
»Wir können dich nicht gehen lassen, sondern wir müssen dich töten!«
Dann brachten sie ihn um. Zuvor hatten sie Beweise und Wunder zur Bestätigung für seine Behauptung verlangt, und einer von ihnen hatte gesagt:
»Wenn das wahr ist, was du behauptest, so steige vor unseren Augen in den Himmel empor!«
Darauf hatte er seine Kleider ausgezogen und einen wollenen Schurz

angelegt, um in den Himmel emporzusteigen, doch einige seiner Schüler hatten sich mit den Worten an ihn geklammert: »Wenn du weggehst, wer wird uns dann bleiben, da du doch unser Vater bist?« Daraufhin geschah, was ich bereits erzählt habe.
Abgesehen von den Zwölfen hatte der Messias 72 Jünger. Diejenigen, die das Evangelium überlieferten, waren Lukas, Markus, Johannes und Matthäus. Lukas und Matthäus werden zu den 72 gerechnet, doch wird Matthäus auch zu den Zwölfen gezählt; ich weiß allerdings nicht, was die Christen damit meinen. Die beiden, die zu den Zwölf Jüngern gehören, sind Johannes, der Sohn des Zebedäus, und Markus, der Patriarch von Alexandria. Der dritte, der nach Antiochia kam, wohin ihm bereits Petrus und Thomas vorausgegangen waren, ist Paulus. Er ist es, der auch als »Dritter« im Koran genannt wird, wo es heißt: WIR VERSTÄRKTEN SIE DURCH EINEN DRITTEN (Sure 36, Vers 14). Unter allen christlichen Mönchen sind die ägyptischen die einzigen, die Fleisch essen, da es ihnen Markus erlaubt hat. Nach Claudius regierte Nero und begründete eine feste Herrschaft. Er war ganz dem Götzendienst ergeben, und es wird die Meinung vertreten, Petrus und Paulus seien erst unter seiner Herrschaft in Rom in der beschriebenen Weise getötet worden. Das Christentum verbreitete sich weiter unter den Römern, und die Zahl derer, die zur Annahme dieses Glaubens aufriefen, nahm zu. Nero, der vierzehn Jahre und einige Monate lang regierte, ließ viele von ihnen töten. Danach teilten sich Titus und Vespasian für dreizehn Jahre die Herrschaft in Rom. Nach dem ersten Jahr ihrer Regierungszeit zogen sie nach Syrien und führten gegen die Kinder Israels einen gewaltigen Krieg, in dessen Verlauf 300 000 von ihnen getötet wurden; sie zerstörten Jerusalem, brannten den Tempel nieder, pflügten mit Rindern den Platz, wo er gestanden hatte, und verwischten auf diese Weise alle Spuren von ihm. Die beiden Könige waren Götzendiener. In einer Chronik habe ich gelesen, daß Gott seit dem Tag der Zerstörung Jerusalems die Römer in der Weise strafte, daß kein Tag mehr verging, an dem nicht einer von ihnen in die Hände der Nachbarvölker fiel und nicht eine mehr oder weniger große Anzahl von ihnen in Gefangenschaft geriet.
Danach herrschte Domitian, auch er ein Götzendiener, fünfzehn Jahre lang über die Römer. Neun Jahre nach seinem Regierungsantritt verbannte er den Jünger Johannes, einen der vier Evangelisten,

auf eine der Inseln des Meeres, ließ ihn später aber wieder zurückkehren. Auf Domitian folgte zunächst Nerva für ein Jahr und dann Trajan, ebenfalls ein Götzendiener, für neunzehn Jahre. Im neunten Jahr seiner Herrschaft starb der Jünger Johannes. Danach regierte Hadrian elf Jahre lang. Auch er verehrte die Götzenbilder und zerstörte alles, was den Kindern Israels noch in Syrien geblieben war. Nach ihm übernahm in Rom Antonius die Herrschaft für 23 Jahre. Er ließ Jerusalem wieder aufbauen und war der erste, der dieser Stadt den Namen Îlijâ gab.

Danach regierten die folgenden Könige, die alle dem Götzendienst anhingen: Markus für neunzehn Jahre, Commodus für dreizehn Jahre, Severus für achtzehn Jahre, sein Sohn Antonius (Caracalla) für neun Jahre, Antonius II. (Elagabal) für vier Jahre (gegen Ende seiner Regierungszeit starb der Arzt Galen), Alexander (Severus) Mâmijâs, d. h. der Schwache, für dreizehn Jahre, Maximus für drei Jahre, Gordian für sechs Jahre und Decius für zwei Jahre; letzterer widmete sich ganz besonders der Verfolgung und Ermordung der Christen.

Darauf folgten: Gallienus für drei Jahre, Probus für etwa zwanzig oder fünfzehn Jahre, sein Sohn Carus für ungefähr zwei Jahre, Diokletian für zehn Jahre und schließlich Konstantin.

In den meisten Chroniken habe ich Übereinstimmung darüber festgestellt, daß die Zahl der römischen Könige, die in der Stadt Rom regierten und die ich in diesem Kapitel aufgeführt habe, 49 beträgt und daß vom ersten König, über dessen Identität, wie eingangs festgestellt, Uneinigkeit herrscht, bis zu Konstantin, den Sohn der Helene, 437 Jahre, sieben Monate und sechs Tage vergingen. Die verschiedenen Abschriften der Chroniken, die zum größten Teil auf griechisch verfaßt sind, unterscheiden sich jedoch beträchtlich in ihren Angaben über die Namen und die Regierungszeiten der einzelnen Könige.

Gott ist der Ewige, dessen Herrschaft nie zu Ende geht!

# *Die Byzantiner*

Nachdem Diokletian gestorben war, übernahm Konstantin, der damals ebenfalls noch dem Götzendienst anhing, in Rom die Herrschaft. Konstantin war der erste römische König, der den Regierungssitz von Rom nach Byzanz, d. h. nach Konstantinopel, verlegte, in jene Stadt, die er erbaute und der er seinen Namen gab, den sie bis heute trägt. In der gleichen Zeit, als er die Stadt aus Furcht vor einem persischen König der Dynastie der Sasaniden errichten ließ, kam es zu einer denkwürdigen Geschichte zwischen ihm und einem König der *Burdschân*, auf die ich noch zu sprechen kommen werde. Konstantins Auszug aus Rom und seine Bekehrung zum Christentum erfolgten bereits nach einjähriger Herrschaft. Als er sieben Jahre regiert hatte, begab sich seine Mutter Helene nach Syrien, erbaute dort zahlreiche Kirchen und zog dann weiter nach Jerusalem, wo sie nach dem Balken forschte, an dem nach der Vorstellung der Christen der Messias gekreuzigt worden war. Nachdem man ihr den Balken gebracht hatte, ließ sie ihn mit Gold und Silber bedecken und machte den Tag der Kreuzfindung zu einem alljährlichen Festtag, dem sogenannten »Fest des Kreuzes«. An diesem Tag, dem 14. September, werden in Ägypten die künstlichen Wasserläufe und Kanäle geöffnet.

Helene errichtete die Kirche von Homs auf vier Säulen, eines der wunderbarsten Bauwerke der Welt. In Ägypten und Syrien ließ sie verborgene Schätze und Kostbarkeiten ausgraben und verwendete diese für den Bau von Kirchen und für die Stärkung des christlichen Glaubens. Alle Kirchen in Syrien, in Ägypten und im byzantinischen Reich sind von dieser Königin Helene, der Mutter Konstantins, gegründet worden, und in jeder der von ihr erbauten Kirchen wurde ihr Name auf das Kreuz geschrieben. Da es im griechischen

Alphabet kein H gibt, besteht der Name Helene im Griechischen aus fünf Buchstaben: der erste ist ein wie E ausgesprochenes A mit dem Zahlenwert fünf, der zweite ein L mit dem Zahlenwert dreißig, der dritte wieder ein wie ein E ausgesprochenes A mit dem Zahlenwert fünf, der vierte ein N mit dem Zahlenwert fünfzig und schließlich der fünfte ein Y mit dem Zahlenwert vierzig, was insgesamt dann die Zahl hundert ergibt. Im Griechischen sieht das Wort folgendermaßen aus: ΕΛΕΝΗ [1].

Im neunzehnten Jahr der Herrschaft Konstantins versammelten sich in der Stadt Nicaea im byzantinischen Reich 318 Bischöfe, um dort die christliche Religion zu ordnen. Dies war das erste jener sechs Konzile, die die Byzantiner in ihren Gebeten erwähnen und die sie als Kanon bezeichnen. Das griechische Wort für diese Konzile lautet Synode. Das erste Konzil, an dem sich die genannte Anzahl von Bischöfen beteiligte, fand in Nicaea statt und war gegen Arius gerichtet. Die dort getroffenen Beschlüsse werden von allen Christen anerkannt, von den Melkiten ebenso wie von den »Östlichen«, d. h. den Ibâd, die von den Melkiten und der Mehrheit der Leute »Nestorianer« genannt werden; auch die Jakobiten erkennen dieses Konzil an. Das zweite Konzil fand in Konstantinopel statt und war gegen Macedonius gerichtet; an ihm nahmen 150 Bischöfe teil. Das dritte Konzil, an dem sich 200 Männer beteiligten, wurde in Ephesus abgehalten. Am vierten Konzil, jenem von Chalkedon, nahmen 660 Männer teil, am fünften in Konstantinopel 160 und am sechsten, ebenfalls in Konstantinopel, 289.

Der Grund dafür, daß Konstantin, der Sohn der Helene, sich entschloß, das Christentum anzunehmen, war folgender: Er führte Krieg gegen die *Burdschân* oder ein anderes Volk, und nachdem sich die Kämpfe mit wechselseitigem Erfolg etwa ein Jahr lang hingezogen hatten, erlitt er eines Tages eine Niederlage, in der er viele seiner Leute verlor und er fürchten mußte, er werde entscheidend geschlagen werden. Da sah er in einem Traum Lanzen vom Himmel herniederkommen, an denen Bänder und Fahnen hingen und die mit Edelsteinen verzierte Kreuze aus Gold, Silber, Eisen und Kupfer trugen. Eine Stimme forderte ihn auf: »Wenn du diese Lanzen nimmst und mit ihnen gegen deinen Feind kämpfst, wird dir der Sieg verliehen werden!«

Im Traum sah er dann noch, wie er mit diesen Lanzen gegen den

Feind kämpfte und ihn besiegte und in die Flucht schlug. Als er vom Schlaf erwachte, befahl er, Lanzen herbeizubringen, und ließ sie in der geschilderten Weise schmücken und im Heer aufrichten. Dann rückte er gegen die Feinde vor, schlug sie in die Flucht und tötete sie mit dem Schwert. In die Stadt Nicaea zurückgekehrt, erkundigte er sich bei erfahrenen Männern, ob diese Kreuze bei einer der Religionen oder Sekten eine Bedeutung spielten. Man sagte ihm, daß das Zentrum der betreffenden Religion Jerusalem im Lande Syrien sei, und man berichtete ihm auch von den Christenmorden, die seine Vorgänger begangen hatten. Darauf sandte er nach Syrien und nach Jerusalem und ließ 318 Bischöfe zusammenrufen, die dann zu ihm nach Nicaea kamen. Er erzählte ihnen seine Geschichte, und sie erklärten ihm den christlichen Glauben. Das war das erste Konzil. Es wird behauptet, daß Konstantins Mutter, Helene, bereits zum Christentum übergetreten war, bevor er diesen Traum sah, dies aber vor ihm verheimlicht hatte.

Konstantin starb, nachdem er 31 Jahre oder, nach einer anderen Chronologie, 25 Jahre geherrscht hatte. In meinen früheren Werken, den »Nachrichten der Zeit« und dem »Mittleren Buch« habe ich bereits seine Geschichte und seine Kriege geschildert und habe auch erzählt, wie er auf der Suche nach einem Platz für die Gründung Konstantinopels an jene Meerenge gelangte, die das Schwarze Meer mit dem Mittelmeer verbindet. Die Meerenge hat eine Länge von 350 Meilen oder etwas weniger. Ihre Breite beträgt dort, wo sie am Schwarzen Meer ihren Anfang nimmt, etwa zehn Meilen. An dieser Stelle liegen Dörfer und eine Stadt namens *Musannât*, die den Eingang der Meerenge gegen die Schiffe der Russen und anderer Völkerschaften, die über das Schwarze Meer kommen, verteidigt. Dann verengt sie sich, bis ihre Breite bei Konstantinopel vom östlichen bis zum westlichen Ufer, an dem die Stadt liegt, nur noch vier Meilen beträgt. An den Ufern liegen weiterhin Dörfer bis zu einem Ort namens Abydos, wo die Meerenge ins Mittelmeer übergeht. Dort liegen Berge und eine berühmte wasserreiche Quelle, die heute als »Quelle des Maslama ibn Abdalmalik« bekannt ist. *Maslama* lagerte an dieser Quelle, als er Konstantinopel einnehmen wollte, und in ihrer Nähe waren die muslimischen Schiffe zu ihm gestoßen. Hier, wo die Meerenge ins Mittelmeer mündet, ist sie besonders eng. Ein Turm hinderte dort einst die Schiffe der Muslime an der Weiterfahrt, als diese noch regelmäßig die Byzantiner von See her anzugreifen pflegten. Heute sind es ja die Byzantiner, die mit ihren Schiffen die islamischen Länder angreifen. – Bei Gott liegt die Herrschaft in der Vergangenheit und in der Zukunft!

Abu Umair Adî ibn Ahmad, ein sehr erfahrener Mann, der seit langem Statthalter der syrischen Grenzmarken ist, erzählte mir, daß er, als er sich zur Regelung des Waffenstillstandes und des Lösegeldes durch diese Meerenge nach Konstantinopel begab, an ihrem Ausgang zum Schwarzen Meer ein Vor- und Zurückströmen des Wassers feststellte, während er das Wasser an ihrem Ausgang zum Mittelmeer oft sehr ruhig fand. Dies weist darauf hin, daß zwischen den beiden Meeren eine Verbindung besteht. Er war ja auch vom Mittelmeer her in die Meerenge eingefahren. Von mehreren anderen kundigen Männern, die unter Führung des Ghulâm Zarâfa an der militärischen Unternehmung gegen Saloniki teilgenommen hatten und weit in die Meerenge von Konstantinopel vorgedrungen waren, erfuhr ich, daß sie zu bestimmten Zeiten der Nacht und des Tages ein Ansteigen bzw. ein Absinken des Wassers in der Art von Ebbe und Flut festgestellt hatten; sobald sie merkten, daß das Wasser fiel, waren sie eiligst darauf bedacht, die Meerenge in Richtung Mittelmeer zu verlassen. Dort, wo die Meerenge in das Mittelmeer übergeht, sahen sie eine Stadt liegen.

Konstantinopel wird von zwei Seiten von den Wassern der Meerenge umspült, nämlich im Osten und im Norden. Westlich der Stadt liegt dagegen das Festland. An dieser westlichen Seite befindet sich ein Tor aus vergoldeten Kupferplatten, und zahlreiche Mauern sowie eine Festung schützen dort die Stadt. An ihrer höchsten Stelle sind die Mauern ungefähr dreißig Ellen oder etwas weniger hoch, an ihrer niedrigsten etwa zehn. Ihre größte Höhe erreichen sie in Richtung Süden. Zur See hin erhebt sich eine einzige Mauer, die mit einer Festung und zahlreichen Bollwerken und Türmen bewehrt ist. Sowohl zur See als auch zum Festland hin sind in die Mauern zahlreiche kleine und große Tore eingelassen, deren Anzahl von den einen mit dreißig, von anderen mit hundert angegeben wird. Viele Kirchen umgeben die Stadt, die allerdings, da sie von zwei Seiten vom Meer umspült und ständig Winden aus verschiedenen Richtungen ausgesetzt ist, ein ungesundes feuchtes Klima hat.

Zur Zeit der alten Griechen und auch noch lange während der römischen Herrschaft blühten und gediehen die Wissenschaften. Die Gelehrten und Weisen waren hochgeehrt und entwickelten ihre Theorien über die Natur, den Körper, den Verstand und die Seele, sowie in den »vier Lehren«, nämlich der Arithmetik, d. h. der Lehre von den Zahlen, der Geometrie, d. h. der Lehre von den Flächen und Räumen, der Astronomie, d. h. der Lehre von den Himmelskörpern, und schließlich der Musik, d. h. der Lehre vom Zusammenstellen der Melodien. Die Wissenschaften standen auf festen Füßen, verbreiteten sich in alle Richtungen, ruhten auf starkem und sicherem Fundament und ragten hoch empor, bis das Christentum unter den Römern auftauchte. Denn die Christen löschten die Spuren der Weisheit aus, verwischten ihre Wege, verdunkelten, was die Griechen erhellt hatten, und entstellten, was von den Alten bereits klargemacht worden war.

Zu den edelsten Wissensbereichen, die sie hinterlassen haben, gehört die Kenntnis von der Musik, denn diese ist gleichsam die Nahrung der Seele, durch die sie erfreut und ergötzt wird, bei deren Erklingen sie sich aufheitert und nach deren harmonischen Akkorden sie sich sehnt. Die Gelehrten haben viel über den Adel der Musik gesprochen und haben auf ihren hohen Wert aufmerksam gemacht. Alexander sagte: »Wer die Melodien versteht, kann auf alle anderen Freuden verzichten.« Die Philosophen behaupten, daß die Melodien und die Lieder eine edle Eigenschaft besitzen, die die Macht der Sprache übersteigt, denn diese kann nicht ausdrücken, was die Seele in Melodien auszudrücken vermag. Und sobald die Seele Melodien hervorbringt, empfindet sie Freude, Liebe und Entzücken. Die Gelehrten haben die vier Saiten den vier Grundtemperamenten gegenübergestellt, nämlich die höchste Saite der gelben Galle, die zweite dem Blut, die dritte dem Schleim und die tiefste der schwarzen Galle[2].

Nach Konstantin, dem Sohn der Helene, herrschte über die Byzantiner sein Sohn Konstantin II. für 24 Jahre. Er errichtete zahlreiche Kirchen und stärkte das Christentum. Auf ihn folgte Julian, ein Neffe Konstantins I. Er wandte sich vom christlichen Glauben ab und kehrte zum Götzendienst zurück, weshalb er als der »Heide« bekannt ist. Die Christen haßten ihn wegen seiner Abwendung vom Christentum und der Abschaffung ihrer Zeremonien so sehr, daß sie ihm den Beinamen »Apostata« gaben. Während der Herrschaft des persischen Königs Sapor unternahm er einen Feldzug in den Irak, in

dessen Verlauf er von einem verirrten Pfeil getötet wurde, nachdem er ein Jahr oder etwas länger regiert hatte.
Nach dem Tod Julians gerieten die ihn begleitenden Adligen, Patricii und Soldaten in große Besorgnis. Schließlich wandten sie sich an einen Patricius namens Jovian, der bei ihnen in großem Ansehen stand und der Sekretär des verstorbenen Königs gewesen sein soll. Er erklärte sich zur Übernahme der Herrschaft jedoch nur unter der Bedingung bereit, daß sie sich wieder zum Christentum bekehrten. Im Verlauf seiner einjährigen Regierungszeit festigte er den christlichen Glauben und gab ihm seine frühere Stellung zurück. Den Götzendienst aber verbot er bei Todesstrafe.
Nach ihm regierte Valens, der sich zunächst zum Christentum bekannte, dann aber von ihm abfiel. Er starb nach vierzehnjähriger Herrschaft, als er sich auf einem Kriegszug befand. Auf ihn folgte Gratian für fünfzehn Jahre. Nachdem dieser ein Jahr geherrscht hatte, versammelten sich die Christen zu einem Konzil. Auf dieser zweiten Synode beschlossen sie das Dogma bezüglich des Heiligen Geistes und verurteilten Macedonius, den Patriarchen von Konstantinopel. Dann regierte Theodosius der Ältere, dessen Name in ihrer Sprache soviel bedeutete wie »Geschenk Gottes«, und der sehr auf die Stärkung des Christentums bedacht war und zahlreiche Kirchen errichtete. Er gehörte nicht dem Königshaus an, ja er war nicht einmal Byzantiner, sondern stammte von den *Aschbân* ab, einem jener alten Völker, die einst ihre Herrschaft über Syrien, Ägypten, den Westen und Spanien ausgedehnt hatten. Über ihren Ursprung werden verschiedene Meinungen vertreten. So sagt *al-Wâqidî* in seinem Buch »Die Eroberungen der Hauptstädte«, daß sie aus der Stadt Isfâhân stammten, aus der sie ausgewandert seien. Dies würde bedeuten, daß sie älter als die persischen Könige der ersten Generation wären. *Ibn Churdâdhbeh* vertritt eine ähnliche Auffassung, und eine ganze Reihe anderer Biographen und Geschichtsschreiber unterstützt die These der beiden. Am bekanntesten ist jedoch die Ansicht, daß die Aschbân zu den Nachkommen des Japhet, des Sohnes Noes, gehören und mit den spanischen Königen, den *Ladhâriqa* (Singular: Ludhrîq), identisch sind.
Theodosius starb, nachdem er siebzehn Jahre regiert hatte. Auf ihn folgte zunächst für vierzehn Jahre Arkadius, der ebenfalls wieder Christ war, und Theodosius der Jüngere. Letzerer versammelte in

Ephesus zweihundert Bischöfe zum Dritten Konzil, das ich bereits erwähnt habe und auf dem der Patriarch Nestorius verflucht wurde. In meinem größten Buch, den »Nachrichten der Zeit«, habe ich ausführlich die List geschildert, die der Bischof von Alexandria gegen den Patriarchen von Konstantinopel, Nestorius, anwandte, und habe beschrieben, wie Nestorius den als »Goldmund« (Chrysostomus) bekannten Johannes verbannte, wie Eudoxia, die Frau des Königs, sich einmischte und wie dann Nestorius von Konstantinopel nach Antiochia und schließlich nach Oberägypten verbannt wurde. Die östlichen Christen von *Hîra* und anderen Gegenden des Ostens werden Nestorianer genannt, weil sie der Lehre des Nestorius folgen. Sie selbst lehnen diesen Namen, mit dem sie von den Melkiten beschimpft werden, jedoch ab und nennen sich einfach Ibâd (= Gottesdiener). Es war Barsaumâ, der Metropolit von *Nisibis*, der die Vorstellungen der östlichen Christen hinsichtlich der Dreifaltigkeit (d. h. der Lehre von den drei Wesen), der e i n e n Wesenheit und der Verbindung der ewigen göttlichen Natur mit der geschaffenen menschlichen Natur unterstützte.

Theodosius der Jüngere regierte bis zu seinem Tode 42 Jahre. Es folgten Markian als König und dessen Frau Pulcheria als Königin. Im Verlauf der siebenjährigen Herrschaft der beiden kam es über die Frage der Dreifaltigkeit zur Auseinandersetzung mit den Jakobiten. Die meisten Jakobiten leben im Irak und in den Bezirken von *Takrît*, Mosul und *Dschazîra*. Die Kopten in Ägypten, abgesehen von einigen wenigen, die sich zum melkitischen Christentum bekennen, sowie die Nubier und Armenier sind ebenfalls Jakobiten. Der Sitz des jakobitischen Metropoliten befindet sich in Takrît zwischen Mosul und Bagdad. Sie hatten einen weiteren Metropoliten in Ras al-'Ain, doch ist dieser gestorben. Gegenwärtig hält sich ihr Oberhaupt in der Gegend von Aleppo im Militärbezirk von Qinnasrîn und in den syrischen Grenzmarken auf. Ein jakobitischer »Stuhl« soll sich immer in Antiochia, ein anderer in Ägypten befinden. Darüber hinaus kenne ich keinen weiteren »Stuhl« der Jakobiten.

Danach regierte Leon der Ältere für sechzehn Jahre. Während seiner Herrschaft wurde der Patriarch von Alexandria, der Jakobit Dioskorus, in einer Versammlung von 630 oder, nach der Chronik der Byzantiner, von 660 Bischöfen in Chalkedon geächtet. Bei den Melkiten gilt diese Synode als das Vierte Konzil; die Jakobiten rechnen es dagegen nicht als solches. Die Jakobiten berichten ungewöhnliche Geschichten über den Patriarchen Severus und seinen Schüler Jakob Baradäus sowie darüber, wie letzterer zum Glauben an die Lehre des Severus aufrief. Sie führen ihre Glaubensvorstellungen auf diesen Jakob Baradäus zurück und verdanken ihm ihren Namen. Er war ein Einwohner von Antiochia, wo er Barâdi' (= Packsättel) herstellte.

Danach herrschte Leon der Jüngere ein Jahr lang. Er bekannte sich zum melkitischen Christentum, wohingegen sein Nachfolger Zenon, der aus *Dscharmijân* stammte, die jakobitische Lehre annahm. Während seiner siebzehnjährigen Herrschaft kämpfte er gegen Aufständische, die sich in der Hauptstadt gegen ihn erhoben hatten, konnte ihrer aber Herr werden. Auf ihn folgte Anastasius, der ebenfalls der jakobitischen Lehre anhing und der die Stadt Amorium erbaute und gewaltige verborgene Schätze und Kostbarkeiten fand. Als er nach 29jähriger Herrschaft starb, übernahm Justin für neun Jahre die Macht.

Nach ihm regierte Justinian 39 oder 40 Jahre lang. Er errichtete viele Kirchen, stärkte das Christentum und verhalf der melkitischen Lehre zum Sieg. Er erbaute auch die Kirche von Edessa, eines der Wunder der Welt und eines der berühmtesten Gotteshäuser. In dieser Kirche befand sich ein Tuch, das die Christen hoch verehren, da sich Jesus, als er aus dem Taufwasser gestiegen war, mit diesem abgetrocknet hatte. Es war zunächst von einem Ort zum anderen weitergereicht worden, bis es in der Kirche von Edessa seinen festen Platz fand. Nachdem die Byzantiner in letzter Zeit ihre Angriffe gegen die Muslime verstärkt hatten, belagerten sie in diesem Jahr, d. h. im Jahre 332 d. H. (= 943 n. Chr.), Edessa. Als man ihnen das genannte Tuch übergab, erklärten sie sich zu einem Waffenstillstand bereit und es herrschte große Freude unter ihnen darüber, daß das Tuch in ihren Besitz gelangt war.

Nach ihm herrschte der Sohn seines Bruders, Justin II., der der melkitischen Lehre angehörte, dreizehn Jahre lang, und auf diesen folgte Tiberius für vier Jahre. Letzterer führte unter seiner Herrschaft neue Arten von Kleidern, Möbeln, Gold- und Silbergefäßen und andere königliche Gerätschaften ein. Danach regierte für zwanzig Jahre Mauricius, der den Perserkönig Chosroe Parwîz gegen seinen Widersacher Bahrâm Dschubîn unterstützte. Als Mauricius meuchlings ermordet wurde, sandte Parwîz aus Zorn über diese Tat Heere gegen die Byzantiner, mit denen es dann, wie oben bereits ausgeführt, zum Krieg kam. Phokas, der Nachfolger des Mauricius, regierte acht Jahre lang und wurde ebenfalls ermordet. Dann regierte Heraklius, der zuvor Patricius auf einer der Inseln gewesen war. Er baute Jerusalem wieder auf, nachdem sich die Perser aus Syrien zurückgezogen hatten und errichtete zahlreiche Kirchen. In das siebte Jahr seiner Herrschaft fällt die Auswanderung (Hidschra) des Propheten – Gott segne ihn und schenke ihm Heil! – von Mekka nach Medina [3].

Danach, als *Abu Bakr* Kalif war, regierte Cäsar, der Sohn des Cäsar [4]. Während des Kalifats von *Omar I.* herrschte dann der Sohn Cäsars, Heraklius, gegen den *Abu Ubaida, Châlid ibn al-Walîd, Jazîd ibn abi Sufjân* und andere muslimische Feldherren kämpften, bis sie ihn aus Syrien vertrieben und das Land eroberten. In den Tagen des Kalifen *Othmân* hatte Mauricius, der Sohn des Heraklius, die Herrschaft über die Byzantiner inne, und auf ihn folgte sein Sohn Phokas in den Tagen der Kalifen *Alî* und *Mu'âwija*. Der Sohn des Phokas, Pogonatus (Konstantin IV.), regierte dann während der restlichen Zeit des Kalifats von Mu'âwija, mit dem er Botschaften austauschte und Waffenstillstandsverhandlungen führte. Ein byzantinischer Sklave Mu'âwijas namens Janâq fungierte als Unterhändler zwischen den beiden. Mu'âwija hatte, als er noch für Othmân Statthalter von Syrien war und dann gegen Alî zu Felde zog, bereits mit dem Vater des Pogonatus, Phokas, Friedensverhandlungen geführt, und Phokas hatte Mu'âwija prophezeit, daß er eines Tages Kalif werden würde; er sagte ihm voraus, daß die Muslime beschließen würden, Othmân zu töten, und daß dann später die Herrschaft an ihn fallen würde.

Pogonatus regierte von den letzten Jahren des Kalifats von Mu'âwija bis zum Anfang der Herrschaft des Kalifen *Abdalmalik*, d. h. er überlebte die Kalifen Mu'âwija, dessen Sohn *Jazîd*, dessen Sohn *Mu'âwija II.* und *Marwân*. Nach ihm herrschte sein Sohn Leontius gleichzeitig mit dem Kalifen Abdalmalik, und ihm folgte Bardanes in den Tagen der Kalifen *al-Walîd, Sulaimân* und *Omar II.* Dann wurde das byzantinische Reich durch den Feldzug des *Maslama* ibn Abdalmalik und durch die Angriffe der Muslime zu Wasser und zu Land erschüttert. Sie machten sich einen Mann namens *Dschirdschis*

zum König, der aus Germanikeia stammte und nicht dem Herrscherhaus angehörte. Er regierte neunzehn Jahre. Das byzantinische Reich blieb zerrüttet, bis Konstantin V. in den Tagen der Kalifen *as-Saffâh* und seines Bruders *al-Mansûr* die Macht innehatte. Zur Zeit der Kalifen *al-Mahdî* und *al-Hâdî* herrschte dann der Sohn Konstantins V., Leon IV., und auf diesen folgte sein Sohn Konstantin VI., dessen Mutter Irene wegen seines jugendlichen Alters bis in die Tage des Kalifen *Hârûn ar-Raschîd* die Macht mit ihm teilte. Konstantin VI. starb jedoch bald, und seiner Mutter wurden die Augen herausgerissen[5]; die damit zusammenhängenden Ereignisse im einzelnen darzustellen, würde jedoch hier zu weit führen.
Dann übernahm Nikephorus die Herrschaft über die Byzantiner. Hârûn ar-Raschîd tauschte Botschaften mit ihm aus, griff ihn dann aber an und zwang ihn, sich ihm zu unterwerfen, nachdem er sich vorher in einer seiner Botschaften sehr anmaßend ausgedrückt hatte. Als ar-Raschîd wieder abgezogen war, brach Nikephorus in treuloser Weise die vereinbarten Verpflichtungen. Dem Kalifen wurde dies verschwiegen, da bei ihm eine Krankheit wieder zum Vorschein gekommen war, die er sich in *Raqqa* zugezogen hatte. Über die Unterwerfung des Nikephorus und über die Gelder, die Geschenke und den Tribut, die er an den Kalifen Hârûn ar-Raschîd schickte, sprach *Abu l-Atâhija* unter anderen die folgenden Verse:

Du Fürst der rechten Leitung! All dein Streben gilt dem Glauben,
und das dürre Land erhält durch dich erst wieder Regen.
Deine edle Hand bedeckt den Osten und den Westen,
und die Menschen ernten alle deinen reichen Segen.
Das Antlitz dieser Erde ist geschmückt mit deiner Güte,
und deinen Großmut findet man auf allen Wegen.
Der Kaiser Nikephorus muß an dich Tribut entrichten,
und die ganze Welt ist dir, Hârûn, jetzt unterlegen.

Als ar-Raschîd von seiner Krankheit genesen war, in deren Verlauf man sich gescheut hatte, ihm etwas von der Treulosigkeit des Nikephorus zu erzählen, trat ein Dichter bei ihm ein und sprach unter anderen die folgenden Verse:

Nikephorus hat sein Versprechen gebrochen, das er
dir gab, als Tod und Vernichtung schon über ihm hingen.

O Beherrscher der Gläubigen, freue dich heute,
denn Gott der Allmächtige ließ dir den Sieg überbringen.
Die Männer im Heere erfaßte gewaltige Freude,
als sie die Nachricht vom Wortbruch des Kaisers empfingen.
Nun wird uns mit deinen gesegneten Fahnen ein grö-
ßerer Sieg als alle die andren Triumphe gelingen.

Nachdem der Dichter seine Verse vorgetragen hatte, vergewisserte sich der Kalif, daß Nikephorus wirklich das Abkommen gebrochen hatte, und merkte, daß ihm seine Wesire absichtlich nichts davon erzählt hatten. Dann rüstete er sich und brach zu einem Feldzug gegen Nikephorus auf. Im Jahre 190 d. H. (= 805/06 n. Chr.) belagerte er Herakleia. Abu Umair Adî ibn Ahmad berichtete mir, daß ar-Raschîd bei der Belagerung von Herakleia die Soldaten aus den Grenzbezirken bei sich hatte, darunter auch die beiden Befehlshaber der syrischen Grenzfestungen, nämlich Machlad ibn al-Husain und Abu Ishâq al-Fazârî, der »Das Buch der Biographien« verfaßt hat. Zunächst nahm ar-Raschîd den Machlad zur Seite und fragte ihn:
»Was hältst du von der Belagerung dieser befestigten Stadt?«
»Diese Festung«, antwortete Machlad, »ist die erste im Herrschaftsbereich der Byzantiner, und sie ist die stärkste und wehrhafteste. Wenn du sie belagerst und Gott dir ihre Eroberung leicht macht, wirst du danach auch jede andere Festung einnehmen können.«
Dann rief ar-Raschîd den Abu Ishâq zu sich und stellte ihm die gleiche Frage, worauf dieser erwiderte:
»O Beherrscher der Gläubigen! Die Byzantiner haben diese Stadt als Grenzbefestigung an einem Engpaß errichtet. Sie hat nur wenige Einwohner, weshalb die Beute, wenn du die Stadt eroberst, zu gering sein wird, um sie unter allen Muslimen zu verteilen. Deshalb halte ich es für besser, wenn du zu einer der großen byzantinischen Städte ziehst, denn wenn du eine solche eroberst, werden alle Muslime an der Beute teilhaben können, und wenn es dir mißlingt, wirst du eine gute Entschuldigung haben.«
Der Kalif entschied sich für den Rat des Machlad. Er belagerte Herakleia und führte dort einen Krieg siebzehn Tage lang.
Nachdem aber zahlreiche Muslime gefallen waren und der Proviant für Mensch und Tier dahinschwand, wurde ar-Raschîd sehr bedrückt und ließ Abu Ishâq kommen und sprach:

»Du siehst, in welcher Lage sich die Muslime befinden. Was sollte ich nun deiner Meinung nach tun?«
»O Beherrscher der Gläubigen!« begann Abu Ishâq. »Ich hatte diese Entwicklung vorausgesehen und habe dir meine Befürchtungen ja auch dargelegt. Ich war der Meinung, du hättest die Kampfkraft und den Ehrgeiz der Muslime gegen eine andere Festung richten sollen. Nun aber, nachdem du die Stadt angegriffen hast, gibt es keinen Weg zurück, denn damit würdest du deinem Ansehen als Herrscher Abbruch tun, die Religion schwächen und die Besatzungen in den anderen Festungen ermutigen, sich den Muslimen ebenfalls zu widersetzen und ihnen standzuhalten. Meiner Meinung nach solltest du, o Beherrscher der Gläubigen, im Heer verkünden lassen, daß du die Belagerung dieser Festung so lange aufrechterhalten wirst, bis Gott den Muslimen die Eroberung ermöglicht. Dann solltest du den Befehl geben, Steine zusammenzutragen und Holz zu schlagen, um damit gegenüber der Festung eine Stadt zu errichten, bis Gott den Muslimen den Sieg verleiht. Achte aber darauf, daß von deinem Plan im Heer nur dieser Befehl bekannt wird, denn der Prophet hat gesagt: ›Krieg bedeutet Täuschung!‹ Und gerade dies hier ist ein Krieg, der durch List und nicht durch das Schwert entschieden wird.«
Sogleich ließ der Kalif dies verkünden, worauf die Soldaten Steine herbeitrugen, Bäume fällten und mit dem Bau begannen.
Angesichts dieser Entwicklung fingen die Bewohner der Festung an, unter dem Schutz der Nacht zu fliehen, indem sie sich an Seilen von den Mauern herunterließen. Als die Muslime dann die Belagerung noch verstärkten und die Festung mit Steinen, Feuer und Pfeilen unter ständigen Beschuß nahmen, öffnete sich auf einmal das Tor, und den Blicken der Muslime zeigte sich ein ausgesprochen wohlgestalter Mann, der in voller Rüstung heraustrat und rief:
»O ihr Araber! Wir stehen uns jetzt lange genug gegenüber! Einer von euch oder auch zehn oder zwanzig sollen hervortreten und sich mit mir im Zweikampf messen!«
Da niemand es wagte, dieser Aufforderung ohne Erlaubnis des Kalifen, der gerade schlief, nachzukommen, kehrte der Byzantiner in die Festung zurück. Als ar-Raschîd dann erwachte und man ihm von dem Vorfall erzählte, bedauerte er, daß er eingeschlafen war, und schalt seine Diener, daß sie ihn nicht geweckt hatten. Daraufhin erklärte man ihm:

»O Beherrscher der Gläubigen! Die Tatsache, daß sich ihm heute niemand entgegengestellt hat, wird ihn ermutigen, aufstacheln und anfeuern, morgen abermals herauszukommen und mit den gleichen Worten zum Zweikampf aufzufordern.«

Die folgende Nacht wurde dem Kalifen lang, und am Morgen wartete er ungeduldig auf das Erscheinen des Byzantiners. Da öffnete sich das Tor, der Ritter kam heraus und wiederholte seine Aufforderung. Als ar-Raschîd fragte, wer sich zum Kampf stellen wolle, meldeten sich eiligst seine bedeutendsten Heerführer, und der Kalif wählte einen von ihnen aus. Da erhoben die Grenzkämpfer und die Freiwilligen am Eingang des Zeltes ein großes Geschrei, worauf ar-Raschîd einige von ihnen eintreten ließ, die ihm in Anwesenheit von Machlad und Abu Ishâq erklärten: »O Beherrscher der Gläubigen! Deine Heerführer sind berühmt für ihre Stärke und ihren Mut, für ihr hohes Ansehen und ihre persönliche Kampferfahrung. Wenn einer von ihnen gegen diesen Barbaren zieht und ihn tötet, wird er dadurch nicht noch berühmter werden; wenn der Barbar aber ihn tötet, wird dies für das Heer eine große Schande bedeuten und eine nicht zu schließende Lücke hinterlassen. Wir gemeinen Soldaten hingegen haben keinen Ruhm zu verlieren. Deshalb möge der Beherrscher der Gläubigen doch einen Mann aus unseren Reihen wählen, damit er gegen jenen ziehe!«

Ar-Raschîd fand ihren Vorschlag gut, und auch Machlad und Abu Ishâq pflichteten ihnen bei.

Sie wiesen den Kalifen auf einen Mann namens Ibn al-Dschazarî hin, der in den Grenzmarken wegen seines Mutes berühmt war.

»Bist du bereit, gegen ihn zu ziehen?« fragte ihn der Kalif, und Ibn al-Dschazarî erwiderte:

»Ja, o Beherrscher der Gläubigen, und Gott möge mir gegen ihn beistehen!«

»Gebt ihm ein Pferd, eine Lanze, ein Schwert und einen Schild!« befahl ar-Raschîd, doch Ibn al-Dschazarî entgegnete:

»O Beherrscher der Gläubigen! Ich habe mehr Vertrauen zu meinem eigenen Pferd, und in meiner Hand ist meine eigene Lanze stärker. Das Schwert und den Schild nehme ich dagegen an.«

Nachdem er seine Rüstung angelegt hatte, ließ der Kalif ihn zu sich kommen, sagte ihm Lebewohl und gab ihm seine besten Wünsche mit auf den Weg. In Begleitung von zwanzig Freiwilligen brach Ibn

al-Dschazarî auf und ritt ins Tal hinunter, wo sie der Barbar erwartete und, nachdem dieser sie gezählt hatte, sprach:
»Wir hatten ausgemacht, daß höchstens zwanzig Männer von euch kommen. Nun seid ihr einer mehr, doch mir soll es recht sein!«
»Nur einer von uns wird gegen dich antreten!« riefen sie zurück. Nachdem sich Ibn al-Dschazarî von seinen Begleitern getrennt hatte, betrachtete ihn der Barbar aufmerksam, während die meisten Byzantiner von der Festung herab gespannt die Bewegungen ihres Helden verfolgten.
»Sagst du mir die Wahrheit, wenn ich dich etwas frage?« wandte sich der Byzantiner an Ibn al-Dschazarî.
»Ja.«
»Bist du, bei Gott, nicht Ibn al-Dschazarî?«
»Bei Gott, ja! Und ich bin dir ebenbürtig!«
»Gewiß!«
Dann begannen sie zu kämpfen und griffen sich mit ihren Lanzen an, doch lange Zeit ließen sich ihre Pferde nicht abdrängen, und keiner vermochte dem anderen auch nur einen Kratzer zuzufügen. Als ihnen die Hitze aber immer mehr zusetzte und die Kraft der Pferde nachließ, warfen sie ihre Lanzen weg, der eine zu seinen Gefährten, der andere zur Festung hin, und zogen die Schwerter. Ibn al-Dschazarî versetzte dem Byzantiner einen Hieb und dachte schon, er hätte ihn damit erledigt, doch dieser parierte den Schlag mit seinem eisernen Schild, wobei ein schrecklicher Laut ertönte, und schlug seinerseits zu, so daß sein Schwert den tibetanischen Lederschild des Ibn al-Dschazarî durchstieß. Der Barbar fürchtete jedoch, er könnte verloren sein, wenn er das Schwert zu weit in den Schild seines Gegners hineintreiben würde. Als beide schon die Hoffnung aufgaben, den Kampf für sich entscheiden zu können, ergriff Ibn al-Dschazarî plötzlich die Flucht. Der Kalif und die Muslime waren bei diesem Anblick so niedergeschlagen wie noch nie, während die Christen von der Festung herab ein Freudengeschrei ertönen ließen. Ibn al-Dschazarî hatte jedoch nur eine List angewandt, denn als der Barbar ihn mit erhobenem Schwert verfolgte, ließ er diesen so nahe herankommen, daß er ein Fangseil nach ihm werfen konnte und ihn vom Sattel herunterriß. Der Byzantiner war noch nicht am Boden, da hatte ihm Ibn al-Dschazarî schon den Kopf vom Rumpf getrennt.
»Allahu akbar, Gott ist groß!« jubelten die Muslime, und die Un-

gläubigen stürzten entsetzt zum Tor, um es zu schließen. Im selben Augenblick rief aber der Kalif seinen Heerführern den Befehl zu, an den Steinen der Wurfmaschinen Feuerbrände zu befestigen. Da brach der Widerstand der Feinde zusammen. Die Muslime waren als erste am Tor und drangen mit ihren Schwertern in die Festung ein. Dem Ibn al-Dschazarî wurden reiche Geschenke, der Rang eines Heerführers und ein Ehrengewand angeboten, doch er nahm nichts davon an und bat darum, der bleiben zu dürfen, der er war.

Nach Nikephorus, in den Tagen des Kalifen *al-Amîn*, übernahm sein Sohn Staurakius die Herrschaft und regierte, bis Konstantin, der Sohn des Pogonatus, zur Zeit des Kalifen *al-Ma'mûn* die Macht an sich riß. In den Tagen des Kalifen *al-Mu'tasim* folgte ihm Theophilus, der Zibatra eroberte, worauf al-Mu'tasim gegen ihn zu Felde zog und Amorium einnahm. Nach Theophilus herrschte Michael, der Sohn des Theophilus, während in Bagdad die Kalifen *al-Wâthiq, al-Mutawakkil, al-Muntasir* und *al-Musta'în* regierten. Darauf kam es unter den Byzantinern zu einem Thronstreit, der zunächst damit endete, daß sie Michaels Sohn Theophilus zum König machten. Bald entriß ihm jedoch Basil der Macedonier, der nicht dem Königshaus angehörte, die Herrschaft. Seine Regierungszeit reicht vom Kalifat des *al-Mu'tazz* über das des *al-Muhtadî* bis in die Jahre des Kalifen *al-Mu'tamid.* Nachdem Basil gestorben war, machten sie einen seiner Söhne namens Alexander zum König, setzten ihn aber wieder ab, da sie seine Herrschaft nicht mehr lobenswert fanden, und übergaben die Macht seinem Bruder Leon, der dann während der restlichen Zeit des Kalifen al-Mu'tamid sowie in den Tagen der Kalifen *al-Mu'tadid* und *al-Muktafî* und während der ersten Jahre des Kalifen *al-Muqtadir* regierte. Bei seinem Tode hinterließ er einen kleinen Sohn namens Konstantin als Nachfolger, doch bemächtigte sich Romanus, der Patricius der See- und Landstreitkräfte, eines Teiles der Herrschaft und regierte mit Konstantin gemeinsam; seine Tochter gab er dem jungen König zur Frau. Diese Herrschaftsverhältnisse bestanden in den letzten Jahren des Kalifen al-Muqtadir sowie in den Tagen der Kalifen *al-Qâhir* und *ar-Râdî*, und sie bestehen auch heute noch, d. h. im Jahre 332 d. H. (= 943 n. Chr.), unter dem Kalifat des *al-Muttaqî.*

Gegenwärtig haben die Byzantiner drei Könige. Der mächtigste davon, der den Staat leitet, ist der Usurpator Romanus. Der zweite ist

Konstantin, der Sohn des Leon, und der dritte ist ein Sohn des Romanus, namens Stephanus, der ebenfalls den Königstitel trägt. Einen weiteren Sohn machte Romanus zum Inhaber des Stuhles von Konstantinopel, d. h. zum obersten Patriarchen, dem die Leitung der religiösen Angelegenheiten untersteht; Romanus hatte ihn zuvor kastrieren lassen, um ihn der Kirche zu weihen.
Bis hierher reicht die Geschichte der byzantinischen Könige, und nur Gott allein weiß, was mit ihnen in Zukunft geschehen wird.

# *Ägypten*

Ein Weiser hat Ägypten folgendermaßen beschrieben: »Drei Monate ist es eine weiße Perle, drei Monate schwarzer Moschus, drei Monate ein dunkelgrüner Smaragd und drei Monate ein Barren roten Goldes.« Eine weiße Perle ist Ägypten in den Monaten Juli, August und September, wenn es vom Wasser überschwemmt ist, wenn die von allen Seiten vom Wasser umgebenen Dörfer auf ihren Hügeln und Erhebungen über dem weiß schimmernden Land den Sternen gleichen und wenn man nur noch mit Booten von einem zum anderen Ort gelangen kann. Schwarzer Moschus ist Ägypten in den Monaten Oktober, November und Dezember, wenn das Wasser in das Bett des Nils zurückfließt und einen schwarzen Boden hinterläßt, der von den Bauern bestellt wird und einen Duft ausströmt, der dem Duft des Moschus gleicht. Ein grüner Smaragd ist Ägypten in den Monaten Januar, Februar und März, wenn die überall sprießenden Gräser und Pflanzen ihm den Glanz dieses Edelsteines verleihen. Und ein Barren roten Goldes ist Ägypten in den Monaten April, Mai und Juni, wenn die Saat reift und das Gras eine rötliche Farbe annimmt, so daß das Land sowohl vom Anblick wie vom Nutzen her dem Golde gleicht.

Ein anderer Weiser beschrieb Ägypten mit den folgenden Worten: »Ägyptens Nil ist ein Wunder, und seine Erde ist Gold; es gehört dem, der sich seiner mit Gewalt bemächtigt, und seine Herrschaft demjenigen, der sie sich raubt; sein Reichtum erweckt Begierde und erzeugt der anderen Neid; seine Bewohner sind unruhig und gehorchen nur aus Furcht; aufrührerisch sind sie im Frieden und wütend im Krieg.«

Der Nil Ägyptens gehört zu den Königen der Flüsse und zu den Adligen unter den Meeren, denn einer religiösen Überlieferung zufolge entspringt er wie der *Saihân,* der *Dschaihân,* der Euphrat und andere berühmte große Flüsse im Paradies. Ägypten zählt zu den Königinnen der Dörfer und Städte. Gott läßt im Koran den Pharao sprechen: HABE ICH NICHT DIE HERRSCHAFT ÜBER ÄGYPTEN, WO DOCH ALLE DIESE STRÖME ZU MEINEN FÜSSEN FLIESSEN? WOLLT IHR DENN NICHT SEHEN? (Sure 43, Vers 51); und dem Joseph legt Er im Koran die Worte in den Mund: SETZE MICH ÜBER DIE VORRÄTE DES LANDES, d. h. Ägyptens! (Sure 12, Vers 55). Von allen Flüssen der Welt wird als einziger der Nil wegen seiner Größe und Tiefe »Meer« genannt.

Der Nil beginnt Ende Juni anzuschwellen und steigt im Juli und August weiter an. In jenen Jahren, in denen der Fluß besonders viel Wasser führt, steigt er auch noch den ganzen Monat September über. Erreicht das Wasser am Nilometer[1] einen Pegelstand von 16 Ellen, bedeutet dies, daß das Steueraufkommen des Staates und die Versorgung der Bevölkerung gesichert sind; die höhergelegenen Teile des Landes leiden dann allerdings unter einer allgemeinen Trockenheit, und der Mangel an Weide- und Grasflächen wirkt sich auf die Viehzucht sehr nachteilig aus. Das ganze Land kommt in den Nutzen des Hochwassers, wenn der Nil einen Pegelstand von 17 Ellen erreicht; dann wird der gesamte Boden voll ausreichend bewässert. Übersteigt der Nil dagegen 17 Ellen und erreicht 18 Ellen, ist ein Viertel von ganz Ägypten überschwemmt, was zusammen mit anderen Ursachen bei einem Teil der Dörfer große Schäden hervorruft. Außerdem treten in Ägypten nach derartigen Überschwemmungen, wenn der Nil in sein Bett zurückfließt, regelmäßig Seuchen auf. 18 Ellen werden als Höchststand betrachtet, doch erreichte das Hochwasser im Jahre 99 d. H. (= 717 n. Chr.) unter dem Kalifat *Omars II.* sogar einmal 19 Ellen. Der niedrigste Pegelstand, wenn der Nil ausgesprochen wenig Wasser führt, beträgt drei Ellen. Die beiden Pegelstände des Hochwassers von 13 oder 14 Ellen werden *Munkar* und *Nakîr* genannt, und in solchen Jahren werden Bittgebete verrichtet. Wenn das Wasser bereits bei einem Pegelstand von 13, 14 oder 14½ Ellen wieder zu fallen beginnt, sprechen die Bewohner Bittgebete, und das ganze Land erleidet großen Schaden, bis Gott dem Wasser erlaubt, wieder zu steigen. Erreicht das Hochwasser den Stand von 15 Ellen oder etwas darüber, genügt es für einen Teil des Landes, und es werden keine besonderen Gebete verrichtet; das Steueraufkommen des Staates ist dann aber zu gering.

Kurz nach dem Jahre 260 d. H. (= 873 n. Chr.) erfuhr *Ahmad ibn Tulûn* in Ägypten, daß in Oberägypten ein 130 Jahre alter Kopte lebte, der seit seiner Jugend wegen seines Wissens berühmt war und der sich eingehend mit den philosophischen und religiösen Vorstellungen der verschiedensten Richtungen beschäftigt hatte. Darüber hinaus wußte er über das Land und den Fluß Ägyptens, über seine Geschichte und die Geschichte seiner Könige bestens Bescheid. Er hatte die Erde bereist, die Reiche durchquert und die verschiedenen Völker weißer und schwarzer Hautfarbe kennengelernt. Außerdem war er in der Astronomie und ihren Gesetzen bewandert. Ahmad ibn Tulûn sandte einen seiner Heerführer mit seinen Leuten nach Oberägypten, und dieser brachte den Alten gegen seinen Willen auf dem Flußweg zu Ibn Tulûn. Der Alte, der bereits die vierzehnte Generation seiner Nachkommen heranwachsen sah, hatte sich von den Menschen zurückgezogen und lebte allein im obersten Teil seines Hauses. Als er nun vor Ibn Tulûn erschien, sah dieser die eindeutigen Zeichen seines hohen Alters und die Spuren, die ihm die Zeit ins Gesicht gegraben hatte, doch bemerkte er auch, daß seine Sinne wach, seine Urteilskraft ungebrochen und sein Verstand noch klar waren, daß er begriff, was man zu ihm sagte, und daß seine Erklärungen und Antworten nicht besser sein konnten. Er wies ihm in seinem Palast eine eigene Wohnung zu, ließ Teppiche für ihn ausbreiten und ihm köstliche Speisen und Getränke reichen. Der Alte jedoch weigerte sich, die Teppiche zu betreten, und bestand darauf, nur von jenem Gebäck und den anderen Lebensmitteln zu essen, die er sich von zu Hause mitgebracht hatte. Er sprach:
»Die Existenz meines Körpers hängt von dieser Nahrung und von dieser Kleidung ab. Wenn ihr mich zwingt, meine Gewohnheiten aufzugeben und diese Speisen, Getränke und Kleider anzunehmen, wird mein Körper zerbrechen und zerfallen.«
Daraufhin ließ man ihn sein gewohntes Leben weiterführen. Ahmad ibn Tulûn stellte ihm sodann die kenntnisreichsten Männer vor, die an seinem Hofe weilten, und schenkte ihm seine ganze Aufmerksamkeit. Viele Tage und Nächte verbrachte er allein mit ihm zusammen, um seinen Worten zu lauschen, seinen Erklärungen zuzuhören und sich von ihm seine Fragen beantworten zu lassen.
Eines Tages wurde der Alte nach dem See von Tinnîs und Damietta gefragt, worauf er sprach: »Einst gab es in Ägypten kein Gebiet, das

ausgewogener gewesen wäre oder einen fruchtbareren Boden gehabt hätte. Es war von Gärten, Palmen, Weinstöcken, Feldern und Bäumen bedeckt. Auf den Anhöhen und in den Ebenen lagen Dörfer. Nirgends gab es ein schöneres Land und keines, in dem Obst- und Weingärten so dicht aufeinanderfolgten. In Ägypten konnte man allein das Gebiet des *Fajjûm* mit ihm vergleichen, doch war es reicher und fruchtbarer und brachte mehr Obst und zahlreichere Arten seltener, duftender Pflanzen hervor. Im Sommer wie im Winter strömte ununterbrochen Wasser herbei, mit dem die Gärten und Felder jederzeit bewässert werden konnten. Das übrige Wasser ergoß sich durch verschiedene Kanäle in einer Entfernung von etwa einer Tagesreise an einem Ort namens Uschtûm ins Meer. Damals bestand auch zwischen *al-Arîsch* und der Insel Zypern eine durchgehende Furt, d. h. ein Weg, auf dem die Lasttiere trockenen Hufes hinüberziehen konnten, während man heute eine lange Seereise unternehmen muß, um von al-Arîsch nach Zypern zu gelangen. Eine ähnliche Landverbindung bestand damals auch zwischen Zypern und Kleinasien. – Spanien war einst mit al-Chadrâ in der Nähe der Städte Fes und Tanger im westlichen Nordafrika mit einer aus Steinen und Ziegeln errichteten Brücke verbunden, über die die Kamele und andere Lasttiere von Afrika nach Spanien und von Spanien nach Afrika ziehen konnten. Das Meer teilte sich in zahlreiche schmale Kanäle, durch die es unter den Bogen der Brücke hindurchfloß. In Abständen wurde die Brücke von Pfeilern gestützt, die auf harten Felsen ruhten. Dort begann das Mittelmeer, das sein Wasser vom Ozean, d. h. von jenem großen Meer bezieht, das die bewohnte Erde umgibt. Im Verlaufe der Zeit mußten aber die Menschen mitansehen, wie das Meer immer weiter anstieg und ein Land nach dem anderen überschwemmte, bis schließlich auch die Furt zwischen al-Arîsch und Zypern sowie die Brücke zwischen Spanien und dem nordafrikanischen Festland bei Tanger von Wasser bedeckt wurden. Die Erinnerung an diese Brücke ist sowohl in Spanien als auch bei den Bewohnern von Fes im westlichen Nordafrika lebendig geblieben, und zuweilen können die Seeleute, die mit ihren Schiffen an der betreffenden Stelle vorüberfahren, unten im Meer die Reste der Brücke sehen. Sie war etwa zwölf Meilen lang und besaß eine beachtliche Breite und Höhe. – Im Jahre 251 der diokletianischen Ära begann das Wasser des Meeres einen Teil des Gebietes, das heute ›See von

Tinnîs‹ genannt wird, zu überfluten. Von Jahr zu Jahr stieg es dann weiter an, bis es das ganze Gebiet, einschließlich der in den Ebenen liegenden Dörfer, überschwemmt hatte. Von den Dörfern auf den Anhöhen blieben bis heute Tûma, Samannûd und einige andere als Inseln bestehen. Die Bewohner jener Dörfer, die nun überschwemmt sind, pflegten damals ihre Toten nach Tinnîs zu bringen und dort übereinander zu bestatten. Dies sind jene drei Hügel, die jetzt Abu l-Kûm heißen. Die Überschwemmung des ganzen Landes erfolgte im 251. Jahr der diokletianischen Ära, d. h. hundert Jahre bevor Ägypten von den Muslimen erobert wurde.«

Man fragte den Alten auch nach den Königen und den am Nil gelegenen Reichen der Abessinier, worauf er sprach: »Ich habe 60 Könige angetroffen, die alle in eigenen Reichen herrschen und miteinander im Krieg liegen. Ihr Land ist heiß und trocken, und der Boden ist wegen der Hitze und der Trockenheit schwarz. Das feurige Element ist dermaßen vorherrschend, daß sich das Silber unter dem Einfluß der trockenen Sonnenhitze in Gold verwandelt. Bringt man aus der Mine rein gewonnene Goldplatten zusammen mit Salz, Vitriol und Ton zum Schmelzen, erhält man reines weißes Silber. Daß dies so ist, kann nur jemand leugnen, der nichts davon versteht und der sich nicht damit befaßt hat.«

Als man ihn nach dem Bau der Pyramiden fragte, antwortete er: »Die Pyramiden sind Königsgräber. Wenn bei den alten Ägyptern ein König starb, legte man ihn in eine Art steinernen Trog, der in Ägypten und Syrien Dschurn genannt wird, und verschloß diesen Sarg mit einem Deckel. Dann bauten sie den Sockel der Pyramide bis zu einer bestimmten Höhe, stellten den Sarg mitten darauf, spannten Bogen und Gewölbe darüber und stellten die Pyramide dann bis zu jener Höhe fertig, die ihr heute seht. Um zum Eingang der Pyramide zu gelangen, den man unterhalb des Bauwerkes angelegt hatte, gruben sie jeweils einen unterirdischen gewölbten Gang, der hundert oder noch mehr Ellen lang war.«

»Aber wie«, so fragte man ihn weiter, »konnten sie die Pyramiden mit solch glatten Seitenflächen errichten, wie stiegen sie während der Arbeiten hinauf und worauf beförderten sie diese mächtigen Steinblöcke, die wir heutigen Menschen, wenn überhaupt, nur mit größter Anstrengung zu bewegen vermögen?«

Da erklärte der Alte: »Sie erbauten die Pyramiden zunächst stufenförmig in der Art von Treppen; sobald sie damit fertig waren, glätteten sie dann die Seiten von oben nach unten. Abgesehen von dieser geschickten Technik verfügten sie aber auch über große körperliche Kraft und Ausdauer und waren von einer religiös begründeten Ergebenheit gegenüber ihren Königen erfüllt.«

Als er gefragt wurde, weshalb die Inschriften, die sich an den Pyramiden und Tempeln befinden, nicht mehr zu entziffern seien, sprach er: »Nachdem die Weisen und die Menschen, die sich einst dieser Schrift bedienten, dahingegangen waren, gelangte Ägypten nacheinander unter die Herrschaft verschiedener Völker, die zumeist das griechische Alphabet benutzten. Die Kopten konnten anfangs die alte Schrift noch lesen, vermischten sie aber bald immer mehr mit griechischen Buchstaben, wodurch sie eine eigenständige neue Schrift entwickelten, die zwischen dem Griechischen und dem alten Koptischen steht. Die Kenntnis von der Schrift ihrer Ahnen ging ihnen dagegen verloren.«

Auf die Frage nach dem ersten Bewohner Ägyptens sprach er: »Der erste, der sich in diesem Lande niederließ, war *Misr*, der Sohn Chams, des Sohnes des Noe.«

Der Alte selbst war Kopte und bekannte sich als solcher zum jakobitischen Christentum. Eines Tages befahl nun Ahmad ibn Tulûn einem im spekulativen Denken geschulten Mann, der mit ihnen zusammensaß, den Alten nach einem Beweis für die Richtigkeit des christlichen Glaubens zu fragen. Der Philosoph kam dem Wunsch des Herrschers nach, worauf der alte Kopte sprach: »Den Beweis für die Wahrheit des Christentums sehe ich in seinen unvereinbaren Widersprüchen, die sich aufgrund ihrer Gegensätzlichkeit jeder verstandesmäßigen Erklärung entziehen. Keine Spekulation und kein Disput vermögen sie zu erklären, und so sehr Sinn und Verstand auch danach suchen mögen, sie werden keinen Beweis dafür finden. Da ich aber gesehen habe, wie viele Völker und wie viele mächtige, kluge und verständige Könige sich trotz der erwähnten unerklärlichen Widersprüche zum Christentum bekehrt haben und diesem Glauben folgen, nehme ich an, daß sie eindeutige Beweise und untrügliche Zeichen und Wunder gesehen und erfahren haben müssen, die sie zur Annahme des Christentums zwangen.«

«Und worin liegen diese Widersprüche?« wurde er gefragt, worauf er antwortete:

»Wie könnte man ihren Sinn je begreifen?! Derartige Widersprüche sind: das Dogma, daß der Eine Gott aus drei Personen besteht und diese drei Personen ein Gott sind; die Definition der Hypostasen und der Substanz, d. h. der Dreifaltigkeit; die Frage, ob die Hypostasen selbst handeln und wissen können oder nicht; die Inkarnation des ewigen Gottes im geschaffenen Menschen, seine Geburt, seine Kreuzigung und sein Tod. Gibt es etwas Schrecklicheres und Ungeheuerlicheres als einen Gott, der gekreuzigt wird, dem man ins Gesicht speit, dem man eine Dornenkrone aufsetzt, dessen Kopf man mit Ruten schlägt, dem man die Hände mit Nägeln durchbohrt, in dessen Seiten man Lanzen und Stöcke stößt und der um Wasser bittet, worauf man ihm Essig in einer Koloquinte reicht?!«
Sein Eingeständnis der Widersprüchlichkeit, Unvollkommenheit und Schwäche seiner Religion ließ alle Anwesenden verstummen und setzte dem Disput ein Ende.
An dem Gespräch nahm auch ein jüdischer Arzt des Ibn Tulûn teil. Er bat den Fürsten um die Erlaubnis, sein Wort an den alten Kopten richten zu dürfen. Ibn Tulûn willigte ein, worauf sich der Jude an den Kopten wandte. Aber noch bevor er eine Frage stellen konnte, erkundigte sich der Alte, wer er sei und welcher Religion er angehöre. Als man ihm sagte, er sei Jude, sprach er: »Also ein Mazdäer!«
»Wie kann er Mazdäer sein, wenn er ein Jude ist?« wollte man von ihm wissen, worauf er sagte:
»Weil die Juden es in bestimmten Fällen gestatten, die eigenen Töchter zu heiraten. Ein Jude kann nämlich die Tochter seines Bruders heiraten; da er aber die Witwe eines verstorbenen Bruders immer heiraten muß, kann es vorkommen, daß dies dann seine eigene Tochter ist. Dies ist eines ihrer Geheimnisse, die sie ängstlich hüten und nicht nach außen dringen lassen. Gibt es bei den Mazdäern etwas Scheußlicheres?!«
Der Jude bestritt, daß es in seiner Religion solche Ehebestimmungen gebe und daß einer seiner Glaubensbrüder jemals eine solche Ehe eingegangen sei. Ibn Tulûn ließ später aber Erkundigungen einziehen und erfuhr, daß der jüdische Arzt die Frau seines verstorbenen Bruders geheiratet hatte, wobei diese seine eigene Tochter war. Der alte Kopte wandte sich dann an Ibn Tulûn, deutete auf den Juden und sprach:
»O Fürst! Die Juden behaupten, Gott habe Adam nach seinem

Ebenbild geschaffen, und von einem ihrer Propheten, dessen Name Gott im Koran genannt hat[2], überliefern sie, daß er eines Tages Gott mit weißen Haaren und mit weißem Bart gesehen und daß Gott gesprochen habe: ›Ich bin das verbrennende Feuer und das verschlingende Fieber. Ich strafe die Söhne für die Sünden ihrer Väter!‹[3] In ihrer Thora heißt es, daß Lot von seinen Töchtern mit Wein betrunken gemacht worden sei, worauf er mit ihnen Unzucht getrieben habe und sie ihm Kinder geboren hätten. Dort wird auch erwähnt, daß Moses zweimal seinen Sendungsauftrag an Gott zurückgab, worauf er Seinen gewaltigen Zorn auf sich zog, daß Aaron das Kalb gefertigt habe, welches die Kinder Israels dann anbeteten, und daß die Wunder, die Moses vor dem Pharao verrichtet hat, sogleich von Zauberern nachgeahmt worden seien. Ferner glauben sie daran, daß sie durch das Blut und das Fleisch von Opfertieren Gott näher kämen. Sie entscheiden gegen die Vernunft und verbieten die freie Überlegung ohne Beweise, indem sie behaupten, daß ihr Gesetz nicht aufgehoben werden könne und daß die Worte der Propheten, die nach Moses kamen, nicht angenommen werden dürften, wenn sie von dessen Worten abwichen; dabei ist vom Verstand her nicht einzusehen, warum ein Unterschied bestehen sollte zwischen Moses und den anderen Propheten, wenn diese eindeutige Beweise für die Echtheit ihrer Gottesgesandtschaft erbracht haben. Ihr ganzer Unglaube aber offenbart sich an ihrem Jom Kippur, d. h. dem Sühnefest, das sie am 10. Oktober begehen. An diesem Tag steht der ›Kleine Herr‹, den sie Mîtatrûn nennen, auf, reißt sich die Haare aus und ruft: ›Wehe mir! Ich habe mein Haus zerstört und meine Tochter zur Waise gemacht. Meine Gestalt ist gekrümmt und ich werde mich nicht aufrichten, bevor ich mein Haus nicht wieder aufgebaut habe!‹«

Der alte Kopte erwähnte noch zahlreiche andere ungereimte Geschichten der Juden und wies auf tiefgehende Widersprüche in ihrer Religion hin. Am Hofe Ibn Tulûns traf der Kopte mit vielen Philosophen, Dualisten, Bardesanern, Sabäern, Mazdäern und auch mit muslimischen Theologen zusammen. Alles Wesentliche aus diesen Gesprächen habe ich bereits in meinem Werk »Die Nachrichten der Zeit« angeführt, und die gesamten Gespräche finden sich in meinem Buch »Abhandlungen über die Grundprinzipien der Religionen« wiedergegeben. Nach dem, was ich von seiner Geschichte und von seinen Ansichten erfahren habe, verurteilte er das spekulative Denken und vertrat die Meinung, daß alle Religionen gleichrangig nebeneinander stehen. Er blieb etwa ein Jahr bei Ibn Tulûn, der ihm zahlreiche Auszeichnungen und Geschenke anbot, wovon er aber nichts annahm. Nachdem er dann unter großen Ehrenbezeugungen in seinen Heimatort zurückgebracht worden war, verstarb er dort nach einiger Zeit. Er hinterließ mehrere Bücher, die bestätigen, was ich von seinen Äußerungen angeführt habe. – Aber Gott weiß besser, wie es sich wirklich verhält.

In Ägypten, sowohl im Nil als auch auf dem Lande, finden sich zahlreiche merkwürdige Arten von Tieren. Dazu gehört z. B. der Zitterrochen, ein Fisch, der etwa eine Elle lang ist. Wenn er in das Netz eines Fischers gerät, zittert dieser an Händen und Gliedern. Er weiß dann sogleich, daß er einen Zitterrochen im Netz hat, und bemüht sich eilends, seiner habhaft zu werden und ihn aus dem Netz zu entfernen. Selbst wenn man den Fisch nur mit einem Stab oder einem Rohr berührt, erlebt man dieses seltsame Gefühl. Galen erwähnte den Fisch und sagte, daß man heftige Kopfschmerzen und Migräne auf der Stelle heilen kann, indem man den Fisch lebend auf den Kopf des Kranken legt.

In Ägypten lebt auch das Nilpferd. Wenn es aus dem Fluß steigt und sich an einer Stelle des Ufers niederläßt, wissen die Ägypter, daß das Hochwasser des Nils genau bis zu dieser Stelle ansteigen wird. Aufgrund langer Beobachtungen und Erfahrungen sind sie sich darin völlig sicher. Wenn das Nilpferd den Fluß verläßt, schadet es den Erträgen des Landes, weil es die Saatpflanzen abweidet. Und zwar tut es dies in der Weise, daß es des Nachts aus dem Wasser steigt, sich bis zu einer bestimmten Stelle des Landes begibt und sich dann wieder dem Wasser zuwendet, wobei es ausschließlich auf dem Rückweg die Saat frißt, so, als habe es sich auf dem Hinweg genau seine Nahrungsmenge abgesteckt. Nach dem Fressen kehrt es zum Nil zurück, um dort zu trinken und anschließend an verschiedenen Stellen seinen Dung abzulegen, woraus zuweilen wieder Pflanzen wachsen. Wenn für die Landbesitzer der Schaden, den das Nilpferd anrichtet, zu groß wird, streut man an der Stelle, wo es gewöhnlich aus dem Wasser steigt, eine größere Menge Lupinen aus, die es dann frißt. Nach seiner Rückkehr ins Wasser bläht sich der Inhalt seines Leibes dermaßen auf, daß er zerreißt und das Tier verendet. Sein Kadaver schwimmt dann auf dem Fluß und wird schließlich ans Ufer getrieben. An jenen Stellen, wo Nilpferde leben, sieht man kaum jemals Krokodile. Das Nilpferd ähnelt dem Pferd, doch hat es andere Hufe und einen anderen Schwanz, und seine Stirn ist größer.

Viele Gelehrte haben ausgeführt, daß Baisar, der Sohn des Châm, des Sohnes des Noe, als er mit seinen Kindern und zahlreichen Angehörigen Babylon verließ, nach Ägypten zog, wo er sich an jenem Ort, der bis heute Memphis genannt wird, niederließ. Baisar hatte vier Söhne, nämlich *Misr*, Fâriq, Mâh und Jâh. Da Baisar bereits sehr alt war, bestimmte er seinen ältesten Sohn Misr zum Nachfolger. Die Leute scharten sich um ihn und schlossen sich ihm an, und das Land wurde fruchtbar. Misr herrschte über ein Gebiet, das sich in der Länge von Rafah in Palästina im Lande Syrien (oder von al-Arîsch oder von einem Ort namens asch-Schadschara an der Grenze zwischen Ägypten und Syrien und zwischen *al-Arîsch* und Rafah gelegen) bis in die Gegend von Assuan in Oberägypten erstreckte und in der Breite von *Ailat* an der Grenze zum Hedschas bis nach Barqa im Westen reichte.

Misr teilte das Land in vier Teile, die er jeweils einem seiner vier Söhne unterstellte, nämlich Qubt, Aschmûn, Atrîb und Sâ. Die Oberherrschaft übertrug er seinem ältesten Sohn Qubt, auf den sich die Kopten Ägyptens zurückführen. Jeder der vier Söhne gab dem Ort, den er bewohnte, seinen Namen, und diese Namen, d. h. Aschmûn, Qubt, Sâ und Atrîb, tragen diese Orte heute noch. Dann vermischten sich die einzelnen Sippen, und die Nachkommen des Qubt, d. h. die Kopten, bekamen die Überzahl und bemächtigten sich des gesamten Landes. Die Nachkommen der übrigen Söhne des Misr gingen in den Kopten auf und werden seitdem alle mit diesem Volksnamen bezeichnet.

Nachdem Qubt gestorben war, herrschten nacheinander folgende Könige über Ägypten: Aschmûn, Sâ und Atrîb, die übrigen Söhne Misrs, dann Mâlîq ibn Badâris, Charbâtâ ibn Mâlîq, Kalkan ibn Charbâtâ (er regierte etwa hundert Jahre), sein Bruder Mâlijâ, dann Tûtis ibn Mâlijâ (etwa siebzig Jahre), dessen Tochter Hûrijâ (etwa dreißig Jahre) und schließlich eine weitere Frau, nämlich Mâmûm. Die Nachkommen des Baisar, des Sohnes Châms, vermehrten sich in Ägypten, bildeten wieder verschiedene Zweige und machten Frauen zu ihren Herrschern. Die anderen Könige der Erde aber wurden von der Begierde ergriffen, Ägypten zu erobern. So zog der syrische König der Amalekiter namens al-Walîd ibn Dûma' heran und bemächtigte sich nach mehreren Kriegen der Herrschaft über Ägypten. Die Ägypter leisteten ihm Gehorsam, und die Macht ruhte fest in seinen Händen, bis er starb. Sein Nachfolger wurde sein Sohn ar-Rajjân, der der Pharao zur Zeit Josephs war. Gott hat im Koran (Sure 12) erwähnt, was sich zwischen den beiden ereignete.

Danach herrschten die beiden Amalekiter Dârim ibn ar-Rajjân und Aksâmis ibn Ma'dijûs, und auf diese folgte al-Walîd ibn Mus'ab, der zur Zeit von Moses als Pharao regierte. Darüber, ob er ebenfalls Amalekiter war oder vielmehr den syrischen Lachmiden oder sogar den Kopten angehörte, gehen die Meinungen auseinander. In Ägypten ist er unter dem Namen Talmâ bekannt. Dieser Pharao ertrank bei der Verfolgung der Kinder Israels, als diese von Moses aus dem Lande geführt wurden und Gott ihnen einen trockenen Weg durch das Meer öffnete. Nachdem der Pharao mitsamt seinen Soldaten ertrunken war, fürchteten seine in Ägypten zurückgebliebenen Nachkommen, Frauen und Sklaven, daß die Könige Syriens oder des Westens ins Land einfallen könnten. Sie machten deshalb eine kluge und entschlossene Frau namens Dalûka zu ihrer Königin. Diese errichtete zum Schutz Ägyptens eine Mauer, die das ganze Land umschloß und auf der die Wachtposten so dicht aufeinanderfolgten, daß sie durch Zurufen die Nachrichten von einem zum anderen Posten weitergeben konnten. Reste dieser Mauer sind bis heute, d. h. im Jahre 332 d. H. (= 943 n. Chr.), unter der Bezeichnung »die Mauer der Alten Frau« zu sehen.

Sie herrschte dreißig Jahre lang oder etwas weniger. Während dieser Zeit schuf sie in Ägypten Tempel und Statuen und ließ verschiedenes Zaubergerät anfertigen. In den Tempeln wurden jene Menschen bildlich dargestellt, die von überallher nach Ägypten kamen, einschließlich ihrer Reittiere, sowohl Kamele als auch Pferde. Ebenso wurden diejenigen abgebildet, die mit ihren Schiffen zur See von Westen her oder aus Syrien kamen. Außerdem ließ sie in diesen mächtigen und festgefügten Tempeln die Geheimnisse der Natur und sowohl die anziehenden als auch die abstoßenden Stein-, Pflanzen- und Tierarten zusammentragen. Dabei beachtete sie den jeweils günstigen Zeitpunkt, der durch die Bewegungen der Sterne und ihre Verbindung mit den himmlischen Einflüssen bestimmt wird. Wenn ein Heer aus dem Hedschas oder aus dem Jemen gegen Ägypten heranrückte, versenkten sie in den Tempeln jene Figuren, die Kamele und andere Reittiere darstellten, in den Boden, worauf auch das gesamte feindliche Heer in der Erde versank und mit Mensch und Tier vernichtet wurde. Entsprechend verfuhr man, wenn ein Heer von Syrien oder aus dem Westen angriff oder zur See von Rom, von Syrien oder aus anderen Reichen herankam. Die Könige und die Völker fürchteten deshalb die Ägypter, die sich auf diese Weise ihre Feinde vom Leibe hielten. Durch die vorzügliche Leitung und Verwaltung dieser Königin wurde das Reich fest geeint.

Zu allen Zeiten ist viel über die besonderen Geheimnisse der Natur, derer man sich einst in Ägypten bediente, gesprochen worden. Allen Ägyptern ist die erwähnte Handlungsweise der »Alten Königin« bekannt, und niemand von ihnen zweifelt daran. Die Tempel sind noch heute in Oberägypten und in anderen Teilen des Landes zu sehen. In ihnen finden sich verschiedene Arten von Figuren, die, wenn sie bestimmten Dingen nachgebildet sind, die jeweilige Wirkung hervorrufen, deretwegen sie entsprechend ihren Vorstellungen von den Eigenschaften der Natur hergestellt wurden. – Aber Gott weiß besser, wie es sich damit in Wirklichkeit verhält!

Mehrere Leute haben mir in Achmîm in Oberägypten erzählt, daß der Asket *Dhu n-Nûn* behauptete, er habe in einem der Tempel folgende Inschrift entziffert: »Hütet euch vor freigelassenen Sklaven, vor gedankenlosen Jugendlichen, vor Sklavenheeren und vor arabisierten Kopten!« Eine andere Inschrift, die er in einem der Tempel entziffert haben will, lautete: »Das Geschick wird verhängt, während das Schicksal lacht!« Schließlich will er auch die folgende Inschrift, die in den alten Lettern geschrieben war, gedeutet haben:

»Ohne dein Wissen wirst du von Sternen gelenkt,
und der Herr der Sterne tut stets, was er denkt!«

Kehren wir nun zur Geschichte der ägyptischen Könige zurück! Nach Dalûka regierten: Darkûn ibn Balûtis, Bûrus ibn Darkûn, Luqâs ibn Bûrus (er herrschte etwa fünfzig Jahre), Marînâ ibn Bûrus (für etwa zwanzig Jahre), Istamârîs ibn Marînâ (zwanzig Jahre), Balûtis ibn Mînâkîl (vierzig Jahre), Mâlûs ibn Balûtis (zwanzig Jahre), Mînâkîl ibn Balûtis, Balûnah ibn Mînâkîl (er führte viele Kriege und Feldzüge, und er ist der sogenannte »Lahme Pharao«, der die Kinder

Israels angriff und Jerusalem zerstörte), Marînûs (er führte Kriege im Westen), Qarqûrâ ibn Marînûs, Naqâsch ibn Marînûs (achtzig Jahre), Fûmîs ibn Naqâsch (zehn Jahre) und schließlich Kâsîl. Letzterer führte Kriege gegen die Könige des Westens. Er wurde von Nebukadnezar, dem Markgrafen des persischen Königs für den westlichen Teil des Reiches, angegriffen, und dieser verwüstete sein Reich und tötete seine Soldaten, bis er sich wieder nach Osten[4] begab.

Nachdem Nebukadnezar mit seinem persischen Heer wieder abgezogen war, wurde Ägypten von den Byzantinern erobert, worauf sich die Ägypter zum Christentum bekehrten. Das Land blieb unter byzantinischer Herrschaft, bis die Heere des Perserkönigs Chosroe *Anûschirwân* Syrien eroberten und sich anschließend gegen Ägypten wandten, das daraufhin für zwanzig Jahre unter persische Herrschaft geriet. Während der zahlreichen Kriege zwischen Byzantinern und Persern entrichteten die Ägypter doppelte Steuern, nämlich zum einen an Persien und zum anderen an Byzanz. Als die Perser dann wegen eines bestimmten Vorfalls in ihrer Hauptstadt Ägypten und Syrien räumten, bemächtigten sich die Byzantiner wieder der beiden Länder und verbreiteten weiter das Christentum, das dann in Ägypten und Syrien die vorherrschende Religion war, bis Gott den Islam brachte, der Prophet mit dem *Muqauqis,* dem Herrn der Kopten, Geschenke austauschte und schließlich unter dem Kalifat des *Omar* der Feldherr *Amr ibn al-'Âs* mit seinem Heer das Land eroberte.

Trotz aller Widersprüche stimmen die Chroniken darin überein, daß in vorislamischer Zeit 32 Pharaonen, fünf babylonische Könige, vier moabitische, d. h. amalekitische Könige, die von Syrien her in das Land einfielen, sieben römische und zehn griechische Könige über Ägypten regierten. Im Namen der Chosroen herrschten auch Perser über das Land. Insgesamt dauerte die Herrschaft der Pharaonen, Perser, Römer, Amalekiter und Griechen in Ägypten 2300 Jahre.

# *Die Neger*

Als sich die Nachkommen Noes über die Erde zerstreuten, zogen die Kinder des Kûsch ibn Kanaan nach Westen, bis sie den ägyptischen Nil überschritten. Darauf trennten sie sich. Eine Gruppe von ihnen wandte sich zwischen Osten und Westen nach Süden. Dies sind die Nubier, die *Bedscha* und die *Zandsch.* Eine andere Gruppe zog weiter nach Westen. Sie besteht aus vielen Arten, wie z. B. den *Zaghâwa, Kânem, Maranda, Kaukau, Ghâna* und anderen Negern und *Damâdim.* Diejenigen, die zwischen Osten und Westen nach Süden gezogen waren, teilten sich erneut. So bildeten sich innerhalb der Zandsch die Makîr, die Maschkar, die Barbarâ und andere Arten. Bei der Behandlung des Abessinischen Meeres haben wir bereits den Golf von Barbarâ (= Golf von Aden) erwähnt, welche Arten von Negern an ihm wohnen und daß ihre Wohngebiete an Dahlak, Zaila' und Bâdi' grenzen.

Jene Menschen tragen als Kleidung die rötlichen Felle der Leoparden. Aus ihrem Land bringt man diese Felle, die die größten ihrer Art sind und sich am besten als Satteldecken eignen, in die islamischen Länder. Das Meer der Zandsch und der Abessinier liegt rechts vom Indischen Meer, mit dem es allerdings verbunden ist. Aus ihrem Land bringt man auch das Schildpatt vom Rücken der Schildkröten, aus dem man, wie auch aus Horn, Kämme herstellt. Die meisten jener Tiere, die als Zarâfa (Giraffen) bekannt sind, finden sich in ihrem Land, die Mehrzahl allerdings in Nubien und nicht in den übrigen abessinischen Gebieten. Über die Entstehung dieser Tierart gehen die Meinungen auseinander. Einige sind der Ansicht, daß sie ursprünglich vom Kamel abstammt, andere meinen, sie sei das Ergebnis einer Kreuzung zwischen Kamel und Leopard, und wieder andere glauben, daß es sich um eine völlig eigene Tierart handelt, wie Pferd, Esel und Rind, und daß es nicht das Ergebnis einer Kreuzung ist in der Art der Entstehung des Maultiers aus der Verbindung von Pferd und Esel. Auf persisch heißt die Giraffe Oschtorgâw. Schon den persischen Königen wurden Giraffen aus Nubien zum Geschenk gemacht, wie man sie dann auch zu den arabischen Königen, den *abbasidischen* Kalifen und zu den Statthaltern in Ägypten brachte. Die Giraffe besitzt lange Vorderbeine und einen langen Hals, dagegen kurze Hinterbeine. Lediglich die Vorderbeine haben Knie.

*Al-Dschâhiz* hat in seinem »Buch der Tiere« viel über ihren Ursprung gesagt und hat berichtet, daß sich in den oberen Gebieten Nubiens während der größten Hitze viele Tiere, sowohl wilde wie zahme, an den Wasserstellen sammeln und sich dort miteinander paaren. Manche Paarungen bleiben ohne Ergebnis, während aus anderen zahlreiche in Aussehen und Form verschiedene Kreaturen entstehen, darunter auch die Giraffe mit ihren gespaltenen Hufen.

Wir haben bereits erwähnt, daß die Zandsch und andere abessinische Rassen bis in die Gebiete südlich des Nil zogen und bis zu den äußersten Grenzen des Abessinischen Meeres gelangten. Nur die Zandsch überquerten auch noch den Wasserlauf, der vom oberen Nil kommend in das Meer der Zandsch mündet. Die Zandsch haben sich in jener Gegend niedergelassen. Ihre Siedlungsräume reichen bis zum Land *Sofâla*, der äußersten Grenze des Landes der Zandsch. Bis dahin fahren die Schiffe von Oman und *Sîrâf*, und dort liegt das entfernteste Ziel, das sie im Land der Zandsch erreichen.

So wie die äußersten Teile des Chinesischen Meeres an das Land Sîlâ (= Korea) stoßen – wir haben in diesem Buch bereits davon gesprochen –, so wird das Meer der Zandsch von den Ländern Sofâla und *Wâqwâq* begrenzt. Diese Gebiete sind sehr goldreich, voll von Wundern, fruchtbar und überaus warm.

Dort haben die Zandsch ihre Hauptstadt errichtet und sich einem König unterstellt, den sie *Mfalme* nennen. Wie wir bereits festgestellt haben, war dies zu allen Zeiten der Titel ihrer Könige. Dem Mfalme, der über die übrigen Könige der Zandsch herrscht, stehen 300 000 Reiter zur Verfügung, und zwar reiten sie auf Rindern, da es in ihrem Land weder Pferde, Maultiere noch Kamele gibt. Sowenig wie sie und auch die anderen Abessinier diese Tiere kennen, sowenig kennen sie auch Schnee und Kälte. Unter den Zandsch gibt es Stämme, die sich die Zähne zuspitzen und die sich gegenseitig auffressen. Die Siedlungsräume der Zandsch erstrecken sich von dem vom oberen Nil abzweigenden Wasserlauf bis zu den Ländern Sofâla und Wâqwâq und umfassen ein geschlossenes Gebiet mit Tälern, Bergen und Wüsten von 700 Parasangen Länge und Breite.

Das Land der Zandsch ist äußerst reich an Elefanten, die aber alle wild und nicht gezähmt sind. Die Zandsch verwenden sie weder zu militärischen noch anderen Zwecken, sondern töten sie nur. Dabei gehen sie folgendermaßen vor: Sie werfen für die Tiere die Blätter, die Rinde und die Zweige einer einheimischen Baumart ins Wasser und verstecken sich, bis die Elefanten kommen, um zu trinken. Sobald sie dann von dem Wasser getrunken haben, brennt sie das Wasser und macht sie betrunken. Sie fallen zu Boden und können sich nicht mehr erheben, da ihre Beine weder Gelenke noch Knie haben. Die Zandsch stürzen sich dann mit sehr langen Lanzen auf sie und töten sie, um ihnen ihre Stoßzähne zu nehmen.

Aus ihrem Land kommen die Elfenbeinzähne, die jeweils ein Gewicht von 150 und mehr Kilogramm erreichen. Die meisten werden vom Land der Zandsch nach Oman gebracht und gelangen von dort weiter nach China und Indien. Gäbe es den Handel mit China und Indien nicht, wäre in den islamischen Ländern reichlich Elfenbein vorhanden. Die chinesischen Könige, ihre Heerführer und ihre hohen Beamten tragen Stöcke aus Elfenbein. Keiner ihrer Führer und Vornehmen darf beim König mit einem eisernen Gegenstand eintreten, sondern nur mit einem solchen Elfenbeinstab. Aus diesem Grunde suchen sie möglichst gerade und keine gekrümmten Elefantenzähne. Außerdem verbrennen sie Elfenbein als Weihrauch in den Häusern ihrer Götzen und in den Tempeln, so wie die Christen in den Kirchen den als »Rauch der Maria« bekannten Weihrauch u. ä. verwenden. Die Chinesen selbst halten sich keine Elefanten in ihrem Land. Den Erwerb dieser Tiere und ihre Verwendung zu militärischen Zwecken betrachten sie wegen eines Vorfalls, der sich in einem ihrer Kriege in alter Zeit zugetragen hat, als schlechtes Vorzeichen. Die Inder verwenden das eingeführte Elfenbein in vielfacher Weise. So stellt man beispielsweise Griffe für Dolche her, die dscharrî (= kri) genannt werden, und Knäufe für die Krummschwerter, die qartal heißen. Am meisten verwenden die Inder jedoch das Elfenbein zur Herstellung von Schach- und Tricktrackspielen. Die

Schachfiguren sind in Form und Aussehen Lebewesen oder Gegenständen nachgebildet, und jede Figur ist eine Spanne breit und hoch und sogar noch größer. Während des Spiels steht immer einer bereit, um die Figuren über die Felder zu bewegen. Sowohl beim Schach als auch beim Tricktrack spielen die Inder meistens um Kleider und Edelsteine. Manchmal kommt es aber auch vor, daß ein Spieler, nachdem er alles, was er bei sich trug, verloren hat, um ein Glied seines Körpers spielt. In diesem Fall stellen sie neben den Spieler einen kleinen Kupferkessel aufs Feuer und bringen darin ein rotes fleischiges Fett zum Kochen, mit dem sie dann die Wunden vernarben und den Blutfluß zum Stillstand bringen. Wenn einer um einen seiner Finger gespielt hat und verliert, schneidet er diesen mit einem jener Dolche, die wir oben erwähnt haben und die scharf wie Feuer sind, ab. Dann steckt er seine Hand in das Fett und brennt die Wunde aus. Darauf widmet er sich wieder dem Spiel, und wenn sich das Glück erneut gegen ihn wendet, entfernt er einen zweiten Finger. Gelegentlich kommt es vor, daß ein Spieler auf diese Weise alle seine Finger, Hände, Unter- und Oberarme und schließlich alle übrigen Gliedmaßen abschneidet. Zum Ausbrennen der Wunden wird dabei immer dieses wundersame Fett verwendet, das man aus verschiedenen einheimischen, in ihrer Wirkung erstaunlichen Essenzen und Drogen herstellt. Diese Handlungsweise der Inder, von der ich gerade erzählt habe, ist weithin bekannt.

Die Inder halten die Elefanten, die sich in ihrem Land auch fortpflanzen, als Nutztiere. Wilde Elefanten gibt es bei ihnen keine. Sie werden im Krieg und auch für solche Arbeiten eingesetzt, für die man sonst Rinder und Kamele verwendet. Die meisten von ihnen ziehen in die Steppen, Ländereien und Dschungel wie die Büffel in den islamischen Ländern. Wie wir schon berichtet haben, fliehen die Elefanten aus Gebieten, wo sich Nashörner befinden, und weiden nicht einmal dort, wo sie auch nur den Geruch von Nashörnern wittern. Im Land der Zandsch werden die Elefanten ungefähr 400 Jahre alt; so behaupten jedenfalls die Zandsch. Sie kennen in ihren Siedlungsgebieten und in den Wüsten so mächtige Elefanten, daß sie sie nicht töten können. Es gibt schwarze, weiße, graue und staubfarbene Elefanten. In Indien werden einige der Tiere hundert und zweihundert Jahre alt. Die Weibchen werfen alle sieben Jahre.

In Indien haben die Elefanten einen gefährlichen Feind in einer Tierart, die als Zabraq bekannt ist. Dieses Tier ist kleiner als der Gepard, rot und mit Flaum bedeckt. Es hat seltsam blitzende Augen und eine so außerordentliche Sprungkraft, daß es mit einem einzigen Sprung dreißig, vierzig, fünfzig Ellen und sogar noch weiter springt. Wenn es unter sich einen Elefanten sieht, sprüht es mit Hilfe seines Schwanzes Urin über ihn und bringt ihm damit ätzende Verbrennungen bei. Zuweilen verfolgt und überfällt es auch Menschen. Es gibt Inder, die, sobald sich ihnen dieses Tier zeigt, sogleich auf den höchsten Teakbaum klettern. Der Teakbaum ist höher als Palmen und Nußbäume und kann viele Menschen und Tiere schützend verbergen. Von seiner Größe kann man sich aufgrund des nach Basra, in den Irak und nach Ägypten eingeführten Teakholzes eine Vorstellung machen. Wenn nun jemand in den höchsten Gipfel eines solchen Baumes geklettert ist und das Tier ihn nicht mehr erreichen kann, kauert es sich am Boden zusammen und schnellt dann zur Spitze des Baumes empor. Wenn es dabei nicht bis zu dem Menschen gelangt, sprüht es seinen Urin bis zum Wipfel. Hat es auch damit keinen Erfolg, legt es seinen Kopf auf die Erde und stößt seltsame Schreie aus, worauf Blutklumpen aus seinem Maul treten und es auf der Stelle stirbt. Alle Teile des Baumes, auf die sein Urin gefallen ist, sind verbrannt, und wenn den Menschen etwas davon getroffen hat, bedeutet es seinen Tod. Das gleiche gilt für alle anderen Lebewesen. Die indischen Könige bewahren in ihren Schatzkammern die Gallen, die Geschlechtsteile und andere Organe des Tieres als sofort tödlich wirkendes Gift. Man präpariert damit die Waffen, die daraufhin unverzüglich zum Tod führen. Die Geschlechtsorgane des Tieres ähneln jenen des Bibers, aus denen man das den Apothekern wohlbekannte Bibergeil gewinnt. Das erwähnte Zabraq-Tier meidet Stellen, wo sich Nashörner aufhalten, und flieht von dort wie der Elefant. Letzterer flieht auch vor den Katzen und kann ihren Anblick absolut nicht ertragen. Von den alten persischen Königen wird erzählt, daß sie sich gegen die von Fußsoldaten umringten und die feindliche Reiterei schützenden Elefanten im Krieg schützten, indem sie Katzen auf sie losließen. Die Könige von Sind und Indien bedienen sich bis heute dieser Kriegslist. Man berichtet, daß der Elefant zuweilen auch vor Schweinen die Flucht ergreift.

Der Elefant vermehrt sich nur in den Ländern der Zandsch und der Inder. Seine Stoßzähne werden jedoch in Indien und Sind nicht so mächtig wie im Land der Zandsch. Letztere und auch die Inder fertigen Schilde aus der Haut der Elefanten, erreichen dabei jedoch nicht die Qualität der Schilde, die man in China, in Tibet, bei den Lamta und bei den Bedscha erzielt. Auch kommt die Qualität ihrer Schilde nicht an jene heran, die man z. B. in Milch eingeweicht hat.

Der Rüssel des Elefanten ist eigentlich seine Nase. Er besteht aus Knorpel, Fleisch und Nerven. Mit seiner Hilfe bringt er die Nahrung in das Innere des Körpers, mit ihm kämpft und schlägt er und durch ihn gibt er Schreie von sich, die jedoch in keinem Verhältnis zu Umfang und Größe seines Körpers stehen.

Der Kalif *al-Mansûr* war sehr darum bemüht, eine große Zahl von Elefanten an seinem Hof zu sammeln, da er erfahren hatte, daß auch die Alten Könige sie sehr geschätzt, erworben und sowohl für militärische Zwecke als auch für Prunkzüge an Festtagen u. a. m. dressiert hatten. Die Elefanten haben nämlich von allen königlichen Reittieren den ebenmäßigsten Gang.

Ein gebildeter und auch in Geschichte versierter Sekretär erzählte mir einmal in Bagdad, er habe sich ein äußerst schönes und flinkes Maultier gekauft, das er dann bei der Ausübung seiner Pflichten und Geschäfte ständig als Reittier benutzte. Sobald es jedoch unterwegs baktrische, arabische oder andere Lastkamele erblickte, habe es gescheut und sich aufgebäumt und sei nur mit Mühe und Not zu bändigen gewesen. Er habe diese üble Angewohnheit des Tieres dennoch ertragen, weil es eben derart flink und schön war und weil ein anderes Maultier ihn wegen seiner eigenen Körperfülle auch gar nicht hätte tragen können. »Eines Tages, zur Zeit des Kalifen *al-Muqtadir*«, so erzählte er weiter, »ritt ich am Tâq-Tor vorbei, als man gerade die Elefanten zum Üben und Dressieren herausführte. Ich sah, wie ein Zug baktrischer Kamele aus Furcht vor den Elefanten in weiten Sätzen die Flucht ergriff und in ihrer Panik von den Reitern nicht mehr gebändigt werden konnten. Und schon bäumte sich bei diesem Anblick mein Maultier auf, machte kehrt und warf mich zu Boden wie einen aufgeblasenen Wassersack aus Rindshaut. Die Kamele rannten in eine Sackgasse hinein, in eben die Sackgasse, in die mein Maultier, nachdem es mich abgeworfen hatte, vor ihnen geflohen war. Die Elefanten folgten ihnen drein. Als nun mein Maultier aber sah, wie gewaltig die Elefanten waren, drängte es sich zwischen die Kamele, als habe es immer unter ihnen gelebt, und zitterte wie sie. Da erblickte mich eine Gruppe von Leuten und half mir wieder auf die Beine. Mein Sklave ging in die Gasse, um mein Maultier zu holen, was ihm aber erst gelang, nachdem sich die Elefanten entfernt hatten. Inmitten einiger Kamele kam es schließlich aus der Gasse heraus. Und, bei Gott, seitdem hat es vor Kamelen nie mehr die Flucht ergriffen und verhält sich nun derart zutraulich zu den Tieren, daß man denken könnte, es sei eines von ihnen. Seit es nämlich die gewaltige Größe der Elefanten gesehen hat, findet es offenbar die Kamele recht klein.«

Bei allen Tieren, die eine Zunge besitzen, ist die Wurzel derselben nach innen und ihre Spitze nach außen gerichtet. Nur beim Elefanten ist dies umgekehrt. Die Inder behaupten, daß man dem Elefanten, wenn seine Zunge nicht umgedreht wäre, das Sprechen beibringen könnte. Sie verehren ihn und stellen ihn über alle anderen Tiere, weil er so viele lobenswerte Eigenschaften in sich vereint: hohe und mächtige Gestalt, wundervolles Aussehen, ebenmäßiger Rücken, langer Rüssel, breite Ohren, gewaltiger Penis, weicher Gang, langes Leben, hohe Belastbarkeit und geringe Empfindlichkeit gegenüber den Bürden auf seinem Rücken; trotz seiner mächtigen Gestalt ist sein Schritt so leicht und sein Gang so ebenmäßig, daß man seiner erst gewahr wird, wenn er bereits über einem steht.

Kehren wir zu unserem eingangs dieses Kapitels begonnenen Thema zurück, nämlich den Zandsch und ihrem Land sowie zu den anderen abessinischen Rassen. Obwohl die Zandsch, wie erwähnt, die Elefanten in großen Mengen jagen und das Elfenbein sammeln, nutzen sie nichts davon zur Herstellung ihrer Geräte. Auch schmücken sie sich mit Eisen anstelle von Gold und Silber und verwenden zum Reiten und Kämpfen Rinder anstelle von Kamelen und Pferden. Wie die Pferde tragen diese Rinder Sattel und Zaumzeug.

In Rajj habe ich eine Sorte von diesen Rindern gesehen, die sich in der gleichen Weise niederknien wie die Kamele und sich wie diese mit ihren Lasten ruckartig erheben, sobald sie beladen worden sind. Diese Art von Rindern wird verwendet, um Tierkadaver, wie z. B. tote Pferde, Kamele, Esel und Maultiere wegzuschaffen. Ihre Besitzer sind eine Art mazdakitischer Manichäer, die außerhalb von Rajj ein Dorf ganz für sich allein bewohnen. Wenn in Rajj oder Qazwîn eines von den erwähnten Tieren verendet, kommt einer von ihnen mit seinem Stier, läßt ihn niederknien, lädt ihm den Kadaver auf und bringt ihn so in sein Dorf. Vom Fleisch dieser Kadaver ernähren sie sich, und ihre Häuser bauen sie sich aus deren Knochen. Den Rest des Fleisches trocknen sie und heben es als Vorrat für den Winter auf. Sie und auch ihre Rinder ernähren sich überwiegend von diesem Fleisch, sei es frisch oder getrocknet.

Zurück zu den Zandsch und ihren Königen! Der Titel ihres Königs, *Mfalme*, bedeutet »Sohn des Großen Herrn«, weil Er ihn erwählt hat, um über sie mit Gerechtigkeit zu herrschen. Wenn ein König eine Willkürherrschaft errichtet und vom Recht abweicht, töten sie ihn und schließen auch seine Nachkommenschaft von der Königswürde aus. Denn, so behaupten sie, wenn er dies tut, ist er nicht länger der Sohn des Herrn, des Königs des Himmels und der Erde. Den Schöpfer nennen sie Mkulu Njulu, d. h. »der Große Herr«.

Die Zandsch sind in ihren Sprachen von außerordentlicher Beredsamkeit, und es gibt Männer bei ihnen, die in ihrer Sprache predigen. Wenn ein solcher, der Welt entsagender Mann zwischen ihnen aufsteht und sich an seine große Zuhörerschaft wendet, erweckt er mit seinen Worten bei ihnen das Verlangen nach der Nähe zum Schöpfer, fordert sie auf, Ihm gehorsam zu sein, flößt ihnen Furcht ein vor Seinen gewaltigen Strafen und erinnert sie an ihre dahingegangenen Könige und Ahnen. Ein religiöses Gesetz, auf das sie zurückgreifen könnten, kennen sie nicht. Ihre Könige folgen jedoch gewissen überkommenen Gewohnheiten und politischen Verhaltensweisen, mit denen sie ihre Untertanen regieren. Als Nahrungsmittel haben sie Bananen, die in ihrem Land wie auch in Indien reichlich gedeihen. Ihre Hauptnahrung besteht jedoch aus Dura-Hirse und einer Pflanze namens Kilazi (Süßkartoffel), die man aus der Erde zieht wie Trüffel. Diese Kilazi, die es auch viel in Aden und den benachbarten jemenitischen Gebieten gibt, ähnelt der Kolokasie in Syrien und Ägypten. Zu ihren Nahrungsmitteln zählen ferner Honig und Fleisch. Immer, wenn einer von ihnen gern eine bestimmte Pflanze, ein Tier oder ein Mineral hätte, findet er sie. Im Meer vor ihrer Küste haben sie zahllose Inseln, auf denen Kokospalmen wachsen, deren Frucht von allen Zandsch gegessen wird. Auf einer dieser Inseln, die ein bis zwei Tagesreisen vor der Küste liegt, gibt es Muslime, unter denen sich die Königswürde vererbt. Wie bereits erwähnt, heißt diese Insel *Qanbalû*.

Was die Nubier anbelangt, so zerfallen sie in zwei Gruppen, nämlich

eine östlich und eine westlich des Nils. Sie haben sich an beiden Ufern des Flusses niedergelassen. Ihr Siedlungsgebiet grenzt an jenes der Kopten, an Assuan und andere Gebiete Oberägyptens. Ihre Siedlungen erstrecken sich weit den Nil aufwärts bis in die Nähe seiner Quellen. Als Hauptstadt haben sie Dongola erbaut, eine mächtige Stadt. Die zweite Gruppe, die sich Alwa nennt, errichtete ebenfalls eine mächtige Stadt, und zwar Soba.
Die *Bedscha* dagegen leben zwischen dem Roten Meer und dem Nil, zerfallen in mehrere Stämme und unterstehen mehreren Königen. In ihrem Land gibt es Gold- und Smaragdminen. Auf ihren edlen Kamelen unternehmen sie ständig Raubzüge in das Land der Nubier und machen Gefangene. Die Nubier waren früher den Bedscha überlegen, und zwar so lange, bis sich bei letzteren der Islam durchsetzte und sich eine Anzahl von Muslimen bei der Goldmine und in den Gebieten von al-Allâqî und Aidhâb ansiedelte. In die gleichen Gebiete wanderten auch Araber aus dem Stammesverband der *Rabî'a* ibn Nizâr. Sie wurden dort sehr mächtig und heirateten mit den Bedscha, die dadurch ebenfalls an Stärke zunahmen. Andererseits wurden die Rabî'a durch ihre Verbindung mit den Bedscha mächtiger als die mit ihnen verfeindeten anderen arabischen Stämme aus den Großverbänden der *Qahtân* und *Mudar*, die in ihrer Nachbarschaft in jenen Gebieten leben.
Gegenwärtig, d. h. im Jahre 332 d. H. (= 943 n. Chr.), befindet sich die genannte Goldmine in der Hand des Abû Marwân Bischr ibn Ishâq, der zum Stamm der Rabî'a gehört. Ihm stehen zur Verfügung: 3000 Reiter aus seinem eigenen Stamm und aus mudaritischen und jemenitischen Verbündeten sowie 30 000 Bedscha-Krieger, die auf Kamelen reiten und mit Lanzen und den nach ihnen benannten Budschâwî-Schilden bewaffnet sind. Diese Bedscha heißen Hadâriba und sind als einzige Muslime. Die übrigen Bedscha sind Heiden geblieben und verehren eigene Götzenbilder.
Was nun die Abessinier betrifft, so heißt ihre Hauptstadt Ku'bar. Es ist eine mächtige Stadt und der Sitz des Negus. Außerdem gehören den Abessiniern noch viele andere Städte und ausgedehnte Ländereien. Das Reich des Negus erstreckt sich bis zum Abessinischen Meer, an dessen Küste gegenüber dem Jemen viele Städte liegen, darunter Zaila', Dahlak und Bâdi'. Es leben dort zwar Muslime, doch unterstehen sie abessinischer Obhut. Die Entfernung von der abessini-

schen Küste bis nach Ghalâfiqa, einem Ort an der gegenüberliegenden Küste bei Zabîd im Jemen beträgt drei Tagesreisen zu Schiff. An dieser Stelle überquerten einst die Abessinier das Meer, um in den Tagen des im Koran als »Herr des Grabens« erwähnten *Dhû Nuwâs* den Jemen zu erobern. Der gegenwärtige Regent von Zabîd ist Ibrâhîm ibn Zijâd Sâhib al-Harmalî, dessen Schiffe mit Händlern und Waren regelmäßig zur abessinischen Küste fahren. Abessinien und Zabîd haben miteinander einen Friedensvertrag geschlossen. An der besagten Stelle ist die Entfernung der Küsten beider Länder am geringsten. Dazwischen liegt eine Anzahl von Inseln, darunter die »Insel des Verstandes« (Dschazîrat al-ʻAql). Man erzählt, daß sich dort eine Quelle befindet, die »Quelle des Verstandes« genannt wird und aus der sich die Seeleute mit Wasser versorgen. Das Wasser wirkt förderlich auf Anlagen und Verstand des Menschen. Einige Philosophen aus dem Altertum haben die Wirkung und die besonderen Eigenschaften des Wassers beschrieben und begründet. Der genannte Ibn Ziyâd hat sich der Insel bemächtigt und gegenwärtig eine eigene militärische Einheit auf ihr stationiert.

Im gleichen Meer, in der Nähe von Aden, liegt eine Insel, die unter der Bezeichnung Soqotra bekannt ist und die ihren Namen der »soqotrischen Aloe« gegeben hat, da diese nur dort gedeiht und nur von dort ausgeführt wird. Aristoteles, der Sohn des Nikomachus, schrieb einst an Alexander, den Sohn des Philippus, als dieser nach Indien zog, er möge Erkundigungen über die Insel einholen sowie eine Anzahl von Griechen hinschicken und dort ansiedeln, damit sie die soqotrische Aloe sammelten, die man zur Herstellung von Abführmitteln u. ä. verwendet. Alexander entsandte daraufhin zur Insel einige Griechen, von denen die meisten aus Stageira, der Heimat des Aristoteles, stammten. Sie fuhren mit ihren Familien auf Schiffen durch das Rote Meer, besiegten die Inder auf der Insel und nahmen diese in Besitz. Die Inder hatten dort ein gewaltiges Götzenbild, über das viele Geschichten erzählt werden, deren Wiedergabe uns hier aber zu weit führen würde. Die Griechen auf der Insel vermehrten sich.

Nachdem Alexander gestorben und der Messias aufgetreten war, wurden sie Christen und blieben es bis heute. Auf der ganzen Welt – nur Gott allein weiß es allerdings gewiß – gibt es keinen Ort mit griechischer Bevölkerung, die sich so rein und frei von Vermischung mit Römern u. a. halten konnte wie auf dieser Insel. Gegenwärtig wird die Insel von Indern angelaufen, die mit ihren Kriegsschiffen in jenem Raum Jagd auf die muslimischen Schiffe machen, die nach Indien, China und zu anderen Ländern segeln, so wie die Byzantiner vor der syrischen und ägyptischen Küste im Mittelmeer die Schiffe der Muslime überfallen. Außer der genannten Aloe-Art werden auch noch andere Heilpflanzen von Soqotra ausgeführt. In meinen früheren Büchern habe ich bereits die wundersamen Nachrichten über diese Insel angeführt und von den Besonderheiten ihrer Pflanzen und Drogen berichtet.

Die Stämme jenes Zweiges der Abessinier, die sich, wie erwähnt, nach Westen gewandt hatten, wie z. B. die *Zaghâwa, Kaukau, Qarâqir, Maranda, Marîs, Mabras, Malâna, Qarmâtan, Zawîla* und *Qarma,* haben jeder einen eigenen König und eine eigene Hauptstadt. Alle diese Negerrassen und -stämme, ihre Siedlungsgebiete, ihre astrologische Zuordnung, die Ursachen für ihr Kraushaar und ihre schwarze Hautfarbe, die Geschichte ihrer Könige, die Eigentümlichkeiten ihres Lebens und ihre genealogische Zersplitterung habe ich bereits in meinem Buch »Die Nachrichten der Zeit« im ersten der insgesamt dreißig Kapitel abgehandelt und in meinem »Mittleren Buch« ergänzt. Hier erwähne ich deshalb nur noch das, was unbedingt notwendig ist und nicht übergangen werden kann.

Nachdem *Amr ibn al-'Âs* Ägypten erobert hatte, schrieb ihm der Kalif *Omar,* er möge gegen die Nubier zu Felde ziehen. Die Muslime drangen daraufhin nach Nubien ein, mußten aber feststellen, daß die Nubier sehr geschickte Speerschützen waren. Amr ibn al-'Âs lehnte es ab, mit ihnen Frieden zu schließen. Erst nachdem er von seinem Statthalterposten abgelöst worden war und Abdallâh ibn Sa'd die Verwaltung Ägyptens übernommen hatte, vereinbarte dieser mit den Nubiern ein Friedensabkommen. Dieses hatte zum Inhalt, daß der Herrscher des den Muslimen am nächsten liegenden nubischen Reiches – der König von Marîs u. a. – eine bestimmte Anzahl von Sklaven an die Muslime liefere. Diese Abgabe wurde zur alljährlichen Tradition und ist es bis heute geblieben. Sie wird an den Statthalter von Ägypten abgeführt und heißt sowohl in Ägypten als auch in Nubien *Baqt.* Sie besteht aus 365 Sklaven, entsprechend der Anzahl der Tage des Jahres, wie ich glaube, und geht aufgrund des zwischen den Muslimen und den Nubiern getroffenen Friedensabkommens an die Staatskasse der Muslime. Darüber hinaus erhält der

Statthalter von Ägypten vierzig weitere Sklaven, sein in Assuan an der nubischen Grenze residierender Vertreter, der mit dem Einzug des Baqt betraut ist, zwanzig Sklaven, der Oberrichter von Assuan, der gemeinsam mit dem Statthalter von Assuan an der Übergabe des Baqt teilnimmt, fünf Sklaven, und schließlich jeder der zwölf Bewohner von Assuan, die als Zeugen zusammen mit dem Oberrichter der Entgegennahme des Baqt beiwohnen, je einen Sklaven, entsprechend der zu Beginn des Islam beim ersten Vertragsabschluß zwischen den Muslimen und den Nubiern getroffenen Regelung.

In Assuan leben viele Araber aus den Stammesverbänden *Qahtân*, Nizâr ibn Maʿadd von *Rabîʿa* und *Mudar* sowie auch Angehörige der *Quraisch*. Die meisten von ihnen sind aus dem Hedschas und benachbarten Gebieten Arabiens eingewandert. Das Land ist reich an Dattelpalmen und dermaßen fruchtbar, daß man schon zwei Jahre, nachdem man einen Dattelkern in die Erde gepflanzt hat, von den Früchten der Palme essen kann. Die Güte des Bodens wird weder von den Böden von Basra und Kufa noch von einem anderen Dattelgebiet erreicht. So lassen sich in Basra die Dattelpalmen nicht aus Kernen ziehen, sondern nur aus Stecklingen und Schößlingen, d. h. aus jungen Palmen; Dattelpalmen, die aus Kernen entstanden, bleiben unfruchtbar.

Die in Assuan lebenden Muslime besitzen viele Ländereien, die bis nach Nubien hineinreichen und für die sie Steuern an den König von Nubien entrichten. Diese Ländereien wurden in der Frühzeit des Islam während der Herrschaft der *Omaijaden* und *Abbasiden* den Nubiern abgekauft. Als der Kalif *al-Ma'mûn* Ägypten besuchte, wandte sich der König von Nubien hilfesuchend an ihn; er schickte Gesandte nach *Fustât* und ließ sie berichten, seine Untertanen und seine Sklaven hätten Ländereien an die benachbarten Bewohner von Assuan verkauft; diese Ländereien gehörten jedoch ihm und die betreffenden Leute seien seine Sklaven, die als solche keine Besitzungen hätten, sondern nur dort arbeiteten und den Besitz der Ländereien unrechtmäßig beanspruchten. Al-Ma'mûn überwies die Klage an den Oberrichter von Assuan und an die dortigen Scheichs und Gelehrten. Als aber nun diejenigen Bewohner von Assuan, die jene Landgüter gekauft hatten, erfuhren, daß sie ihren Händen wieder entrissen werden sollten, ergriffen sie gegen den König von Nubien folgende List: Sie überredeten jene Nubier, von denen sie die Ländereien erworben hatten, sich vor dem Richter nicht als Sklaven des Königs auszugeben, sondern zu behaupten, sie unterstünden dem Herrscher der Muslime und seien nur diesem zu unbedingtem Gehorsam verpflichtet; wenn die Muslime sich als Sklaven dieses Herrschers und ihren Besitz als ihm gehörig betrachteten, so verhielte es sich mit ihnen ebenso. Als sie dann der Richter dem Vertreter des nubischen Königs gegenüberstellte, trugen sie diese Argumentation vor. Da sie sich nicht als Sklaven ihres Königs bekannten, blieb der Kauf rechtskräftig. Dabei ist es bis heute geblieben, und die Käufer vererbten die in der nubischen Region von Marîs gelegenen Ländereien an ihre Nachkommen weiter. Seitdem gibt es zwei Arten von Untertanen des nubischen Königs, nämlich einerseits die Freien und andererseits die Sklaven, die aber nur in jenen Teilen von Nubien leben, die nicht an das Gebiet von Assuan grenzen, d. h. nicht in der Region von Marîs.

Die Smaragdminen liegen in Oberägypten in einer der Provinzen der Stadt Qift, von wo aus man die Minen erreicht. Die Stelle, wo die Smaragde gefunden werden, heißt Charba. Es ist ein wüstenhaftes und bergiges Gelände. Die Bedscha schützen den Ort und erhalten dafür von den Smaragdsuchern eine Gebühr.

Vier Arten von Smaragden werden dort gefördert. Die erste Art heißt al-Mar. Sie ist die schönste und teuerste, sehr klar und von einem kräftigen Grün, das dem tiefsten Grün der Rübenblätter gleicht, ohne Trübung und ohne einen Anflug von Schwärze. Die zweite Art heißt al-Bahrî, »der Meerartige«, eine Bezeichnung, die daher rührt, daß die Könige der am Meer liegenden Länder, wie Sind, Indien, Ostafrika und China, diese Smaragde besonders schätzen und sich gegenseitig darin zu übertreffen suchen, ihre Kronen, Diademe, Ringe und Armreife mit diesen Smaragden zu schmücken. Allein daher hat diese Art ihren Namen. In ihrer Schönheit folgt sie an zweiter Stelle hinter dem al-Mar und gleicht ihm in Farbe und Klarheit. Ihr Grün ist wie die Farbe der jungen Blätter, die an Anfang und Ende der Myrtenäste sprießen. Die dritte Art heißt al-Maghribî, »der Westliche«, eine Bezeichnung, die man ihr gegeben hat, weil die Könige des Westens, also die Könige der Franken, Langobarden, Spanier, Galicier, Gaskogner, Slawen und Russen – obwohl die meisten dieser Völker entsprechend unseren Ausführungen über die Wohngebiete der Nachkommen des Japhet ibn Noe

eigentlich im Norden zwischen Osten und Westen leben – ebenso um den Besitz dieser Smaragdart wetteifern wie die Könige von Indien und China um die als al-Bahrî bekannte Art. Die vierte Art heißt al-Asamm, »der Taube«. Sie ist von allen vier Arten aufgrund ihrer geringen Klarheit und Grünfärbung die unterste und billigste. Außerdem schwankt bei ihr die Intensität der Grünfärbung.
Zusammenfassend lassen sich diese vier Arten hinsichtlich ihrer Schönheit und ihres Wertes in der Weise charakterisieren, daß jene Smaragde, die die größte und reinste Klarheit besitzen, das kräftigste Grün aufweisen, den geringsten Anflug von Schwarz, Gelb oder sonstigen Farben zeigen und außerdem keinerlei Flecken tragen, in ihrer Art jeweils die schönsten und berühmtesten sind. Es gibt Steine von einem Gewicht von fünf *Mithqâl* bis zur Größe einer Linse. Man verwendet sie zur Anfertigung von Halsketten und anderem Schmuck. Die Smaragde können auch mancherlei Mängel aufweisen, so etwa Risse, Steine und weiße Adern, die sie im Inneren trüben. Unter den Kennern dieser Edelsteine weiß man, daß sich die Pupillen der Vipern, Nattern und anderer Schlangen beim Anblick eines reinen Smaragdes sogleich auflösen und daß jemand, den eine Schlange gebissen hat, vor einer Ausbreitung des Giftes in seinem Körper sicher ist, wenn er sofort zwei *Dâniq* eines reinen Smaragdes zu sich nimmt. In der Umgebung der Mine findet sich deshalb keine einzige Schlangenart. Der Smaragd ist ein weicher und zerreibbarer Stein, der unter Einwirkung von Feuer pulverisiert.
Die griechischen und die auf sie folgenden römischen Könige schätzten diese Edelsteine sehr und bevorzugten sie vor allen anderen wegen ihrer wunderbaren Eigenschaften, ihrer mannigfachen Nutzanwendungen und ihres vergleichsweise geringen Gewichtes. In Oberägypten habe ich eine Anzahl von Männern getroffen, die diese Mine und diese Edelsteinart gut kennen und die berichteten, daß die Smaragde je nach den Jahreszeiten, nach der Stärke der atmosphärischen Bestandteile und nach der Windrichtung zu- oder abnehmen. Außerdem verstärken sich die Grünfärbung und die leuchtende Strahlung am Anfang eines Monats und erreichen bei Vollmond ihre größte Intensität.
Zwischen dieser unter dem Namen Charba bekannten Stelle, wo sich die Smaragdmine befindet, und dem bewohnten Gebiet liegen sieben Tagesreisen. Die beiden nächstgelegenen Orte sind Qift und

Qûs sowie einige andere Städte in Oberägypten. Während Qûs unmittelbar am Nil liegt, ist Qift etwa zwei Meilen vom Fluß entfernt. Über die Errichtung der beiden Städte und über ihre Geschichte unter den Kopten gibt es wundersame Berichte. Qift geht gegenwärtig dem Verfall entgegen. Qûs ist blühender und volkreicher.
Zwischen Unterägypten, Alexandrien, Oberägypten und dem Westen sowie den von den Nubiern und anderen Völkern bewohnten Teilen Abessiniens liegt das Land der Oasen. Es gibt dort alaun- und vitriolhaltige Erde, saure und andere Mineralquellen. Der Beherrscher der Oasen ist gegenwärtig, d. h. im Jahre 332 (= 943 n. Chr.), *Abdalmalik* ibn Marwân. Er gehört zum Stamm der *Lawâta* und ist marwanidisch gesinnt. Er hat Tausende von Reitern zu Pferd und zu Kamel zu seiner Verfügung. Zwischen ihm und den Abessiniern sowie allen anderen oben genannten bewohnten Gebieten liegen etwa sechs Tagesreisen. Sein Land besitzt eine Reihe von erstaunlichen Eigentümlichkeiten. Es erhält sich selbst, ist von niemandem abhängig und auf niemanden angewiesen. Aus dem Land werden Datteln sowie getrocknete und frische Weintrauben ausgeführt. Im Jahre 330 (= 941 n. Chr.) sah ich den Vertreter des Herrschers der Oasen am Hof des *Ichschîd* Mohammed ibn Tughdsch und erkundigte mich bei ihm nach all den Eigentümlichkeiten des Landes, die ich wissen wollte, so wie ich immer die Leute, in deren Länder ich nicht gereist bin, befragt habe. Dieser Mann nun berichtete mir von dem Alaun und den Vitriolarten im Boden ihres Landes, von den Gütern, die von dort ausgeführt werden, und von den verschiedenen sauren Quellen und anderen mineralischen Wassern.
Aristoteles, der Verfasser der »Logik«, berichtet, daß es an einigen Orten so saure Quellen gibt, daß man ihr Wasser als Essig verwendet. Er erwähnt auch jene Orte, an denen bittere Quellen entspringen, und führt aus, daß deren Wasser so bitter ist, daß es alles, womit es in Berührung kommt, ebenfalls bitter macht. Weiter sagt er, daß die Ursache für die verschiedenen Geschmacksrichtungen des Wassers in der Verschiedenartigkeit der jeweiligen Böden liegt, also davon abhängt, ob die jeweiligen Stellen z. B. alaunhaltig, vulkanisch oder mit Asche vermengt sind. Er erwähnt schließlich die verschiedenen Mineralstoffe im Boden Siziliens, die dem Wasser, wenn sie sich mit ihm vermischen, entsprechend verschiedene Geschmacksrichtungen verleihen.

Die Geschmacksrichtungen sind acht an der Zahl: süß, salzig, fettig, gezuckert, sauer, bitter, zusammenziehend und scharf. Allerdings besteht über diese Zahl keine Einigkeit. Einige sind der Meinung, es seien nur sieben oder sechs. Die meisten nehmen jedoch, wie oben erwähnt, acht Geschmacksrichtungen an. Verschiedener Meinung waren die Alten auch über die Wirkungen des Wassers. So meinten sie, daß das Süßwasser nahrhaft sei und entschleimend wirke, wenn es heiß ist; wendet man es in angemessener Menge innerlich und äußerlich an, reinigt es den Körper; bei unmäßiger Anwendung ermattet und schwächt es die Gliedmaßen; kaltes Wasser stärkt die Glieder und löscht den Durst; zuviel davon betäubt und lähmt den Körper; saures Wasser hilft gegen Verstopfung von Leber und Milz, schwefliges bei Wunden, alten Geschwüren und Krätze, Boraxwasser bei Krätze und Räude, Moorwasser bei Schmerzen des Rückgrats und der Nerven, Eisenwasser bei Erschlaffung der Eingeweide und des Inneren der Gedärme, Kupferwasser bei Feuchtigkeit im Körper und im Kopf; Gipswasser zieht den Magen zusammen, Vitriolwasser ist blutstillend, und Meerwasser hilft gegen Aussatz; einige sind der Meinung, daß es in kleinen Mengen, zusammen mit Mandelöl getrunken, gegen bösartige Körpersäfte wirkt; es schwächt aber stark die Sehkraft; das für den Körper gesündeste Wasser ist das weißlich glänzende, das von lehmigen Bergen von Osten nach Westen fließt und schnell die Hitze und Kälte, die ihm zugeführt wird, aufnimmt.
Das erwähnte Land der Abessinier am Roten Meer westlich vom Jemen, von Dschidda und dem Hedschas ist ein armseliges Land, dessen Boden nichts hergibt und von dessen Küsten man lediglich, wie bereits beschrieben, Schildpatt und Leopardenfelle ausführt. Es gleicht darin der gegenüberliegenden Küste von Schihr und dem Land Ahqâf an der Küste zwischen Hadramaut und Aden, dessen Bewohner keinen fruchtbaren Boden besitzen und von wo man gegenwärtig nur den al-Kundur genannten Weihrauch ausführt. Das Rote Meer reicht bis nach *Qulzum* und liegt rechts des Indischen Meeres; die Wasser beider Meere fließen allerdings ineinander. Unter all den Meeren und Golfen, die zusammen das Abessinische Meer bilden, ist das Rote Meer das gefährlichste, tückischste, stinkendste, regenärmste und von Anfang bis Ende unergiebigste. Während die Schiffe im übrigen Abessinischen Meer ihre Fahrt bei Tag und Nacht fortsetzen, fahren sie im Roten Meer nur bei Tag, denn sobald die

Nacht hereinbricht, gehen sie wegen der Vielzahl der Felsen, der Dunkelheit und des Schreckens, den es verbreitet, an bestimmten Stellen vor Anker, die als Etappenstationen bekannt sind.
Das Rote Meer ist in nichts mit jenen Meeren vergleichbar, mit denen es verbunden ist, also dem Indischen, dem Chinesischen und anderen. Im Gegenteil! Auf dem Grund des Indischen und des Chinesischen Meeres nämlich gibt es Perlen, in den sie umgrenzenden Gebirgen Edelsteine sowie Gold-, Silber- und Zinnminen. In den Mäulern der dort lebenden Tiere wächst das Elfenbein. Die Vegetation umfaßt Ebenholz, Bambus, Schilfrohr, Brasiliettoholz, indische Eiche, Aloe, Kampfer, Muskat, Nelke, Sandelbaum, Gewürze, Parfums und Ambra. Unter den Vögeln jener Länder gibt es weiße und grüne Papageien sowie Pfaue von mannigfachem Aussehen und verschiedener Größe, darunter solche, die so groß sind wie Strauße. Zu den Kleintieren Indiens gehört die Zibetkatze, die dort so häufig ist und für so gewöhnlich angesehen wird wie in den Ländern des Islam die normale Katze. Ihren Milchdrüsen entnimmt man das als Zibetmilch bekannte wundersame Parfum. Schließlich sondert der Elefant in Indien zu einer bestimmten Zeit des Jahres an der Stirn einen Schweiß ab, der dem Moschus ähnelt. Die Inder beobachten das Austreten dieses Parfums zu der bestimmten Zeit, sammeln es und vermischen es mit einer ihrer wohlriechenden Salben. Auf diese Weise gewinnen sie das teuerste und von ihnen am meisten geschätzte Parfum, das aufgrund seiner Vorzüge von ihren Königen und Vornehmen verwendet wird. In seinem Wohlgeruch übertrifft es alle übrigen Parfums. Durch seinen Geruch beeinflußt es die Menschen, indem es bei Mann und Frau Lüsternheit, Begierde zum Beischlaf, Sinneslust, Entzücken, Lebhaftigkeit und Großmut weckt. Viele kühne und tapfere Inder verwenden diese Salbe im Kampf, weil sie nach ihrer Auffassung dem Herzen Mut verleiht sowie die Seele stärkt und zur Beherztheit treibt. Es geschieht hauptsächlich während der Brunst des Elefanten, daß diese Art Schweiß auf seiner Stirn erscheint. In dieser Zeit fliehen die Elefantentreiber und -wärter vor den Tieren, da diese dann nicht mehr zwischen Bekannten und Fremden unterscheiden. Wenn sie sich in diesem Zustand befinden, verlassen sie ihre Heimat und ziehen durch Täler, Berge und Dschungel. Trifft ein Elefant während der Brunst auf ein Rhinozeros, flieht sogar dieses vor ihm und verläßt seinen Platz, da der Ele-

fant in diesem Zustand der Trunkenheit nicht mehr zwischen dem Rhinozeros, das er zuvor fürchtete, und anderen Tieren unterscheiden kann. Wenn die Brunstzeit zu Ende geht, kehrt er nach einem Monat oder etwas mehr nach Hause zurück, doch dauert es nochmals etwa den gleichen Zeitraum, bis die Brunst dann völlig abklingt. Dieser Zustand tritt allerdings nur bei den Männchen und besonders bei den mutigen und unerschrockenen auf.

Die Inder erzählen viel über das Erscheinen dieses Parfums während der Brunst des Elefanten sowie über jene Eigenschaften, die den Elefanten von anderen Tieren unterscheiden. So berichten sie von der Angst, die er zeigt, wenn er sich, um zu trinken, an Teiche und Flüsse begibt, deren Wasser klar ist und das er erst aufwühlt und trübt, bevor er es trinkt. Man findet dieses Verhalten allerdings auch bei den meisten Pferden, denn auch sie trinken von klarem Wasser erst, nachdem sie es mit ihren Vorderbeinen aufgewühlt und getrübt haben. In diesem Punkt gleichen sich Pferd und Elefant. Ihr Verhalten rührt daher, daß sie in dem glatten und klaren Wasser ihr eigenes Abbild sehen und dieses durch das Trüben des Wassers zum Verschwinden bringen wollen. Auch bei den meisten Kamelen kann man dies beobachten. Dagegen lieben es andere große Tiere, ihr Spiegelbild auf der Oberfläche des Wassers wegen der Größe und Schönheit, die sie von anderen Tieren unterscheiden, zu betrachten. Nur Pferd, Kamel und Elefant machen davon eine Ausnahme. Der Elefant, dieses so mächtige, freundliche und liebenswürdige Geschöpf, das bei Mensch und Tier so gut zwischen Freund und Feind unterscheiden kann und sich so bereitwillig dressieren läßt, zeigt gegenüber dem trächtigen Weibchen die gleiche Zurückhaltung wie das Kamel. Von allen Tieren sind es allein der Elefant und das Kamel, die die Weibchen nicht bespringen, wenn diese bereits gedeckt sind.

Wollten wir alles, was zu diesem Thema gehört, hier abhandeln, würde unser Buch zu umfangreich werden und den Rahmen eines Abrisses sprengen. In meinem Buch »Die Nachrichten der Zeit« und in anderen Werken habe ich dies bereits alles beschrieben. Wir wollen deshalb jetzt auf die verschiedenen Rassen der Nachkommen des Japhet ibn Noe eingehen, zumal wir bereits die voranstehenden Teile dieses Buches bevorzugt den verschiedenen Völkern, ihren Hautfarben, Wohngebieten und Lebensverhältnissen gewidmet haben. – Und Gott verleiht den Erfolg.

# *Die Slawen*

Die *Slawen* stammen von Mâdhâj, dem Sohn des Japhet ibn Noe, ab. Auf ihn führen alle slawischen Völker ihren Ursprung zurück. Dies ist jedenfalls die Meinung der meisten derer, die in diesen Dingen bewandert sind. Die Wohngebiete der Slawen liegen im Norden und reichen bis in den Westen. Sie bestehen aus verschiedenen Völkern, die sich untereinander bekriegen und von Königen regiert werden. Einige von ihnen bekennen sich zum Christentum jakobitischer Prägung, andere haben kein heiliges Buch und folgen keinem religiösen Gesetz; es sind Heiden, die nichts davon wissen.
In den ältesten Zeiten lag die oberste Königsherrschaft nur bei einem der slawischen Stämme. Der König hieß Mâdschik und der Stamm Wilzen. Ihm folgten alle anderen Stämme, da bei diesem Stamm die Herrschaft lag und alle anderen Könige diesem König gehorchten. Als weitere slawische Stämme sind zu nennen die Stodorani, deren König bis heute Basqlâbidsch genannt wird, die Dûlâba mit ihrem König Wenzeslaf, die *Nâmdschîn* – die Tapfersten und besten Reiter unter den Slawen – mit ihrem König Konrad, die Manâbin mit ihrem König Ratimûr, die Serben, ein bei den Slawen aufgrund verschiedener Ursachen und Eigenschaften, deren nähere Erläuterung hier zu weit führen würde, besonders gefürchteter Stamm, der sich keinem anderen Volk unterwirft, und schließlich die Morâwa, die Kroaten, die Sachsen, Chaschânîn und Barândschâbîn. Die Namen, die wir von einigen Königen dieser Stämme aufgeführt haben, sind jeweils die Titel, unter denen die Könige bekannt sind. Bei dem als Serben bekannten Volk, das wir nannten, ist es Sitte, sich zu verbrennen, wenn der König oder der Anführer stirbt; auch seine Reittiere verbrennen sie.
Der erste unter den slawischen Königen ist der König von Aldair.

Er herrscht über ausgedehnte Städte und viel bebautes Land. Muslimische Händler reisen mit den verschiedensten Waren zu seiner Hauptstadt. Auf ihn folgt der König von Prag. Er besitzt große Städte und Ländereien, viele Heere und reiche Ausrüstung. Gegen die Byzantiner, Franken, Magyaren und andere Völker führt er einen wechselvollen Krieg. Darauf folgt der König der Türken (?), die die hübschesten, zahlreichsten und stärksten Slawen sind.
Wir haben oben von jenem König gesprochen, dem in alter Zeit alle anderen slawischen Könige gehorchten, nämlich Mâdschik, der König der Wilzen. Dieser Stamm ist einer der Ursprünge der Slawen und stand bei ihnen in höchstem Ansehen. Später zerstritten sich die Stämme, und ihre Ordnung zerbrach. Es bildeten sich Parteien, und jeder Stamm wählte sich entsprechend obiger Aufzählung seinen eigenen König. Die Gründe dafür im einzelnen hier aufzuzählen, würde zu weit führen.

# *Die Franken und Galicier*

Die Franken, Slawen, Langobarden, Spanier, Gog, Magog, Türken, Chasaren, Bulgaren, Alanen, Galicier und die anderen Völker, die wir als Bewohner der Region des Polarsterns, d. h. des Nordens, genannt haben, gehören – und darin sind sich alle Forscher und Denker unter den Gelehrten einig – alle zu den Nachkommen des Japhet, des Sohnes Noes. Von allen diesen Rassen sind die Franken am mutigsten, wehrhaftesten und am besten gerüstet. Sie besitzen den größten Machtbereich und die meisten Städte. Sie haben die beste Ordnung und sind ihren Königen gegenüber am gehorsamsten. Nur die Galicier sind noch kühner und furchterregender. So nimmt es ein Galicier mit mehreren Franken auf. Letztere haben sich auf einen einzigen König geeinigt, ohne darüber in Streit zu geraten oder in Parteien zu zerfallen. Der Name ihrer gegenwärtigen Hauptstadt ist Paris, eine mächtige Stadt. Abgesehen von den Bezirken und Ländereien besitzen sie etwa 150 Städte.

Die ersten von den Franken in vorislamischer Zeit im Mittelmeer eroberten Gebiete waren die Insel Rhodos, die, wie wir erwähnten, Alexandria gegenüberliegt und eine Schiffswerft der Byzantiner beherbergt, und die Insel Kreta, die ebenfalls den Franken gehörte, bevor die Muslime sie eroberten und sich auf ihr – bis heute – niederließen. Auch die ehemalige römische Provinz Africa und die Insel Sizilien gehörten den Franken. Wir haben von diesen Inseln bereits gesprochen und auch von jener, die unter dem Namen *Vulcano* bekannt ist. Sie ist ein Vulkan, aus dem feurige Körper herauskommen, die wie menschliche Körper ohne Köpfe aussehen. Des Nachts erheben sie sich in die Luft, fallen dann ins Meer und treiben auf der Oberfläche. Dies sind die Steine, mit denen man die Schrift in den Registern glänzend reibt. Sie sind leicht und weiß und erscheinen wie die Waben von Bienen oder kleinen Hornissen. Dieser Vulkan ist als der »Vulkan von Sizilien« bekannt. Auf der Insel befindet sich das Grab des weisen Porphyrius, der das Buch Isagoge verfaßt hat, eine Einführung in die Logik. Das Buch ist auch unter dem Namen dieses Mannes bekannt.

Im Jahre 336 d. H. (= 947 n. Chr.) fiel mir in *Fustât* in Ägypten ein Buch in die Hände, das der Bischof von Gerona, *Godmar*, im Jahre 328 d. H. für *al-Hakam* geschrieben hatte, den designierten Nachfolger seines Vaters Abdarrahmân, der gegenwärtig über Andalusien herrscht und in seinem Reich als »Kalif« angeredet wird. Aus diesem Buch geht hervor, daß Chlodwig der erste König der Franken war. Er war noch ein Heide gewesen und wurde erst von seiner Frau Clotilde zum Christentum bekehrt. Nach ihm regierte Chlothar und dann dessen Sohn Dagobert. Auf diesen folgte sein Sohn *Ludhrîq*, dann dessen Bruder Karlmann, dann dessen Sohn Karl (Martell), dann dessen Sohn Pippin und dann Pippins Sohn Karl (der Große). Er regierte 26 Jahre lang und war ein Zeitgenosse al-Hakams, des Beherrschers von Andalusien. Nach ihm bekämpften sich seine Söhne, und ihr Zwist führte dazu, daß sich die Franken ihretwegen gegenseitig vernichteten. Schließlich wurde Karls Sohn Ludwig der Beherrscher ihres Reiches und regierte 28 Jahre und 6 Monate. Er war es, der gegen Tortosa zog und die Stadt belagerte. Nach ihm regierte sein Sohn Karl. Dieser tauschte Geschenke aus mit Mohammed ibn Abdarrahmân, der mit dem Titel Imâm angeredet wurde. Karl regierte 39 Jahre und 6 Monate. Nach ihm herrschte sein Sohn Ludwig sechs Jahre lang. Gegen diesen erhob sich der Heerführer der Franken namens *Comes*. Er übernahm die Macht und regierte acht Jahre. Er war es, der mit den Normannen für sieben Jahre einen Frieden schloß mit dem Inhalt, daß die Normannen sein Land verließen und ihnen der König der Franken dafür 600 Pfund Gold und die gleiche Menge an Silber zahlte. Nach ihm regierte Karl, der Sohn des *Taqwîra*, vier Jahre. Ihm folgte ein weiterer Karl, der 31 Jahre und drei Monate herrschte. Nach ihm übernahm sein Sohn Ludwig die Herrschaft, und er ist bis heute, d. h. bis zum Jahre 336 d. H. (= 947 n. Chr.), der König der Franken. Entsprechend den Nachrichten, die ich über ihn erfuhr, regiert er bis zu diesem Zeitpunkt bereits zehn Jahre.

Von den Völkern, die gegen Andalusien kämpfen, sind die Galicier die gefährlichsten. Obwohl auch die Franken gegen Andalusien Krieg führen, sind die Galicier doch kriegerischer.

*Abdarrahmân* (III.), der gegenwärtige Herrscher von Andalusien, hatte einen Wesir namens Ahmad ibn Ishâq, der aus der Nachkommenschaft seines eigenen Vaters stammte. Abdarrahmân ließ ihn wegen eines nach dem religiösen Gesetz strafwürdigen Vergehens verhaften und hinrichten. Nun hatte dieser Wesir aber in einer Grenzstadt Andalusiens namens Santarem einen Bruder, der Umajja hieß. Als dieser erfuhr, was mit seinem Bruder geschehen war, erhob er sich gegen Abdarrahmân, begab sich in das Gebiet des galicischen Königs Ramiro II., bot ihm seine Hilfe gegen die Muslime an und verriet ihm ihre verletzbaren Stellen.

Eines Tages verließ Umajja Santarem, um an einem der Ausflugsziele in der Umgebung der Stadt zu jagen. Da bemächtigte sich einer seiner Sklaven der Stadt, verwehrte ihm die Rückkehr dorthin und setzte sich brieflich mit Abdarrahmân in Verbindung. Daraufhin begab sich Umajja ibn Ishâq, der Bruder des getöteten Wesirs, zu Ramiro, der ihn freundschaftlich empfing, ihn zum Wesir machte und in seine Umgebung aufnahm. An der Spitze von 10 000 oder mehr Soldaten unternahm Abdarrahmân, der Herrscher Andalusiens, einen Feldzug gegen Zamora, die Hauptstadt des galicischen Reiches. Die Schlacht zwischen ihm und dem galicischen König Ramiro fand im Monat Schawwâl des Jahres 327 d. H. (= Juli 939) statt, und zwar drei Tage nach der Sonnenfinsternis, die sich in jenem Monat ereignete. Die Muslime besiegten sie. Doch dann faßten die Galicier, nachdem sie bereits belagert wurden und auch schon Einbrüche in die Stadt hatten hinnehmen müssen, nochmals Kraft, und töteten von den Muslimen, die bereits den Graben überschritten hatten, 50 000 Mann. Man sagt, es sei Umajja gewesen, der Ramiro dann davon abhielt, die flüchtenden Muslime zu verfolgen, indem er ihm Angst vor einem Hinterhalt einflößte und seinen Sinn auf die Güter, die Ausrüstung und die Schätze im verlassenen Lager der Muslime richtete. Anderenfalls wäre es das Ende für alle Muslime gewesen. Umajja erbat sich dann von Abdarrahmân ein Sicherheitsversprechen und trennte sich wieder von Ramiro. Abdarrahmân aber nahm ihn bestens auf.

Nach der erwähnten Schlacht schickte Abdarrahmân, der Beherrscher Andalusiens, mehrere Heere unter Führung zahlreicher Feldherrn gegen die Galicier. In den folgenden Kriegen wurden doppelt so viele Galicier getötet wie in der ersten Schlacht Muslime. Bis heute haben die Muslime die Oberhand über sie behalten. Und bis heute, d. h. zum Jahre 336 d. H. (= 947 n. Chr.), ist Ramiro der König der Galicier. Vor ihm regierte Ordoño und vor diesem Alfonso.

Galicier und Franken bekennen sich zum Christentum des melkitischen Ritus.

# *Die Langobarden*

Wie wir bereits ausgeführt haben, gehören die Langobarden zu den Nachkommen von Noes Sohn Japhet. Ihr Land grenzt an den Maghreb, und ihr Wohngebiet liegt im Norden. Sie besitzen viele Inseln, auf denen verschiedene Völker leben. Sie sind äußerst mutig und wehrhaft. Sie haben viele Städte und sind unter einem einzigen König vereint. Ihre Könige hießen zu allen Zeiten Duces. Ihre mächtigste Stadt und die Metropole ihres Reiches ist Benevent. Ein gewaltiger Fluß durchfließt die Stadt und trennt sie in zwei Teile. Er gehört zu jenen Flüssen der Welt, die für ihre Größe und ihre Wunder berühmt sind. Er heißt *Sâybat.* Viele frühere Autoren, die sich mit diesem Thema beschäftigten, haben ihn erwähnt. Die Muslime in Andalusien und im Maghreb, die ihnen benachbart sind, haben viele ihrer Städte erobert, wie z. B. Bari, Tarent, Sardinien und andere, und haben sich dort einige Zeit niedergelassen. Dann faßten die Langobarden aber wieder Mut, wandten sich gegen die Muslime in jenen Städten und vertrieben sie daraus nach einem langen Krieg. Gegenwärtig, d. h. im Jahre 336 d. H. (= 947 n. Chr.), befinden sich die genannten Orte in den Händen der Langobarden.

Die Wohngebiete der Galicier, Franken, Slawen, Langobarden und der anderen Völker, die wir erwähnt haben, sind einander benachbart. Die meisten von ihnen befinden sich im Kriegszustand mit den Einwohnern Andalusiens. Der Beherrscher Andalusiens ist gegenwärtig sehr wehrhaft und mächtig, wie wir bereits bei der Behandlung seiner Abkunft und seiner Taten geschildert haben. *Abdarrahmân* (I.) war zu Beginn der *Abbasiden*zeit nach Andalusien gekommen. Über die Art und Weise, wie er dorthin gelangte, gibt es zahlreiche Berichte. Die Hauptstadt Andalusiens ist, wie bereits erwähnt, Cordoba. Die spanischen Muslime besitzen viele Städte,

weite zusammenhängende kultivierte Ländereien und Befestigungen an den Grenzen ihres Landes. Oft haben die ihnen benachbarten und von Japhet abstammenden Völker, die Galicier, die Burgunder, die Franken und andere, vereinigt gegen sie Krieg geführt. Gegenwärtig hat der Beherrscher von Andalusien 100 000 Reiter. Außerdem stehen ihm Fußsoldaten, Vieh, Gesinde und Ausrüstung zur Verfügung.
Gott allein ist ewig!

# *Anmerkungen zum Text*

(Die Pfeile verweisen auf das alphabetische Namensregister)

Die Schöpfung S. 15–25

1 Sure 68. Mas'ûdî spielt hier auf die Verse 48 ff. dieser Sure an, wo es heißt: »SEI NUN GEDULDIG IN ERWARTUNG DER ENTSCHEIDUNG DEINES HERRN! UND MACH ES NICHT WIE DER MIT DEM FISCH, DAMALS ALS ER BEENGT RIEF ...« Die Verse haben nichts mit der Schöpfungsgeschichte zu tun, sondern beziehen sich auf den biblischen Jonas. (Bei der Übertragung von Koranversen bin ich, von kleinen stilistischen Änderungen abgesehen, von der Koranübersetzung von Rudi Paret, Stuttgart 1966, ausgegangen.)

2 Das »Siegel der Propheten« ist Mohammed. Diese beliebte Bezeichnung für den Begründer des Islam ist in der Vorstellung begründet, daß nach Mohammed bis zum Jüngsten Tag kein Prophet mehr von Gott gesandt werden wird und daß Mohammed gleichsam wie ein Siegel die Reihe der Propheten von Adam über Moses und Jesus abschloß.

3 Die Vererbung des prophetischen Vermächtnisses in Verbindung mit der politischen Führung von Adam bis zu Mohammed wurde von den → Schiiten als Argument für ein in der Familie des Propheten erbliches Kalifat ins Feld geführt. Vgl. auch → Imâmiten im alphabetischen Register.

4 Man vergleiche dazu im Alten Testament Genesis 9, 20ff.; die schon im Alten Testament enthaltene Verfluchung der Nachkommen Chams (worunter ursprünglich vor allem die Kanaaniter verstanden wurden) zu Sklaven der Nachkommen des Sem und des Japhet wurde sowohl in der jüdischen als auch in der islamischen Legende immer weiter ausgeschmückt. So verband sich mit dem Sklaventum der »Chamiten« bald auch die Verfluchung zur schwarzen Hautfarbe; gegen die Auffassung, die Neger seien deshalb generell zum Sklaventum verurteilt, haben sich die muslimischen Rechtsgelehrten immer wieder schärfstens gewandt.

Die Erde S. 26–32

1 Eine Meile entsprach etwa 2 km (= 1/3 Parasange); vgl. auch die folgende Anmerkung.

2 Die unter al-Ma'mûn (813–833) eingeführte Schwarze Elle maß 54,04 cm, was für die Meile genau 2,1616 km ergeben würde.

3 Die hier genannten »Kupfersäulen« sind nichts anderes als »die Säulen des Herkules« der Antike.

4 Die Parasange bestand aus drei Meilen, entspricht also etwas mehr als 6 km.

5 Die Namen der einzelnen angegebenen Rangstufen erscheinen in den Handschriften in verschiedenster Weise, weshalb auch ihre Deutung unsicher bleibt. Pellat hat vorgeschlagen, den Hûrâsfitos mit dem Archipresbyteros, den Bardût mit dem Presbyteros und den Aghsat mit dem Anagnostes gleichzusetzen. Der Qissîs und der Schammâs sind der Priester bzw. der Diakon.

Die Flüsse S. 33–39

1 Die Übersetzung »Mondberg« geht von der üblichen, aber durchaus nicht gesicherten Lesung »Dschabal al-Qamar« aus.

Die Inder S. 55–66

1 Der ganze Absatz ist nicht frei von Widersprüchen. Auffallend ist vor allem, daß Mas'ûdî die Zeiteinheit hâzarwân (Herkunft des Wortes nicht geklärt) einmal mit 90 000 (andere Lesart: 70 000) Jahren und am Ende des Abschnittes mit 36 000 mal 12 000 Jahren angibt. Während letzteres, wenn man es noch mit 10 multipliziert, dem indischen kalpa (= 4 320 000 000 Jahre) entspricht, ist mit der ersten Zahl nichts anzufangen. Ob die Widersprüche auf Mas'ûdî selbst oder erst auf die Kopisten zurückzuführen sind, läßt sich nicht mehr feststellen.

2 Das Zahnputzholz (arab.: siwâk oder miswâk) ist Zahnbürste und Zahnstocher in einem. Bereits von Mohammed sehr geschätzt, machten einige muslimische Rechtsgelehrte seine Benützung sogar obligatorisch. Im allgemeinen besteht es aus einem glatten Holzstückchen oder einem Stück Ast (die Holzart wechselt regional), das am Ende durch Einkerben oder Zerbeißen zerfasert ist. Sein Gebrauch ist noch heute z. B. in Saudi Arabien und Mauretanien zu beobachten.

Die Chinesen S. 67–84

1 Unter den »dualistischen Lehren« ist hier, wie Mas'ûdî selbst im folgenden noch ausführt, der Manichäismus zu verstehen. Bei den Vertretern der hier etwas modern als »materialistisch-atheistisch« wiedergegebenen Lehren handelt es sich um die Ahl ad-dahr oder Dahrîjûn, worunter jedoch keine einheitliche philosophische Schule verstanden wurde. In er-

ster Linie bezeichnete man damit jene, die an die Ewigkeit der Welt glaubten und damit die Auferstehung und ein künftiges Leben nach dem Tode ablehnten.

2 Mudar und Rabi'a waren die beiden größten nordarabischen Stammesverbände, Kahlân und Himjar zwei der wichtigsten südarabischen Verbände.

3 Mas'ûdî spielt hier auf den Zerfall der politischen Einheit der islamischen Welt an. Im Jahre 943 n. Chr. herrschten in Andalusien die spanischen → Omaijaden, im westlichen Nordafrika die Idrisiden, im heutigen Tunesien die Fatimiden und in Ägypten die → Ichschiden, während in den östlichen Teilen des Reiches die Bujiden und Samaniden den Ton angaben.

4 Der »Herr der Zandsch« war ein gewisser Alî ibn Mohammed, der mit Hilfe der im südlichen Irak mit der Entsalzung des Bodens beschäftigten Negersklaven (→ Zandsch) in den Jahren 868–883 einen gefährlichen Aufstand gegen die → abbasidische Zentralgewalt anführte.

5 Die »Byzantiner« heißen bei den arabischen Geschichtsschreibern generell »Rûm«, ein Begriff, der eigentlich »Römer« bedeutet. Es wird also nicht zwischen Römern und Oströmern unterschieden.

6 Vgl. Anmerkung 2 zu »Die Inder«.

Der Kaukasus S. 85–107

1 Um sich ein Bild von der Kaufkraft der arabischen Golddinare z. Zt. von al-Mas'ûdî machen zu können, hier einige Beispiele: 100 kg Getreide ca. 0,7 Dinar, 1 kg Honig ca. 0,03 Dinar, 1 kg Datteln ca. 0,006 Dinar, gute Kaftane aus Wolle 4–16 Dinar.

2 »Die Bucht, die keinen Ausgang hat«, ist die Adria.

3 Der im folgenden geschilderte Wikingerzug der »Russen« fand im Jahr 913 oder 914 statt.

4 d. h. natürlich die Nachkommen jener ursprünglichen Garnison aus dem 7. Jh.

Die Perser S. 112–141

1 Mas'ûdî begeht hier einen historischen Irrtum insofern, als nicht die früheren, sondern erst die späteren Omaijaden die beschriebene persische Sitte übernahmen.

2 Die Errichtung dieser Mauer, deren Reste sich vom heutigen Derbend bis nach Kara Syrt erstrecken, wird im allgemeinen, entsprechend Mas'ûdî,

mit Anûschirwân (reg. 531–579 als Chosroe I.) in Verbindung gebracht; in späteren Legenden erscheint sie auch als Werk Alexanders des Großen. Vgl. dazu auch die entsprechenden Passagen im Kapitel »Der Kaukasus«.

3 Mas'ûdî irrt hier insofern, als Ägypten erst im Jahre 619, zur Zeit des Kaisers Heraklius, vorübergehend von den Persern erobert wurde.

Die Griechen S. 142–148

1 Der Irrtum, daß Macedonien in Ägypten gelegen habe, wiederholt sich mehrmals bei Mas'ûdî.

2 Der Vater des Ptolemäus hieß Lagos, was Mas'ûdî oder seine Quelle mit Lagoos verwechselte, was tatsächlich »Hase« (arab.: arnab) bedeutet. Vgl. auch die beiden folgenden Anmerkungen.

3 »Der den Bruder Liebende« ist Übersetzung des griechischen Philadelphos.

4 Die Beinamen sind meist Übersetzungen aus dem Griechischen: »der Wohltäter« = Euergetes, »Der den Vater Liebende« = Philopator, »Der die Mutter Liebende« = Philometor, »Die Kichererbse« = Lathyros.

Die Römer S. 149–154

1 Vgl. Die Griechen, Anm. 1.

2 Wie Mas'ûdî auf diese Zahl gekommen ist, bleibt unklar.

Die Byzantiner S. 155–170

1 Derartige Zahlenspielereien mit dem Zahlenwert der Buchstaben des Alphabets (vor Einführung der indischen/arabischen Ziffern rechneten auch die Araber mit diesen Zahlenwerten) sind bis heute in der arabischen Welt beliebt. Um die hier von Mas'ûdî aufgestellte Rechnung zu verstehen, ist folgendes zu beachten: Mas'ûdî war des Griechischen zumindest so weit mächtig, daß ihm das Fehlen des Buchstaben H im griechischen Alphabet bekannt war; andererseits gibt es im Arabischen kein E, weshalb er dafür jeweils ein A einsetzen mußte; schließlich zwang ihn seine Rechnung dazu, das griechische $\eta$ entsprechend der damals wohl schon gängigen Aussprache mit dem arabischen Buchstaben für I bzw. Y wiederzugeben.

2 »Gelbe Galle« steht für Choleriker, »Blut« für Sanguiniker, »Schleim« für Phlegmatiker und »Schwarze Galle« für Melancholiker.

3 d. h. im Jahre 622 n. Chr. Da Heraklius bereits im Jahre 610 die Macht übernommen hatte, irrt sich hier Mas'ûdî um fünf Jahre.

4 Gemeint ist hier Heraklius, der Sohn des Phokas, der von 610 bis 641 regierte. Die gesamte nun folgende Liste der byzantinischen Kaiser ist äußerst fehlerhaft.

5 Nicht der Irene wurden die Augen herausgerissen, sondern ihrem Sohn Konstantin IV. auf ihr Betreiben hin (im Jahre 797). Irene regierte noch bis 802.

Ägypten S. 171–183

1 Der Nilometer, von dem Mas'ûdî bei seinen Angaben ausging, war jener, der unter dem Kalifen → Sulaimân auf der Insel Roudah angelegt worden war. Auf der gleichen Insel befand sich bereits ein neuerer Nilometer, der auf → Ahmad ibn Tulûn zurückging und den man damals nur bei extremem Hochwasser ablas.

2 Gemeint ist wohl Moses.

3 Vgl. Altes Testament, Exodus 34, 7.

4 Im Text steht »nach Westen«, was auch Pellat in der franz. Übersetzung in »Osten« korrigierte. Möglicherweise hat Mas'ûdî den westlichen Teil des damaligen Perserreiches, d. h. Syrien, gemeint.

# *Register der wichtigsten Orts- und Personennamen mit kurzen Erläuterungen*

(Es sind hier lediglich diejenigen Namen erfaßt, die im Text durch Kursivdruck besonders kenntlich gemacht wurden. Der arabische Artikel al- wurde in der alphabetischen Reihenfolge nicht berücksichtigt.)

*al-Abbâs* ibn Abdalmuttalib, ein Oheim des Propheten; Stammvater der → Abbasiden-Dynastie, die in Bagdad von 750 bis 1258 die Kalifen stellte. Er starb im Alter von 88 Jahren um das Jahr 653.

*Abbasiden,* jene Dynastie von Kalifen, die von 750 bis 1258 meist in Bagdad regierte. Die Entstehung des Buches der Goldwäschen fällt in etwa mit dem Ende der ersten Phase dieser Dynastie zusammen (750–945). Nach 945 waren die abbasidischen Kalifen meist nur noch nominelle Herrscher.

*Abdalmalik,* fünfter Omaijaden-Kalif (785–805), Sohn des Kalifen → Marwân. Neben dem Begründer der Dynastie, → Mu'âwija, die bedeutendste Gestalt unter den Kalifen von Damaskus. Als er das Kalifat von seinem Vater übernahm, befanden sich nur Syrien und Ägypten unter omaijadischer Kontrolle, während fast das gesamte übrige Reich sich zu dem Gegenkalifen in Medina, Abdallâh ibn az-Zubair, bekannte. Nach Beendigung dieses sogenannten Zweiten Bürgerkrieges im Jahre 692 waren die Omaijaden wieder Herr der Lage, und Abdalmalik erwies sich als großer Reformer. Das Arabische wurde zur Verwaltungssprache (anstelle von Syrisch und Griechisch bzw. Persisch), erstmals entstanden eine einheitliche Währung und die Grundlagen zu einem einheitlichen Steuersystem.
Mit diesem Kalifen ist nicht der Statthalter der westägyptischen Oasen gleichen Namens zu verwechseln, der im Kapitel »Die Neger« für das 10. Jh. erwähnt wird.

*Abdalmuttalib* ibn Hâschim ibn Abdmanâf, Großvater des Propheten. Er hatte in vorislamischer Zeit in Mekka das Amt des Tränkens der Pilger an der Kaaba inne. Er starb um 579, nachdem der junge Mohammed noch einige Jahre bei ihm gelebt hatte.

*Abdarrahmân* I., einer der wenigen Omaijaden, die beim Zusammenbruch des omaijadischen Kalifats in Syrien im Jahre 750 der Verfolgung durch die → Abbasiden entgingen. Nach einer abenteuerlichen Flucht über

Nordafrika gelangte er im Jahre 755 nach Spanien, wo er ein Jahr später in Córdoba die Dynastie der spanischen Omaijaden begründete.

*Abdarrahmân* III., der bedeutendste spanische Omaijade, der von 912 bis 961 in Córdoba regierte und dort als erster den Titel Kalif annahm. Die im Text geschilderte Schlacht vom Jahre 939, in der die Muslime gegen Ramiro II. von León unterlagen, ist als »die Schlacht am Wallgraben« in die Geschichte eingegangen.

*Abu Bakr*, Schwiegervater des Propheten und erster Kalif in Medina (632–634). Seine Regierungszeit ist vor allem gekennzeichnet durch die Unterwerfung der nach Mohammeds Tod rebellierenden und vom Islam wieder abgefallenen Stämme auf der Arabischen Halbinsel.

*Abu l-Atâhija*, bedeutender Dichter der Askese (ca. 748–826). Zu seinem Leben und seiner Dichtung siehe ausführlich BIBLIOTHEK ARABISCHER KLASSIKER, Bd. II.

*Abu l-Qâsim al-Balchî*, auch als al-Ka'bî bekannt (gest. 931); bedeutender Vertreter der Mu'tazila (siehe Einleitung) und Autor zahlreicher theologischer und anderer Werke.

*Abu Michnaf*, einer der bedeutendsten frühen arabischen Geschichtsschreiber (gest. 774), dessen Werke uns aber nur bruchstückhaft durch die Vermittlung späterer Historiker erhalten sind.

*Abu Qubais*, legendenumwobener Hügel am Ostrand von Mekka.

*Abu Ubaida*, einer der frühesten Gefolgsleute Mohammeds in Mekka. Er wird zu jenen gerechnet, denen der Prophet schon zu Lebzeiten das Paradies versprochen haben soll. Um 636 erhielt er vom Kalifen → Omar den Oberbefehl über die Eroberungsheere in Syrien. Er starb dort im Jahre 639 an der Pest.

*Adham ibn Muhriz.* Es gibt einen Feldherrn und Dichter dieses Namens in der Omaijadenzeit (gest. um 718). Ob dieser allerdings identisch ist mit dem von Mas'ûdî als Gewährsmann für seine Falkengeschichte angeführten Adham, erscheint fraglich.

*al-Adlî*, gilt als der erste, der ein arabisches Buch über das Schachspiel verfaßte. Daneben wird ihm auch ein Werk über das Trick-Track-Spiel zugeschrieben.

*Afrâsijâb*, sagenumwobener König der Turanier, der bereits im Avesta erwähnt wird. Nach späterer Vorstellung war er türkischer Herkunft (so auch hier nach Mas'ûdî), was dann u. a. die Seldschuken bewog, in ihm einen ihrer Ahnherrn zu sehen.

*Ahmad ibn at-Tajjib* as-Sarachsî (gest. 899), bedeutender Philosoph, Naturwissenschaftler, Geograph und Geschichtsschreiber, dessen Werke jedoch weitgehend verloren scheinen.

*Ahmad ibn Tulûn*, Begründer der Tuluniden-Dynastie (868–905) in Ägypten, Sohn eines türkischen Gefangenen aus → Farghâna, der dem Kalifen → al-Ma'mûn in Bagdad geschenkt worden war.

*Ahqâf*, in früharabischer Zeit sowohl Name der Hauptstadt als auch der Provinz Chûzistan im Südwesten Persiens.

*Ailat*, Hafen am Golf von Akaba.

*Alî ibn abi Tâlib* (ermordet 661), ein Vetter des Propheten. Er heiratete die Tochter des Propheten, Fâtima, die ihm Hasan und Husain gebar, die als einzige das Blut des Propheten weitervererbten. Aus Alîs Opposition gegenüber Mu'awija, dem Begründer der → Omaijaden-Dynastie, entstand die Spaltung der Muslime in → Schiiten und Sunniten.

*al-Amîn*, Sohn und Nachfolger des Kalifen → Hârûn ar-Raschîd. Seine Regierungszeit (809–813) stand ganz im Zeichen der Auseinandersetzungen mit seinem Bruder al-Ma'mûn.

*Amr ibn al-Âs*, einer der berühmtesten arabischen Feldherren der frühislamischen Zeit. Nachdem er bereits an der Eroberung Palästinas maßgeblichen Anteil gehabt hatte, leitete er die Eroberung Ägyptens in den Jahren 640–642 und gründete → Fustât. Er starb 663.

*Anûschirwân* Chosroe I., Sasaniden-Herrscher, der von 531–579 regierte.

*Ardabîl*, türk. Erdebil. Stadt im Osten von Adharbaidschân.

*Ardeschîr* I., der Sohn des Bâbak, herrschte von 226–241 und begründete in Persien die Dynastie der → Sasaniden.

*al-Arîsch*, bedeutende Oasenstadt am Mittelmeer an der geographischen Grenze zwischen Palästina und Ägypten.

*Aschbân* = »Spanier« bzw. Westgoten; vgl. auch → Ladhâriqa.

*Âtil* (oder auch Itil), ehemalige Hauptstadt der Chazaren an der unteren Wolga; die genaue Lage der Stadt ist jedoch bis heute unbekannt.

*Badschnâ.* Welcher Volksstamm sich hinter diesem Namen bei Mas'ûdî verbirgt, ist bislang nicht eindeutig geklärt worden.

*Baisân,* Stadt im Jordantal, etwa 30 km südlich des Tiberias-Sees.

*Baqt* (über das Griechische aus lat. pactum), terminus technicus für den im Jahre 652 geschlossenen Vertrag zwischen dem muslimischen Statthalter von Ägypten und Nubien. Die darin den Nubiern auferlegten Tributleistungen sind im Text geschildert.

*Barqa,* Name sowohl der Provinz Cyrenaica als auch der Hauptstadt dieser Provinz (heute = al-Mardsch in Libyen).

*Basîtâ.* Der Name erscheint in den verschiedenen Handschriften auch als Sîta, Nîta u. a. m. Pellat hat vorgeschlagen, den Ort mit Ceuta (arab. Sabta) gleichzusetzen.

*Bedscha* (auch: Budscha), hamitisches Nomadenvolk nördlich Äthiopiens zwischen Rotem Meer und Nil.

*Berberâ,* Hafen und Hauptstadt von ehemals Britisch-Somaliland. Mas'ûdî wie auch die anderen frühen arabischen Geographen bezeichnen damit auch die gesamte Nordküste des ostafrikanischen Horns. Im Gegensatz zu Mas'ûdî wird dieser Landstrich sonst aber meist noch nicht zum Land der → Zandsch gerechnet.

*Burdschân.* Mas'ûdî scheint mit diesem Namen die Burgunder zu bezeichnen. Im Zusammenhang mit Konstantin dem Großen sind aus historischen Gründen aber wohl die Franken oder Goten darunter zu verstehen.

*Châlid ibn al-Walîd,* Zeitgenosse Mohammeds und später einer der bedeutendsten Feldherrn der frühislamischen Geschichte. Im Jahre 633 eroberte er → Hira im Irak und war anschließend maßgeblich an der Eroberung Syriens beteiligt. Er starb 641/42.

*Chânfû* = Kanton in China.

*Chârak,* kleine Insel am nordöstlichen Ende des Persischen Golfes in der Nähe der Küste.

*Châridschiten.* Während des ersten Bürgerkrieges (656–661) einigten sich nach der Schlacht von Siffîn der vierte Kalif → Alî und sein Widersacher → Mu'âwija darauf, den Streit durch zwei Schiedsrichter entscheiden zu lassen. Gegen dieses Ansinnen wandte sich ein Teil der Anhänger Alîs und verließ sein Lager (charadscha = verlassen, weggehen). Diese »Châridschiten« erhielten bald großen Zulauf und wurden während der gesamten → Omaijadenzeit vor allem im Irak zu einem der gefährlichsten und militantesten oppositionellen Faktoren. Ihr politisch wichtigster Grundsatz bestand in der Forderung, daß nur der Frömmste das Amt des Kalifen bekleiden dürfe, »auch wenn dieser ein kraushaariger Neger sei«. Diese Forderung richtete sich gegen die Auffassung, daß das Kalifat stets von einem → Quraischiten bekleidet werden müsse.

*Chumdân* = Hsi-an in China.

*Churâsân,* ostpersische Provinz, deren Ausdehnung ursprünglich wesentlich größer war als heute. Der nordöstliche Teil der alten Provinz gehört jetzt zur Sowjetunion, der südöstliche zu Afghanistan.

*Chûzistan,* südwestliche Provinz Persiens. In früharabischer Zeit meist Ahwâz genannt, in neuerer Zeit auch Arabistân.

*Chwârizm,* ehemalige Provinz am Unterlauf des Amu-Darja in Zentralasien. Heute ist das Gebiet auf die beiden Sowjetrepubliken Usbekistan und Turkmenistan aufgeteilt.

*Comes,* arab. Qûmis, von Mas'ûdî fälschlicherweise als Eigenname und nicht als militärischer Rang aufgefaßt.

*Daibul,* ehemals bedeutende Hafenstadt westlich des Indus in Sind; die Stadt ist heute völlig verschwunden, und ihre genaue Lage konnte bisher nicht eindeutig festgestellt werden.

*Dailam,* Bezeichnung einer persischen Landschaft im Gebiet der Provinz Gîlân am Kaspischen Meer und des dort lebenden, einst mächtigen iranischen Volksstammes. Unter den Abbasiden traten viele Angehörige dieses Volkes als Söldner in den Dienst der Kalifen.

*Damâdim*, offenbar ein Sammelbegriff für die verschiedenen Negervölker im mittleren und westlichen Sudan.

*Dâniq*, Gewichtseinheit; entspricht etwa ½ g.

*Demâwand* (Damâwand), höchster Berg (5604 m) des Elburs-Gebirges im Norden Persiens am Kaspischen Meer.

*Derbend* (Derbent), in arab. Quellen Bâb al-Abwâb (»Tor der Tore«), heute Hauptstadt der Autonomen Sowjetrepublik Dagestan im Kaukasus.

*Dhu n-Nûn* (ca. 796–861), Sohn eines Nubiers. Einer der ersten bedeutenden Mystiker der islamischen Welt. Er gilt auch als Verfasser einiger Abhandlungen über Magie und Alchemie.

*Dhu Nuwâs*, vorislamischer König des Jemen in der ersten Hälfte des 6. Jahrhunderts n. Chr. Er bekannte sich zum Judentum und hatte sich vor allem mit den ins Land eindringenden Abessiniern auseinanderzusetzen.

*Dîbâdschât* = Lakkadiven und Malediven im Indischen Ozean südwestlich des Indischen Subkontinents.

*al-Dschâhiz* (ca. 776–868/69), einer der originellsten Prosaschriftsteller der frühen arabischen Literaturgeschichte. Von seinen zahlreichen Werken sind »Das Buch der Tiere« und »Das Buch der Geizigen« die berühmtesten.

*Dschaihân*, der Pyramus der Antike, einer der beiden Flüsse, die durch Kilikien zum Mittelmeer fließen. Heutige türk. Schreibung: Ceyhan.

*Dschaihûn*, im arab. Mittelalter gebräuchliche Bezeichnung für den Oxus (= Amu Darja).

*Dschâvaga* = Java und benachbarte Inseln.

*Dschazîra*, »die Insel«, das heute zwischen Syrien, der Türkei und dem Irak aufgeteilte Gebiet zwischen Euphrat und Tigris. Entspricht dem Mesopotamien der Antike.

*Dschidda*, Hafenstadt von Mekka am Roten Meer; nach der Legende befindet sich dort das Grab Evas.

*Dschîl,* Bewohner der persischen Provinz Dschîlân (= Gîlân) im westl. Elburs-Gebirge am Kaspischen Meer. Sie sind im Verständnis Mas'ûdîs wohl weitgehend identisch mit den → Dailam.

*Dschirdschis.* Entsprechend dem historischen Zusammenhang muß dieser Dschirdschis (= Georg) mit dem byzantinischen Kaiser Leon III. (reg. 717–741) identisch sein.

*Dschurdschân* (Gurgân), das antike Hyrcania an der südöstlichen Ecke des Kaspischen Meeres. Stadt und Provinz heißen heute Astarâbâdh.

*Dschurdschânîja* (Gurgandsch), ehemaliges Zentrum der Provinz → Chwârizm am Unterlauf des Amu-Darja. Der Name hat sich in dem heutigen Urgentsch erhalten.

*Fajjûm,* eine der fruchtbarsten Landschaften Ägyptens, etwa hundert km oberhalb Kairos westlich des Nils.

*Farghâna,* Landschaft und ehemalige Provinz am mittleren Syr-Darja (Jaxartes) südlich des Tschatkal-Gebirges. Heute aufgeteilt zwischen den Sowjetrepubliken Usbekistan, Tadschikistan und Kirgisien.

*Fârs* (Fârsistân), die Persis der Antike, eine der bedeutendsten persischen Provinzen im Süden des Landes mit der Hauptstadt Schiraz.

*Fustât* (heute: Alt-Kairo), die erste unter den Arabern gegründete Stadt in Ägypten (643) und Verwaltungszentrum bis zur Gründung von Kairo im Jahre 969. Die Moschee des Gründers → Amr ibn al-Âs ist erhalten.

*Ghâna,* ältestes bekanntes Staatsgebilde im westl. Sudan. Als Hauptstadt des als »Goldland« bekannten Reiches sind inzwischen mit großer Sicherheit die Ruinen von Kumbi Sâlih im Südosten Mauretaniens identifiziert worden. Die Anfänge Ghânas liegen im Dunkeln, datieren aber bereits aus vorislamischer Zeit. Der Name Ghâna, eigentlich ein Herrschertitel, wurde von den arabischen Autoren gelegentlich auch als Name für das dort lebende Volk verwendet. (Das moderne Ghana hat mit diesem alten Reich nur den Namen gemeinsam.)

*Ghuzz,* arab. Bezeichnung für die Oghuz, einen bedeutenden türkischen Volksstamm, der zur Zeit von Mas'ûdî etwa im Gebiet östlich des Ural, der unteren Wolga und des Kaspischen Meeres und nördlich des Aral-Sees und des Unterlaufs des Syr-Darja lebte.

*al-Hâdî, vierter Kalif der* → Abbasiden, der 785 die Macht übernahm, jedoch schon ein Jahr später im Verlauf einer Hofintrige ermordet wurde. Sein Nachfolger wurde sein Bruder → Hârûn ar-Raschîd.

*Hafûnâ*, das alte Opone in Somaliland. Heute Ras Hafun.

*al-Hakam* I., dritter Omaijadenherrscher in Cordoba (reg. 796–822) und Zeitgenosse Karls des Großen.

*al-Hakam* II., der Sohn und Nachfolger → Abdarrahmâns III.; Kalif von Cordoba (961–976). Als Mas'ûdî sein Buch verfaßte, war er noch Kronprinz. Er gilt als einer der gebildetsten spanischen Kalifen, und es ist gewiß kein Zufall, daß gerade er sich beim Bischof von Gerona nach der Geschichte der Franken erkundigte. Er war damals 24 Jahre alt.

*Hanîfa*, bedeutender arab. Stamm im östlichen Zentralarabien. Bei dem im Text erwähnten »Lügenpropheten« dieses Stammes handelt es sich um Musailima, der etwa zur gleichen Zeit wie Mohammed auftrat (vgl. dazu Bibliothek Arabischer Klassiker Bd. 1).

*Hârûn ar-Raschîd*, der durch die Märchen von 1001 Nacht in Europa bekannteste Abbasidenkalif von Bagdad (reg. 786–809). Er war ein Sohn aus der Ehe des Kalifen → al-Mahdî mit der ehemaligen Sklavin al-Chaizurân, die mit Hilfe eines Wezirs seinen Bruder → al-Hâdî aus dem Weg schaffte und Hârûn selbst zur Macht verhalf.

*al-Hasan ibn Mûsâ an-Naubachtî*, berühmter Astronom, Philosoph und Theologe (gest. 922). Am bekanntesten ist sein Buch über die schiitischen Sekten. Das von Mas'ûdî zitierte Werk »Die Meinungen und religiösen Überzeugungen« blieb unvollendet.

*Hîra*, bedeutendste arabische Stadt in den drei Jahrhunderten vor dem Islam im Irak und kulturelles Zentrum, in dem wahrscheinlich die arabische Schrift entwickelt wurde. Sitz der Lachmiden-Dynastie. In islamischer Zeit wurde es bald von Kufa überflügelt und verfiel.

*Hischâm ibn Abdalmalik*, zehnter Omaijadenkalif von Damaskus (reg. 724–743). Seine Regierungszeit stellt die letzte glanzvolle Phase der syrischen Omaijaden dar. Die relative Ruhe, die im Reich herrschte, erlaubte landwirtschaftliche und steuerliche Reformen.

*Hischâm ibn Mohammed al-Kalbî* (gest. 819), einer der bedeutendsten frühen arabischen Geschichtsschreiber. Für die genealogischen Zusammenhänge der arabischen Stämme ist er die wichtigste Quelle. Von seinen zahlreichen Abhandlungen sind allerdings nur wenige erhalten.

*Husain* »der Astronom«. Um welchen Astronomen es sich hier handelt, ist unklar. Unter Umständen liegt ein Überlieferungsfehler vor und es ist Hasan zu lesen, was dann auf den Geschichtsschreiber al-Hasan ibn al-Hâ'ik al-Hamdânî (gest. 945), einen Zeitgenossen Mas'ûdîs, hindeuten würde, der u. a. auch astronomische Tabellen verfaßte.

*Ibn Abbâs.* Abdallâh, der Sohn des → Abbâs, war ein Vetter des Propheten und gilt den Muslimen als einer der ersten Koranexegeten. Viele der ihm zugeschriebenen Überlieferungen sind jedoch späteres Machwerk. Er starb 686.

*Ibn Churdâdhbeh* (gest. 911), bedeutender Geograph persischer Herkunft. Sein Ruhm gründet sich auf sein »Buch der Wege und Reiche«, das in erster Linie als Handbuch für das von ihm geleitete Postwesen des ausgedehnten Abbasidenreiches gedacht war. Die meisten anderen Werke, darunter solche über die Kochkunst und über das Trinken, scheinen verloren.

*Ibn al-Muqaffa'* (ca. 720–756), einer der ersten Übersetzer indischer und iranischer Werke ins Arabische und einer der Begründer der arabischen literarischen Prosa.

*Ichschîd.* Mohammed ibn Tughdsch al-Ichschîd, Begründer der Dynastie der Ichschiden, die von 935–969 prakitsch unabhängig von Bagdad in Ägypten herrschte. Die Familie stammt ursprünglich aus → Farghâna und war in den Dienst des abbasidischen Kalifen getreten, der Mohammed zum Statthalter von Ägypten ernannte.

*Ifrîqijâ,* die ehemalige römische Provinz Africa (daher der Name), heute etwa Tunesien.

*Ijâd,* alter arabischer Stamm, der im 3. Jahrhundert von Bahrain her in den Irak einwanderte, wo er teils seßhaft wurde. Mitte des 6. Jahrhunderts gewann er eine Schlacht gegen die → Sasaniden, wurde dann aber selbst vernichtend geschlagen (darauf bezieht sich der betreffende Text). Nach längerer Opposition gegenüber den muslimischen Stämmen traten die Ijâd schließlich zum Islam über und siedelten vor allem in Syrien und in Mesopotamien.

*Imâmiten,* die sogenannten »Zwölfer-Schiiten«. Grundlage ihrer Lehre war der Glaube, daß die Menschen ständig einen unfehlbaren religiösen Führer (imâm) auf Erden brauchen. Sie lehnten im Nachhinein das Kalifat der ersten drei Kalifen ab und vertraten die Ansicht, daß Mohammed seinem Vetter → Alî die Leitung der Gemeinde übertragen habe und daß sich das Imâmat unter seinen Nachkommen vererbe. Als der elfte Imâm starb, ohne einen Sohn zu hinterlassen, schufen sie die Lehre von der »Verborgenheit« des 12. Imâms, der sein Amt im Verborgenen auf der Erde ausübe und am Ende der Welt als Messias auftreten werde.

*Jamâma,* Landschaft im östlichen Zentralarabien. Zentrum ist heute ar-Rijâd.

*Ja'qûb ibn Ishâq al-Kindî* (gest. um 873), »der Philosoph der Araber« und berühmter Naturgelehrter. Er ließ zahlreiche Werke aus dem Griechischen übersetzen (Aristoteles) und überarbeitete und kommentierte sie.

*Janschû* = Huang-Tsch'ao, Anführer des chinesischen Volksaufstandes von 874 n. Chr.

*Jansû* = Jan-Tschu in China.

*Jazîd ibn abi Sufjân,* unter den ersten beiden Kalifen Heerführer und Statthalter in Syrien, wo er entscheidenden Anteil an den Eroberungen hatte und wo er 639 an der Pest starb. Sein Nachfolger als Statthalter wurde sein Bruder → Mu'âwija.

*Jazîd ibn Mu'âwija,* zweiter → Omaijadenkalif von Damaskus (reg. 680–683).

*Jezdegird* III. (reg. 632–651), letzter → Sassanidenherrscher, der das bereits geschwächte Perserreich nicht mehr gegen den Ansturm der muslimischen Araber verteidigen konnte. Nach den Niederlagen von Qâdisîja und Nihâwand (637 bzw. 642) wurde er 651 in → Churâsân ermordet. Persien war fortan ein Teil des Kalifenreiches.

*Kambâja,* Stadt und Golf im Nordwesten Indiens (= Cambay).

*Kânem,* sudanesisches Reich südlich des Tschadsees, das etwa um 800 gegründet wurde. Erst Ende des 11. Jahrhunderts islamisiert, bestand es bis Ende des 14. Jahrhunderts und wurde dann von Bornu abgelöst.

*Kaukau* (= Gao), frühmittelalterlicher Stadtstaat im westlichen Sudan am linken Ufer des Niger in Mali.

*Kinda,* großer alter arabischer Stammesverband in Südarabien, der bereits in vorislamischer Zeit in den Irak eingedrungen war. Später finden sich Teile in Syrien.

*al-Kindî,* siehe: Ja'qûb ibn Ishâq al-Kindî.

*Ladhâriqa* (Sing.: Ludhrîq); ausgehend von der Auffassung, daß Ludhrîq (= Roderich) kein Name, sondern ein Herrschertitel sei, wurde Ladhâriqa gleichbedeutend mit Westgoten.

*Lawâta* (auch: Luwâta), bedeutender Berberstamm in Nordafrika und am Westrand Ägyptens.

*Ludhrîq,* üblicherweise = Roderich (vgl. Ladhâriqa), doch ist damit in der Liste der Frankenkönige nichts anzufangen. Ludhrîq ist im Arabischen auch leicht als Ludhwîq (= Ludwig) zu lesen, doch ist auch dieser Name an der betreffenden Stelle nicht einzuordnen. Vermutlich ist Theoderich oder noch wahrscheinlicher Chlothar zu lesen.

*Ma'add,* Sammelbezeichnung für eine große Anzahl alter nordarabischer Stämme.

*Mabras* (Lesung unsicher), nicht identifiziertes Negervolk im Sudan.

*Mfalme* (oder: Mufalme), das heute noch im Swahili übliche Wort für »König«.

*al-Mahdî,* dritter Abbasidenkalif (reg. 775–785) und Sohn des Kalifen → al-Mansûr. In seiner Regierungszeit konnten die Araber nochmals bis zum Bosporus vorstoßen (782) und Byzanz für einige Zeit tributpflichtig machen.

*Malâna* (Malanga, Malinke), westsudanesische Völkerschaft.

*al-Ma'mûn,* Sohn des Kalifen → Hârûn und Bruder des Kalifen → al-Amîn, dessen Nachfolger er wurde (reg. 813–833). Al-Ma'mûn ist als großer Förderer der Wissenschaften in die Geschichte eingegangen.

*Mankîr* (Malkhed), ehemalige Hauptstadt der indischen Raschtrakutas-Dynastie südlich des heutigen Gulbarga in der Provinz Hyderabad. Der von Mas'ûdî angegebene Name des dortigen Königs Ballahara entspricht ind. Vallabha-raja.

*al-Mansûr*, zweiter Abbasidenkalif (reg. 754–775) und Gründer von Bagdad (762/63).

*Maranda*, nicht identifizierter Volksstamm im Sudan.

*Marîs*, nicht identifizierter Volksstamm im Sudan.

*Marwân*, der vierte Kalif der → Omaijaden von Damaskus und Begründer des marwanidischen Zweiges dieser Dynastie. Seine Regierungszeit (683–685) stand ganz im Zeichen des zweiten Bürgerkrieges gegen den Gegenkalifen in Mekka Ibn az-Zubair.

*Marzabân*-See. Die Lesung des Namens ist unsicher, doch kann es sich nur um den Van-See in der Türkei handeln.

*Mâsâtûchâs*, nicht identifizierbarer Name. Wie an der betreffenden Stelle hervorgeht, meinte Mas'ûdî offenbar Julius Cäsar.

*Maslama*, Sohn des Kalifen → Abdalmalik. Da seine Mutter eine Sklavin war, konnte er im Gegensatz zu seinen Halbbrüdern keine Ansprüche auf das Kalifat anmelden. Er war eine der eindrucksvollsten Feldherrngestalten in den Kriegen gegen die Byzantiner im ersten Viertel des achten Jahrhunderts. Der Vorstoß gegen Konstantinopel war einer seiner größten Triumphe. Er starb 738 in Syrien.

*Mihrân* = Indus.

*Minâ*, Ort in den Bergen östlich von Mekka, wo das Pilgerzeremoniell alljährlich seinen Abschluß findet.

*Misr*, arab. Bezeichnung für Ägypten und Name des Stammvaters der Ägypter.

*Mithqâl*, Gewichtseinheit von ca. 4,6 g.

*Mohammed ibn Dschâbir* al-Battânî, der Albategni oder Albatanius des europäischen Mittelalters, wohl einer der größten Astronomen der Geschichte überhaupt. Seine astronomischen Tafeln wurden unter dem Titel Scientia Stallarum im Jahre 1537 in Nürnberg erstmals gedruckt. Al-Battânî starb 929.

*Mu'âwija* I. ibn abi Sufjân, der Begründer des Kalifats der Omaijaden in Damaskus. Nachdem er bereits als Statthalter erfolgreich über Syrien geherrscht hatte, verweigerte er 656 dem vierten Kalifen → Alî den Treueeid. Aus dem anschließenden ersten Bürgerkrieg ging er als Sieger hervor und übernahm 661 offiziell das Kalifenamt, das er bis zu seinem Tode 680 bekleidete. Sein geschicktes Taktieren gegenüber Byzanz, sein diplomatisches Geschick in der Behandlung der innenpolitischen Gegner und seine grundlegenden Verwaltungsmaßnahmen machten ihn zu einem der bedeutendsten Staatsmänner der islamischen Geschichte.

*Mu'âwija* II., Sohn und Nachfolger → Jazîds I. Er herrschte nur wenige Wochen im Jahre 683.

*Mudar*, bedeutender nordarabischer Verband, der zahlreiche Stämme im Irak, in Nordsyrien und im Hedschas umfaßte. Ein Teil von ihnen wanderte nach Ägypten aus.

*al-Muhtadî*, 14. Abbasidenkalif (reg. 869–870).

*al-Muktafî*, Abbasidenkalif (reg. 902–908).

*Munkar* und *Nakîr*, die beiden Engel, die nach muslimischer Vorstellung die Toten in den Gräbern verhören und gegebenenfalls auch bestrafen. Die beiden sind dann zum Sinnbild für die beiden kritischen Pegelstände des Nils geworden.

*al-Muntasir*, 11. Abbasidenkalif (reg. 861–862).

*Muqauqis*. Der Name ist bisher weder etymologisch geklärt noch läßt sich mit Sicherheit sagen, welche Person sich dahinter verbirgt. Von den Arabern wurde unter dem Muqauqis die politisch führende Person in Ägypten zur Zeit des Propheten und während der Eroberungskriege verstanden.

*al-Muqtadir*, Abbasidenkalif (reg. 908–932). Seine Regierungszeit stand ganz im Zeichen von Thronkämpfen und des Erstarkens der fremdstämmigen Söldnergarden.

*Murdschiiten*, frühe islamische Sekte, deren wichtigste Lehre darin bestand, daß ein Muslim seinen Glauben nicht durch Sünden verlieren könne und daß auch einem sündhaften Kalifen Gehorsam geleistet werden müsse (im Gegensatz zu den → Châridschiten).

*Musannât,* arab. Wort für »Damm«. Als Name für einen byzantinischen Ort nicht nachweisbar.

*al-Musta'în,* abbasidischer Kalif (reg. 862–866).

*al-Mu'tadid,* 16. Abbasidenkalif (reg. 892–902).

*al-Mu'tamid,* Abbasidenkalif (reg. 870–892).

*al-Mu'tasim,* abbasidischer Kalif (reg. 833–842), Sohn des Kalifen → Hârûn. Intoleranter Verfechter der → mu'tazilitischen Lehre von der Erschaffenheit des Korans. Er war der erste Kalif, der in großem Umfang türkische und andere Sklavengarden nach Bagdad brachte, wo sie bald zu einem gefährlichen Unruhefaktor wurden. Die Stadt wurde schließlich dermaßen unsicher, daß der Kalif sich entschloß, seine Residenz in das neugegründete Samarra zu verlegen (835).

*al-Mutawakkil,* abbasidischer Kalif (reg. 847–861).

*Mu'taziliten,* jene theologisch-philosophische Richtung, der Mas'ûdî selbst nahestand und die die spekulative Dogmatik im Islam begründete. Von ihren Lehren hat vor allem die Auffassung Anstoß erregt, daß der Koran geschaffen sei (im Gegensatz zu dem auch heute gültigen Dogma von der Unerschaffenheit des Koran).

*al-Mu'tazz,* abbasidischer Kalif (reg. 866–869).

*al-Muttaqî,* abbasidischer Kalif (reg. 940–944).

*Nâmdschîn,* wahrscheinlich arabisierte Form des slawischen Wortes Nemez o. ä. für »Deutsche«. Der anschließend im Text genannte König Konrad (im Text: Gharând) wäre in diesem Fall König Konrad I. von Franken.

*Nisibis* (Nissîbîn, Nusaybin), Stadt in Nordmesopotamien; heute an der türkischen Grenze südöstlich von Mardin.

*Omaijaden,* von Syrien aus herrschende Kalifendynastie (661–750), die die sogenannten Rechtgeleiteten Kalifen (→ Abu Bakr, Omar I., Othmân und Alî) von Medina ablöste. Die bedeutsamsten Merkmale und Entwicklungen der Omaijadenherrschaft waren folgende: 1. Dadurch, daß Syrien den Hedschas als Zentrum des Reiches ablöste, erfolgte eine stärkere Bindung an den späthellenistischen Kulturraum des östlichen Mittelmeers, was auf verschiedenen Gebieten die Entwicklung des jungen islamisch-arabischen Staates entscheidend beeinflußte. 2. War das Kalifat vorher entsprechend der Führungsstellung innerhalb der Stämme dem einflußreichsten oder ältesten oder sonstwie hervorragendsten Mitglied der Gemeinde übertragen worden, führten die Omaijaden die unarabische Erbfolge ein, was nicht zuletzt unter Jazîd I. zum Zweiten Bürgerkrieg führte. 3. Das Reich war rein arabisch, d. h. die Führung und Verwaltung des Staates lag ausschließlich bei Arabern; die nichtarabischen Muslime waren von höheren staatlichen Ämtern in der Regel ausgeschlossen (eine Ausnahme bildeten die Sekretäre). 4. Unter Walîd I. erreichte das Reich mit der Eroberung Andalusiens, Transoxaniens und Sinds (Pakistan) die größte Ausdehnung; trotz beachtlicher Einzelerfolge konnte dagegen Byzanz nicht erobert werden. 5. Die beiden wichtigsten »Oppositionsparteien«, die vor allem im Irak einen ständigen Unruheherd bildeten, waren die → Schiiten und verschiedene Gruppen von → Châridschiten. 6. Das Arabische wurde zur Verwaltungssprache im gesamten Reich, ein einheitliches Münzsystem (ohne bildliche Darstellungen) entstand, und zahlreiche Maßnahmen zur Vereinheitlichung des Steuersystems und zur Verbesserung der Landwirtschaft schufen die Grundlagen für ein funktionierendes Staatswesen.

*Omar* I., Schwiegervater des Propheten und zweiter Kalif (reg. 634–644). Unter seiner Herrschaft erfolgten die großen Eroberungen des Irak, Syriens und Ägyptens. Seine Strenge und sein puritanischer Lebenswandel sind berühmt geblieben. Ende 644 wurde er von einem Sklaven ermordet.

*Omar* II., achter Omaijadenkalif (reg. 717–720). Omar II. wurde zum Inbegriff des frommen gerechten Herrschers, der einzige → Omaijade, dem die später meist antiomaijadische Geschichtsschreibung dieses Attribut zubilligte. Seine Entscheidung, den neukonvertierten Nichtarabern die gleichen Steuervorteile einzuräumen wie den muslimischen Arabern, spricht zwar für seine Frömmigkeit, brachte den Staat jedoch an den Rand des Bankrotts.

*Othmân*, dritter Kalif (644–656), zweifacher Schwiegersohn des Propheten. Als einziges einflußreiches Mitglied der Omaijadensippe schloß er sich schon früh dem Propheten an. Als Kalif konnte er sich dann dem wachsenden Einfluß seiner Verwandtschaft nicht entziehen und wurde mit Recht der Vetternwirtschaft beschuldigt. Sein Hauptgegner war Mohammeds Schwiegersohn → Alî, der nach Othmâns Ermordung gegen den Widerstand der Omaijaden und Mohammeds Lieblingsfrau Â'ischa das Kalifat übernahm. Dies führte zum Ersten Bürgerkrieg, aus dem der Omaijade → Mu'âwija als Sieger hervorging.

*Qâdisîja,* Ort im Irak südlich von Nedschef. Bei Qâdisîja besiegte 636 oder 637 der arabische Feldherr Sa'd ibn abi Waqqâs entscheidend das persische Heer und leitete damit die endgültige Eroberung des Irak ein.

*al-Qâhir,* 19. Abbasidenkalif (reg. 932–934).

*Qahtân,* legendärer Stammvater aller südarabischen Stämme im Gegensatz zu Adnân, dem Stammvater aller Nordaraber. Als Stammesname bereits für die vorislamische Zeit belegt.

*Qâlîqalâ,* entspricht der heutigen türkischen Stadt Erzerum.

*Qanbalû,* Name einer bisher nicht eindeutig identifizierten Insel vor der ostafrikanischen Küste. Wahrscheinlich handelt es sich um eine der Komoreninseln oder um Zanzibar.

*Qarâqir,* nicht identifiziertes Negervolk im Sudan.

*Qarma,* nicht identifiziertes Negervolk im Sudan.

*Qarmâtan,* nicht identifiziert; vielleicht verbirgt sich dahinter der Name der antiken Garamanten.

*Qimâr,* das Volk der Khmer in Kambodscha.

*Qulzum,* das antike Klysma und moderne Suez am Roten Meer (= Meer von Qulzum).

*Quraisch,* der zur Zeit des Propheten in Mekka herrschende Stamm, dem Mohammed selbst angehörte. Mit Ausnahme der → Châridschiten erkannten es die Muslime schon früh als gegeben an, daß das Kalifat stets von einem Quraischiten bekleidet werden müsse. Die einzelnen Sippen des Stammes haben sich über das gesamte islamische Reich verstreut.

*Rabî'a ibn Nizâr,* bedeutender nordarabischer Stamm (zur genealogischen

Einheit der → Ma'add), der schon früh in den Irak eindrang. Einzelne Gruppen gelangten auch nach Ägypten.

*ar-Râdî,* Abbasidenkalif (reg. 934–940).

*Raqqa,* am Euphrat in Syrien gelegene Stadt; heute ein großes Ruinenfeld.

*as-Saffâh* (Abu l-Abbâs), der erste Kalif der → Abbasiden (reg. 749–754), dessen Ururgroßvater der Onkel des Propheten, al-Abbâs, war. In seine kurze Regierungszeit fallen die endgültige Vernichtung der → Omaijaden und die Ausschaltung der ursprünglich verbündeten → Schiiten.

*Sahl ibn Hârûn* (gest. 830), bedeutender Vertreter der frühen literarischen Prosa im Arabischen. Verwaltete die Bibliothek (»Haus der Weisheit«) des Kalifen → al-Ma'mûn.

*Saihân* (Sayhan), der Saros der Antike, einer der beiden Flüsse (vgl. → Dschaihân), die durch Kilikien zum Mittelmeer fließen.

*Salmân ibn Rabî'a,* nahm an der Eroberung Syriens teil und war unter → Omar I. Richter von Kufa. Später leitete er die Angriffe gegen Armenien, in deren Verlauf er 650 fiel.

*Sarandîb,* bei den arab. Geographen des Mittelalters übliche Bezeichnung für die Insel Ceylon.

*Sassaniden.* Im Jahre 226 n. Chr. stürzte Ardeschîr, ein Enkel des Priesters Sâsân, den letzten Herrscher der Arsakiden und begründete die iranische Dynastie der Sasaniden. Die Religion Zarathustras wurde Staatsreligion. Charakteristisch war die Schaffung von vier Ständen, nämlich 1. Priester und Rechtsgelehrte, 2. Krieger, 3. Beamte und 4. Bauern und Handwerker. Die Innenpolitik war vom Gegensatz zwischen dem zentr. Königtum und dem Feudaladel gekennzeichnet. Ktesiphon im Irak wurde wieder Hauptstadt. Mit dem Tod → Jezdegirds III. im Jahre 651 fiel das Reich endgültig an die Araber.

*Sâybat.* Ein großer Fluß dieses Namens läßt sich in Italien nicht nachweisen. Vom Schriftbild her könnte man an Sapaudia (Saône) in Frankreich denken, doch fehlt dann der historische Bezug.

*Schâbah,* Türkenherrscher, der unter Hormizd IV. (reg. 579–590) nach Ostpersien einfiel und u. a. Herat besetzte.

*Schâmurk,* nicht identifizierte Vogelart.

*Schiiten.* Der Name leitet sich her von Schî'at Alî, Partei Alîs, und bezeichnet eine große Anzahl von Sekten, denen allen die Auffassung gemeinsam ist, daß die Führung der islamischen Gemeinde einem Nachkommen des vierten Kalifen → Alî zustehe. Heute sind die Schiiten vor allem in Persien verbreitet; daneben gibt es größere Gruppen auch im Irak und im Libanon.

*Sidschistân* (= Sîstân), große Provinz im Südosten Persiens.

*Siffîn,* Ebene südlich von Raqqa am Westufer des Euphrat und Schauplatz einer berühmten Schlacht zwischen → Alî und Mu'âwija im Jahre 657, die mit dem Ergebnis endete, ein Schiedsgericht über die gegenseitigen Forderungen einzusetzen.

*Sindâbûrâ,* Die Bucht von Goa an der indischen Westküste.

*Sindschâr,* Höhenzug nördlich von Mosul in Kurdistan.

*Sîrâf,* ehemals wichtige Hafenstadt an der persischen Küste südlich von Schiraz. 977 durch ein Erdbeben zerstört.

*Sirjânische* Könige. Die historische Einordnung dieser Könige ist bislang nicht eindeutig gelungen. Bei Ja'qûbî, einem Vorläufer Mas'ûdîs, sind es die Herrscher von Babylon in der Zeit von der Sintflut bis Nimrod.

*Slawen,* arab. Saqâliba. Das kurze Kapitel über die Slawen ist zweifelsohne eines der interessantesten aber auch schwierigsten. Mas'ûdî scheint sein Wissen nicht schriftlichen Quellen entnommen zu haben, sondern sich auf mündliche Erkundigungen zu stützen. Trotz zahlreicher Untersuchungen ist es bisher nicht gelungen, alle Völkernamen, die in den verschiedenen Handschriften sehr entstellt erscheinen, eindeutig zuzuordnen.

*Sofâla,* der südlichste den Arabern bekannte Teil Ostafrikas, etwa der Küste von Moçambique entsprechend. Aus Sofala führten die Araber in erster Linie Gold (Beziehungen zu Zimbabwe!), Sklaven und Elfenbein ein.

*Sulaimân,* Omaijadenkalif (reg. 715–717), Sohn des Kalifen → Abdalmalik. Das bedeutendste Unterfangen unter seiner Herrschaft war die etwa einjährige Belagerung von Konstantinopel durch seinen Halbbruder → Maslama von 716–717.

*as-Sûlî* (gest. 946), Zeitgenosse Mas'ûdîs und Gesellschafter der Kalifen in Bagdad. Autor zahlreicher Werke aus den Bereichen der Geschichte und der Schönen Literatur. Er galt als einer der bedeutendsten Kenner des Schachspiels.

*Takrît,* Stadt am Euphrat westlich von Bagdad.

*Tamîm,* einer der größten Stämme in Mittel- und Ostarabien. Ein großer Teil wanderte in frühislamischer Zeit in den Irak und nach Persien aus.

*Taqwîra.* Die Zuordnung dieses Namens bleibt unklar. Er läßt sich weder mit Ludwig II., dem Vater Karls des Dicken, noch mit seiner Mutter Emma in Verbindung bringen.

*Tubba',* Königstitel der vorislamischen himjaritischen Herrscher im Jemen.

*Tughuzghuz,* arab. Form der Bezeichnung Toquz Oghuz = »Neun Stämme«, eine aus dem siebten Jahrhundert datierende Stammeskonföderation der östlichen Türken in Zentralasien (vgl. → Ghuzz), worunter die Uiguren die bekanntesten sind.

*Ubulla,* Stadt östlich von Basra im Südirak.

*Vulcano,* arab. Burkân. Wahrscheinlich ist der Ätna in Sizilien gemeint, doch ist auch an die Insel Vulcano zu denken.

*al-Walîd* I. ibn Abdalmalik, Omaijadenkalif (reg. 705–715). Unter seiner Herrschaft erreichte das arabische Reich seine größte Ausdehnung durch die Eroberung Andalusiens im Westen und Transoxaniens und Sinds im Osten. Darüber hinaus ist er als Baumeister in die Architekturgeschichte eingegangen (Umgestaltung der Johannes-Basilika in Damaskus zur »Omaijaden-Moschee«).

*al-Wâqidî* (gest. 822), bedeutender früher arabischer Geschichtsschreiber, der sich vor allem mit dem Leben des Propheten und den frühen Eroberungen befaßte. Er war einer der ersten, die sich darum bemühten, eine gesicherte Chronologie aufzustellen.

*Wâqwâq,* legendäres Land, das in der südostasiatischen Inselwelt zu suchen ist. Die arabischen Geographen, die nach antikem Vorbild die ostafrikanische Küste nicht von Norden nach Süden, sondern von Westen nach Osten verlaufen ließen, schlossen Wâqwâq an → Sofâla an (vgl. Karte).

*Waraqa ibn Naufal,* ein Vetter der ersten Frau Mohammeds, Chadîscha. Er soll auf der Suche nach der wahren Religion Abrahams bereits vor Mohammeds Sendung vom Heidentum abgefallen sein. Er wird stets als gelehrter Mann beschrieben.

*al-Wâthiq,* abbasidischer Kalif (reg. 842–847).

*Zaghâwa,* hamitische Völkerschaft im östlichen Sudan etwa im Raum zwischen Darfur, den Oasen von Bilma und dem Tschadsee. Die Zaghâwa waren die Gründer des Staates → Kanem.

*Zandsch,* arab. Sammelbezeichnung der ostafrikanischen Negerstämme. Die von Mas'ûdî angeführten Worte aus dem Vokabular der Zandsch (mfalme = König, mkulu njulu = Gott, kilazi = Süßkartoffel) sind Bantu-Worte, die noch heute in lautlich etwas weiterentwickelter Form im Swahili vorhanden sind. – Zandsch waren als Sklaven vor allem in der Landwirtschaft im Südirak eingesetzt.

*Zawîla,* Ort, der etwa den heutigen Oasen von Murzuk im Süden Libyens entspricht. Von Mas'ûdî offenbar als Volksbezeichnung verstanden.

*Zunbîl,* Herrschertitel der Könige der östlich von → Sidschistân lebenden Hephtaliten, den sogenannten »Weißen Hunnen«.

*Zuqâq* = »Meerenge«, »Straße«; im speziellen Sinn die Straße von Gibraltar.

# *Bibliographische Hinweise*

Im folgenden kann lediglich eine knappe und naturgemäß sehr subjektive Auswahl von Titeln aufgeführt werden, mit deren Hilfe sich der interessierte Leser weiter in die Materie einarbeiten kann. Der Schwerpunkt wurde bei dieser Auswahl auf solche Werke gelegt, die entweder in Bibliotheken leicht zugänglich oder noch über den Buchhandel beziehbar sind.

## *Allgemeines*

Zunächst sei auf einige allgemeine und umfassende Nachschlagewerke hingewiesen. Die *Encyclopaedia of Islam* erscheint in einer neuen Ausgabe seit 1954 in einer englischen und französischen Version (bei Brill, Leiden und Luzac, London) und ist gegenwärtig bis zum Buchstaben K gediehen (auf bisher ca. 4300 Seiten). Die erste Ausgabe erschien auch deutsch (*Enzyklopädie des Islam,* 4 Bde., Leiden–Leipzig 1913–1934); einen Auszug daraus stellt das immer noch wertvolle Handwörterbuch des Islam dar (Leiden 1941), das noch zu beziehen und preiswert ist. Die Encyclopaedia deckt alle Bereiche des Islam, der islamischen Geschichte und Kultur ab. Zwei kleinere allgemeine deutsche Nachschlagewerke, die die Moderne stärker berücksichtigen, sind das *Lexikon der Arabischen Welt* (herausgegeben von St. und N. Ronart, Artemis-Verlag, Zürich–München 1972) und das *Lexikon der Islamischen Welt* (herausgegeben von Keiser, Diem, Majer; 3 Bde., Urban-Taschenbücher, Stuttgart 1974).

## *Literaturgeschichte*

An literaturgeschichtlichen Nachschlagewerken sind zu nennen: *Brockelmann,* Carl: Geschichte der Arabischen Literatur, 5 Bde., 2. Auflage Leiden 1937–49; dieses Werk wird inzwischen abgelöst von *Sezgin,* Fuad: Geschichte des Arabischen Schrifttums, die seit 1967 erscheint (inzwischen fünf Bände). Die beiden genannten Werke richten sich in erster Linie an den Fachwissenschaftler und stellen mehr Enzyklopädien als Literaturgeschichten im eigentlichen Sinne dar. Gute kurze Einführungen bieten *Gibb,* H. A. R.: Arabic Literature, An Introduction, Oxford 1963; *Nicholson,* R. A.: A Literary History of the Arabs, London 1969; *Pellat,* Ch.: Langue et Littérature Arabes, Paris 1952; *Vernet,* J.: Literatura árabe, Barcelona 1968; *Goldziher,* I.: A short History of Classical Arabic Literature, Hildesheim 1966. Dem deutschen Leser besonders zu empfehlen ist: *Gibb,* H. A. R. und

*Landau*, J. M.: Arabische Literaturgeschichte, Artemis Verlag Zürich und Stuttgart (Die Bibliothek des Morgenlandes), Zürich 1968. Äußerst detailliert und umfassend informiert über die frühe arabische Dichtung (bis 750) das dreibändige Werk: *Blachère*, R.: Historie de la Littérature Arabe, Paris 1952–1966.

### *Geschichte*

Als Überblick über die islamische und arabische Geschichte sind folgende Werke zu empfehlen: *The Cambridge History of Islam*, 2 Bde., London 1971 (sehr umfangreiches Werk mit Beiträgen zahlreicher Wissenschaftler; der erste Band behandelt die zentral-islamischen Länder bis in die Moderne, während sich der zweite Band mit dem Islam in Indien, Südostasien, Afrika und Europa sowie mit der islamischen Gesellschaft auseinandersetzt); *Hodgson*, G. S.: The Venture of Islam, 3 Bde., Chicago 1974 (das Werk geht nicht nur auf die Geschichte, sondern ausführlich auf die verschiedenen kulturellen Aspekte ein; sehr übersichtlich und hervorragend geeignet für den Studenten). Kurze Übersichten bieten: *Cahen*, Cl.: Der Islam I (Fischer-Weltgeschichte Bd. 14), Frankfurt 1968; *Hitti*, P. K.: History of the Arabs, 8. Aufl., London 1964; *Lewis*, B.: The Arabs in History, 4. Aufl., London 1968; *Miquel*, A.: L'Islam, Paris 1968; *Spuler*, B.: Geschichte der islamischen Länder (Handbuch der Orientalistik, Abt. 1, Bd. 6, 1.2.), Köln 1952/3. Der Kulturgeschichte speziell gewidmet sind folgende drei deutschsprachige Werke: *Kremer*, Alfred von: Culturgeschichte des Orients unter den Chalifen, Bd. 1.2, Wien 1875–1877 (trotz des Alters dieses Werkes ist es immer noch mit Gewinn lesenswert); *Mez*, Adam: Die Renaissance des Islams, Heidelberg 1922 (auch dieses Werk, das vor allem auf die gesellschaftlichen und wirtschaftlichen Verhältnisse des Kalifenhofes eingeht, ist noch nicht überholt und außerdem äußerst unterhaltsam geschrieben); *Grunebaum*, G. E. von: Der Islam im Mittelalter, Artemis Verlag Zürich und Stuttgart (Die Bibliothek des Morgenlandes), Zürich 1963 (tiefgehende Betrachtung verschiedener religions- und kulturhistorischer Aspekte unter besonderer Berücksichtigung auch der Schönen Literatur).

»Das Buch der Goldwäschen« ist vollständig bisher nur ins Französische übersetzt worden, und zwar von *Barbier de Meynard* und *Pavet de Courteille* unter dem Titel Les Prairies d'Or; diese Übersetzung, die zusammen mit dem arabischen Text in neun Bänden in Paris in den Jahren 1861–1877 erschien, wurde inzwischen in überarbeiteter Form erneut herausgegeben von Charles *Pellat*, Paris 1962 ff. *Pellat* edierte auch den arabischen Text (Beirut 1965 ff.), auf dem die vorliegende Übersetzung beruht. Bisher fehlt eine umfassende monographische Untersuchung über al-Mas'ûdî und sein Werk. Einige Aspekte der geographischen Seite seines Schaffens sind behandelt worden von S. *Maqbul Ahmad* in zwei kurzen Aufsätzen: Al-Mas'ûdîs contribution to medieval Arab geography und Travels of Abu 'l-Hasan al-Mas'ûdî in der Zeitschrift Islamic Culture (Hyderabad) Bd. 27 (1953), S. 61–77, Bd. 28 (1954), S. 275–286 und S. 509–524 sowie in dem Sammelband Al-Mas'ûdî Commemoration Volume, der in Zusammenarbeit mit mehreren Fachgelehrten von S. *Maqbul Ahmad* und *A. Rahman* in Aligarh (Indien) 1960 herausgegeben wurde.

*Die Erde nach der Vorstellung der arabischen Geographen des Mittelalters*